吉野作造選集 2

デモクラシーと政治改革

岩波書店

編集

松尾尊兊
三谷太一郎
飯田泰三

凡例

一　本巻には、一九一六年一月から一九二九年一二月に至る吉野作造のデモクラシーと政治改革に関する原論的な論文を収録した。

排列は発表年代順とし、初出の雑誌等を底本とした。

二　底本を可能な限り尊重したが、次の諸点については整理をおこなった。

1　漢字は原則として新字体を用い、異体字等はおおむね通行の字体に改めた。

2　合字は通行の字体に改めた。

3　句読点、中黒などについては基本的に底本のあり方を尊重したが、特に必要と認められる箇所に限り補正した。行間に付された傍点等については極端に多用されているものは省いた。

4　底本の明らかな誤字・誤植は正した。

5　振りがなについては、原文(原ルビ)を尊重しながら、編者によって新かなで付した。

6　底本にある引用符は慣用に従って整理したが(引用文や論文名などは「　」、書名・雑誌名などは『　』)、引用符が原文にない場合はそのままとした。

三　編者による注記は次の原則によりおこなった。

誤記等によって文意が通じ難い箇所には、行間に〔　〕を用いて注記を加えた。また、脱字及び特に注記が必要な場合は、本文中に〔　〕を付して補った。

目次

デモクラシーと政治改革

憲政の本義を説いて其有終の美を済すの途を論ず

去年十二月一日より東京に開かれたる全国中学校長会議に於て、高田新文相が特に訓示を与へて立憲思想養成の急務を説きたる事と、水戸中学校長菊池謙二郎氏が起《た》つて大隈内閣の居据りと立憲思想との関係の説明を求めて文相に肉薄した事とは、著しく世間の耳目を惹《ひ》いた。訓示の一節に曰《いわ》く。

（上略）中等教育ニハ種々ノ方針アルベキモ、余ノ見解ヲ以テスレバ、立憲思想ノ養成ヲ刻下ノ急務ナリト信ズ。我国ニ於テハ、憲法施行以来日尚浅ク、国民ノ憲政ニ通セサルコトハ過般ノ総選挙ニ於テ見ルニ明ナリ。立憲政治ノ運用ヲ愆《あや》マラサルト否トハ、国家ノ重大問題ナレバ、特ニ中等教育ノ任ニ当ルモノハ充分其点ニ関シ留意セラレンコトヲ希望ス（下略）。

従来歴代の文部当局者も中学校長会議に同様の訓示を発せし事之れまであつたか如何かは、予の明知せざる所なれども、多年野に在りて立憲思想鼓吹の必要を唱へ来りし高田氏の事なれば、今度特に此点を力説高調して中学校長諸氏の注意を喚起したのは怪むに足らない。

之れ迄同じ様な機会に同じ様な訓示を発した事は仮りに無いとしても、民間に於ける立憲思想の養成を必要とするの説は、決して新しきものではない。而して教育機関の協戮《きょうりく》に依りて此思想を民間に普及する事が最も手短にして且最も有効なる方法なりといふ事も、実は余程早くから認められて居つた。中学校教科課程の中に法制の一科を加へたのも此趣旨に基くのである。併し乍《なが》ら、之等の施設は果して其目的を達したであらうか。我国の憲政は其創設以来既に四半世紀の星霜を閲《けみ》して居る。而かも其間憲政に対する国民の思想は何れだけ進歩したであらうか。今日此際文相の口より改まつて立憲思想養成の必要を聞くのは、偶《たま》ま民論開拓の過去の努力の不成功を証明するものではあるまいか。

何れにしても立憲思想の養成は今日仍《な》ほ所謂《いわゆる》「刻下の急務」である。此点に於て予輩は全然高田文相と同感である。併し乍ら、口に言ふは甚だ易《やす》い。只問題は、如何にして立憲思想養成の目的を達すべきやである。幾度繰り返して其必要を絶叫しても、如何にせば果して能《よ》く此目的を達するかの具体的方法を示さずしては、折角訓令の主意を尤《もっと》もと感じた教育家諸君も、イザとなつて手の着け様があるまい。然らば文部当局者は果して教育家の実地指南たるべき細目の成案を有《も》つて居るのであらうか。

立憲思想養成の具体的方法の攻究は、立憲政治其物の正確なる理解を以て始まらねばならぬ。不正確なる理解を基礎としては、決して適当なる方法の組み立てられやう筈はない。而して予は平素我国の所謂識者階級間に、立憲思想に関する理解の極めて不明瞭・不徹底なることを遺憾とする者である。高田文相は従来立憲思想の鼓吹と普及とには少からず尽力した人だと聞へて居つたが、菊池水戸中学校長の直截《ちょくせつ》なる質問に対しては、決して単純明快な答弁を与へられなかつた。予は之等高級の教養ある方々に向つてすら、今日仍ほ先づ憲政の本義そのものを説くの必要ありとの感を深うしたのである。

「国民ノ憲政ニ通セサル事ハ過般ノ総選挙ニ於テ見ル」も明であるが、然し憲政の何たるやに通ぜざるは、独り一般下級の国民ばかりではない。上級の所謂識者階級亦然りである。立憲思想と全然相容れざる専制的議論は、今日屢々《しばしば》公然として在朝在野の政客の口に上るを見るではないか。一国文化の指導者たるべき識者にして猶且憲政に対する不正確なる理解に甘んずとせば、如何に一般国民の思想を鞭韃《べんたつ》しても憲政有終の美を済《な》すことは出来ぬ。斯くて今日は、上下一般に向つて最も率直に、最も大胆に、最も徹底的に立憲政治の真義を説くべき時ではあるまいか。

是れ予が自ら揣《はか》らず、敢て玆に憲政の本義に関する愚見を披瀝して大方の叱正を乞はんとする所以《ゆえん》である。

序言

憲政のよく行はるゝと否とは、一つには制度並びに其運用の問題であるが、一つには又実に国民一般の智徳の問題である。蓋《けだ》し憲政は国民の智徳が相当に成育したといふ基礎の上に建設せらるべき政治組織である。若《も》し国民の発達の程度が尚未だ低ければ、「少数の賢者」即ち「英雄」に政治上の世話を頼むといふ所謂専制政治若くは貴族政治に甘んずるの外はない。故に立憲政治を可とするや、貴族政治を可とするやの問題の如きも、素《も》と国民の智識道徳の程度如何によつて定まる問題で、国民の程度が相当に高いのに貴族政治を維持せんとするの不当なるが如く、国民の程度甚だ低きに拘《かかわ》らず強て立憲政治を行はんとするの希望も亦適当ではない。然しながら近代の諸国に於ては、二三の例外は無論あるが、概して国民の智徳は相当の高度の発達を遂げて居ること云ふを俟《ま》たない。中にはそれ程でないものもあるけれども、少くとも其中の少からざる一部分に高度の発達を遂げたものが必ず存在するが故に、之等の人々を通じて、所謂民権思想といふものは何れの国に於ても頗《すこぶ》る発達を遂げて居る。随つて今日は高度の文明を有つて居る国に於ては勿論の事、それ程でない国に於ても、専制的貴族政治は到底引続き行はるゝことを得ないといふ状況に定まつた。国民一般の発達の程度未だ立憲政治に適すべくも見えないやうな国に於ても、世界の大勢に押されて貴族政治は最早《もはや》其命脈を保ち得ざる有様である。して見ると、此等の国に於ては、立憲政治を行ふに時機尚や、早きの嫌ありとしても、今日之を行はねばならぬといふ勢に迫られて居る。而して是れ実に世界の大勢にして今更反抗し得べからずとすれば、世の先覚者たる者は、須《すべか》らく一方には憲政の創設確立に尽力すると共に、他方には進んで国民教導の任に当つて、一日も早く一般国民をして憲政の運用に堪ふるものたらしめんことを努むべきである。之を努めずんば、仮令《たとい》一方に於て立憲政体の形式極めて完備すと雖《いえど》も、他方其運用は決して円満完全なるを得ない。故に憲政有終の美を済すの根本の要件は、殊に政治上の後進国に於ては、国民一般に対する智徳の教養を第一とする。而してこの国民智徳の教養といふことは、実は一朝一夕の事業ではない。顧みて我国の状態を思ふに、吾人は国民の準備未だ整はざるに早く憲政を施行したるが故に、今や破綻《はたん》百出、経世の志ある者をして日暮れ途《みち》遠しの感を抱かしむるのである。が、然しながら、今更針路を逆転して昔の専制時代に復《かえ》ることも出来ない。然らば吾々は益々奮つて改善進歩の途を講ずるより外致方が無い。而して之が為めには、啻《ただ》に政治家ばかりではない、実に又教育家・宗教家其他社会各方面の識者の共同的努力に俟つこと極めて大なるものがあるのである。

同じく立憲政治の稍々《やや》完全なる形式を備へながら、国民智徳の高いと低いとの差に依つて、憲政の運用上両極端の現象を呈して居るものは、北米合衆国と墨西哥《メキシコ》とである。此両国は新大陸に於て南北相隣して居る丈《だ》け、其対象〔照〕の色彩が極めて著しい。北米合衆国は、云ふまでもなく憲政の運用に最もよく成功し、物質的方面に於ても精神的方面に於ても、今日国運の興隆頗る目覚ましいものがある。一部の人は亜米利加《アメリカ》の最近の政治は、国民中の多数を占むる労働者其他の下層階級の専恣《せんし》に媚び段々に政治の質が下落したといふ。けれども之は全然誤りである。政治家が労働者の意思に迎合するの傾向あるは事実に相違ない。全く労働者の意を迎へずしては、政治家として到底其志を伸ぶることは出来ないやうである。併し乍ら亜米利加の政治家は徒《いたず》らに労働者に迎合するもののみではない。彼等は労働者の投票によつて志を伸べんとするものであるけれども、他の一方に於ては又労働者の友となり労働者の先覚者となつて、其精神的指導者たらんとするの抱負を有するものである。亜米利加の政治家は、形式的には労働者の僕《しもべ》なれども、実質的に於ては労働者の指導的精神である。労働者も亦、形式的には政治家を役して我が用をなさしむるけれども、精神的には政治家の人格言論を理解し判断し、其最良なる者に聴従して自家の立脚地を定むる丈けの見識を有つて居る。さればこそ労働者の勢力を占めて居る国でありながら、ルーズヴエルトの如き又ウイルソンの如き曠世の英雄が国家最高の地位に挙げらるゝのである。我々は、亜米利加の最近の政治に於て決して憲政の失敗を認むることは出来ないのである。之に反して墨西哥の方は如何といふに、近年新聞紙上にあらはるゝ電報に依つても明白なるが如く、年が年中紛乱を重ね、国民は為めに非常な塗炭の苦みを嘗《な》めて居る。顧れば墨西哥は建国以来殆ど変乱の絶えたことはない。此国が西班牙《スペイン》から独立したのは今より約百年の昔であるが、其以来今日まで大統領の地位は常に血を以て争はれ、歴代の大統領中無事に天命を全うし得た者は極めて少い。多くは暗殺の厄に罹《かか》り、さらでも海外に放逐せられて悲惨なる最後を遂げたのである。最近ポルフィリオ・デアスは三十余年の永きに亘《わた》つて大統領の地位を専占し、其間墨西哥の平和的産業の発達を計つたといふけれども、此三十年間の継続的平和も、畢竟《ひつきよう》は反対党の買収、投獄、放逐、暗殺等によつて購《あがな》つたもので、決して健全なる平和ではなかつた。一九一一年、多年時めいたデアスもマデロの逐ふところとなつてより、紛乱は再び始まつた。マデロは又一昨年の二月幕将ウエルタの殺すところとなり、ウエルタに対する憲政軍の反抗となり、一転して又憲政軍の頭目カランザとヴイアとの反目抗争となり、一昨年の五月ウエルタの外国に亡命してから昨年の六七月頃までの間に、首府墨西哥の主人を代ふること前後八回の多きに及んだ。去年の秋米大陸諸国が協議の上カランザを承認し之を助けるといふ事にしたから、之より段々収まりがつくかも知れないが、然し隣邦合衆国の如き幸福な政治を見るに至る見込の極めて遠きことは、固《もと》より言ふを俟たず、否多少の紛乱は今後暫《しば》らくは続くであらうと思ふ。斯《かく》の如くにして国民は今や戦乱の蹂躙《じゅうりん》するところとなつて実に名状すべからざる惨況にある。斯くの如く、相隣して居りながら一方は隆々たる勢を以て栄え、一方は紛乱に紛乱を重ねて居るものは、抑々《そもそも》何の理由によりて然るか。憲法上の制度は、墨西哥の方は全然合衆国を真似《まね》たのであるから、形式的設備の点よりいへば両者全然同一である。而かも斯くの如き両極端の差を生ずる所以のものは、是れ畢竟両国民の智徳の程度に大なる高低の別があるからである。

然らば何故相隣して居る国なるに拘らず、此両国民は斯くも大なる差を生ずるに至つたかといふに、之には深い歴史上の原因がある。第一には、此等の両国は申す迄もなく欧羅巴《ヨーロッパ》人の移民に依つて建つた国であるが、夫等移民の本国が各両国に於て同一でない。亜米利加大陸は、恰度《ちょうど》合衆国と墨西哥との国境線を堺とし、北部は初めより主として英国の所謂アングロ・サクソン族の移住し来つた所であり、南部は総て――ブラジルが葡萄牙《ポルトガル》人の移民より成るの唯一の例外を除き――専ら西班牙よりの移住民である。此点より言へば、墨西哥と合衆国との差は恰度西班牙と英国との差と同じ事である。今日欧羅巴に於て、英国人と西班牙人とは其政治的能力に於て大なる逕庭《けいてい》ありとせられて居るが、此差異が新大陸にも反映して居るのである。第二に、此等両国よりの移住民は元来本国に於て如何なる階級に属して居つたかといふに、合衆国に移住した英国人は、本国に於て概して最も優等なる階級に属して居つたものである。彼等は官位財宝に於てこそは、何等優るところあつたものではないが、智識道徳の点に於ては全英国民中最も卓抜せる階級に属するものであつた。即ち彼等はピユーリタン(清教徒)である。抑も米国建設の初めを為す者は、本国に於ける宗教的圧迫の苦痛を脱せんが為めに一六二〇年九月メー・フラワー号(「五月の花号」)に搭乗して英国の港プリマウスを出帆したる、夫《か》の七十四人の男子及び廿八人の婦人より成る所謂プリグリム・ファーザースの一団である。彼等が清教徒として基督《キリスト》教徒中最も厳格なる生活を営み、最も熱烈なる信仰を有するものなることは已《すで》に我々の知るところ。而して彼等は実に北米の地に一新自由境を開拓して神意の完全なる実現を期せんとの、大抱負を以て移住して来たのである。之が今日仍ほ合衆国民の中堅を為すものである。固より其後各国の種々様々の移住民が這入《はい》つて来た。之によつて合衆国民の品位は多少下落しつゝあり又は少くとも其憂ありと言はれては居るけれども、今日尚此清教徒の理想と抱負とは、他の移住民をも同化せずんば止まざらんとするの勢を有つて居る。之に反して墨西哥の移民は如何と云ふに、此方は本国に於ける無頼の徒にあらざれば、労働者或は兵卒等皆下層階級の者が主となつて居る。元来移住民といふものは下層社会から出るのが常で、合衆国の如きは寧《むし》ろ稀れなる一変例である。墨西哥のは普通の場合と同様で、さらでも英国人よりは劣る西班牙人中の、其中の殊に劣等なる階級から出て来たのであるから、此両者の間に大いなる差異のあるのは止むを得ないのである。終りに第三に、此等両国移住民の移住後に於ける家族関係の点も亦参酌する価値がある。英国より渡来し来つた者は、本国に於ける宗教上の圧迫を脱れ自由の新天地を拓《ひら》かんとして渡来した者なるが故に、概してみんな家族を率ゐて移住して来た。然らざるも守操堅固なる清教徒の事なれば、移住後も土人と結婚するといふが如き者は一人もなかつた。然るに墨西哥に移住した者は、労働者兵士等、皆妻子を有つて居る者ではない。のみならず道徳上何等守るところあるものではなかつたから、忽《たちま》ち土人と雑婚し、為めに多くの混血児を生じた。今日所謂墨西哥人といふのは、此等混血児の事である。而して此等の混血児は、只両親の弱点のみを伝へて、道徳的品性に於ては最も劣つて居るものである。之を彼のピユーリタンの輩《ともがら》が、人種の純潔を保ちつゝ、其高尚なる理想を子孫に伝へたのに比すれば、固より同日の談ではない。

如斯《かくのごとく》米と墨とは国民の値打に於て已に大いなる逕庭がある。従つて墨西哥に於て憲政の運用に多少たりとも成功せんとせば、殊更ら国民の教養に尽力するといふ必要があるのに、建国以来同国の先覚者は此大責任を切実に感じなかつた。亜米利加の建国には、ジョーヂ・ワシントンの如き高潔なる人物があるのに、墨西哥の建国はイツルビーデといふ、自ら新大陸の那翁と称し、野心と虚栄と俗望とを包むに悪辣《あくらつ》なる手腕を以てした一奸雄を以て始つて居る。是れ墨西哥が紛乱に紛乱を重ねて、到底近き将来に於て憲政の運用に成功する見込なしとせらるゝ所以である。

之れと同じやうな事は、今日までのまゝで進めば、支那に就いても言へると思ふ。要之《これをようするに》殷鑑《いんかん》遠からず、我等の近くに在り。我々は之等の例に徴して、切に憲政の成功には如何に国民の教養が先決問題として肝要であるかを知らねばならぬ。

立憲政治成功の第一要件は、国民の教養にある事前述の通りである。而して之は各方面の識者の共同努力に依つて初めて成就せらるべき問題である。故に此点は、極めて重要にして且つ根本的な問題であるけれども、一政論家をしての予輩が特に説かんとする方面ではない。国民的教養といふ事は、吾人も亦国民の一として、其一部分を分担して共に大いに尽力せんと欲するものではあるが、然し玆に特に説かんとするのは、主として直接に政治に関係する方面である。即ち国民文化の発達の程度が相当の域に達し、又は国民的教養の事業が現に多くの識者によつて熱心に努力せられて居るといふ前提の下に、更に憲政の円満なる成功を見る為めには、憲政に伴ふ諸制度に如何なる改善を加ふる事を要し、又其運用の任に当る政治家は如何なる心掛を持つべきかといふ方面を、特に説かんとするのである。只此方面を細論するに精《くは》しき結果、国民的教養の先決問題たる所以を看過せらるゝは予輩の本旨にあらざるが故に、こゝに本論に入る前に、先づ以て管々《くだくだ》しく国民的教養の必要を説いた所以である。

憲政とは何ぞや

憲政、即ち立憲政治又は憲法政治と云ふのは、文字の示す通り「憲法を以てする政治」、「憲法に遵拠して行ふ所の政治」といふ意味である。そこで憲政と云ふ時は、こゝに必ず憲法の存在を予想する。此の所謂「憲法」なるものの存在すると否とが、実に立憲政治と他の政治とを分つ標準である。然らばこゝに謂《い》ふ所の「憲法」とは如何なるものか。此憲法といふものゝ意味を明かにせざれば憲政といふ意味も亦明瞭にならない。

「憲法」と云ふ言葉を単に字義の上から解釈すれば、「国家統治の根本法則」といふことになる。然し憲政といふ場合に於ける「憲法」は単にこれ丈けの意味ではない。何となれば、此意義に於ける憲法は、苟《いやし》くも国家の在る所には必ず存在するものであつて、時の古今、国の東西を分たないからである。総ての政治を予《あらかじ》め定めた法律に遵拠して行ふといふ所謂「法治国」の思想は、比較的に新らしいものであるが、此の法治国思想の起らない前と雖も、国家統治の根本の原則と云ふものは大抵の国に於ては存在するを常として居つた。故に憲法の意味を単純に文字通りに解釈しては、近代に於ける特別の現象たる立憲政治の意味をば明白にすることは出来ない。勿論「憲法」と云へば必ず国家の根本法則でなければならぬ事は論ずるまでもない。但だ近代の政治上の言葉として「憲法」といふ時は、猶この外に他の要素をも加味して居るものでなければならぬのである。委《くわ》しく云へば、国家の根本法則たる性質を有し、而かも更に他の特別の要件を具備するものを「憲法」といふのであると見なければならぬ。斯う云ふ意味の「憲法」を有する国を我々は立憲国と云ひ、又この憲法に依つて行ふ政治を立憲政治といふのである。我々が立憲国と云ひ又立憲政治と云つてこゝに一種の特色を認むる所以のものは、即ち其標準となる所の「憲法」其物が一種特別の要件を有して居るからである。然らば問ふ、我々の所謂「憲法」とは如何なる要件を備ふる国家の根本法則を指称するのか。此問題に対し、予輩は次の二種類の要件を以て所謂憲法の特色なりと答ふる。

第一、所謂憲法は普通の法律に比して一段高い効力を附与せらるゝを常とする。憲法の効力が法律よりも強いとか、高いとか云ふ事は、普通の立法手続では憲法の変更は許され無いといふ事を意味するのである。法律は同じく法律を以て廃止変更する事は出来るが、独り憲法は普通の法律を以て之を改廃する事は出来ぬ。例へば我日本の制度に於ては、普通の立法手続は先づ両院に於て各々出席議員の過半数を以て議決し、次に、天皇の裁可を得て完成するのであるが、憲法の改廃に就ては特に其手続を鄭重にし、両議院各々其総員の三分の二以上出席し——普通の場合に於ては総議員の三分の一以上の出席を以て足るが——且其出席議員の三分の二以上の多数を得るにあらざれば議決をする事が出来ぬとなつて居る。其外憲法の改正に就ては、発案権は両院に与へて居ないとか其他いろ〳〵の特別の制限があるが、之と同じ様な特別手段の規定は他の各国にもある。尤も所謂不成典主義の国に於ては、固より斯くの如き特例は無い。不成典主義と云ふのは、我国の憲法の如く憲法的規定即ち国家統治の根本的諸規定の全体若しくは大部分を一個の法典に纏《まと》めて居ない場合を云ふ。斯くの如き主義の下に於ては、所謂憲法的規定は普通の法律や裁判の判決や政治的慣行等の雑然たる集合の中に存在して居るのであるから、固より普通の法律で従来の憲法的原則を動かし或は新に重大なる憲法的原則を極める事も出来る。然し之は例外に属し、普通の常例ではない。現今不成典主義を採つて居る国は、文明国中では英吉利《イギリス》と洪牙利《ハンガリー》との二者に限り、他は悉《ことごと》く成典主義を採つて居る。此成典主義を採つて居る国に於ては、殆んど例外なく皆憲法に普通の法律よりも強い効力を附与して居る。

何故に憲法の効力を普通の法律よりも強いものにして居るか。一つの理由は憲法が国家に於て最重要の根本法則であるからである。国家の根本法則は極めて大事なものなる故に、之を普通の法律から区別する方が可《い》いといふ考は、実は昔からあつた。然し近代の国家が特に憲法を重しとする所以は、右の理由の外にもある。即ち折角憲法に由つて定まつた権利の畛域《しんいき》を、後から軽々しく蹂躙せられまいとする考即ち之れである。近代の憲法は、表向きは何と云つても、実際の所は従来政権を壟断《ろうだん》して居つたいはゞ特権階級とでも云ふべきものに対する、民権思想の多年の奮闘の結果として現はれたものたる事は疑はない。尤も見様によつては、憲法の発達には三様の別があるといふことも出来る。一は英国の如く永き漸進的の争闘の結果徐々に進化したもので、二は亜米利加に於けるが如く本国の羈絆《きはん》を脱して逃れ来れる自由民によつて新たに創設せられたるもの、三は仏蘭西《フランス》を筆頭とする欧羅巴大陸の如く、革命の直接又は間接の結果として急激に勃興発達したものである。右の中、亜米利加に於ける憲法は、自由民が全く新しき天地に始めて創設したもので、何も在来の特権階級と之を争ふたといふのではない。之に反して外の多くの諸国の憲法は、英国の夫れの如き漸進的なるものと仏蘭西の夫れの如き急激的なるものとの差はあるけれども、上下両階級の争闘の結果であるといふ共通の特色を有つて居る。更に露骨に云へば此等の国に於ける憲法は、いはゞ古い上の階級と、新らしい下の階級との争のその妥協の成果であると見ることが出来る。而して其妥協たるや、当時の相争ふ両階級の勢力の関係で必しも其趣を一にしない。即ち或は古い階級の方が他日此上権利を縮められはしないかと恐れる場合あり、又或は新らしい階級が折角これまで押通して来たのに他日再び押戻さるゝやうな事があるまいかと心配する場合もある。其心配するものが何れの一方であつても、兎に角他日此上にも不利益な境遇に陥れらるる事を避けんが為めに、出来る丈け現状の変更を六《む》つかしくして置かうと云ふ考になつた。然し大体に於ては、古い階級は防禦者であり、新らしい階級は攻撃者であるを常とする。従つて此争闘に於て新しい階級は、常に新進気鋭の元気を有するに拘はらず、古い階級の如く歴史的、社会的の便益に乏しきの結果として、兎に角拶々《はかばか》しき勝利を得にくいものである。時勢の後援によつてヤット一歩進んでも、何時《いつ》其領分を奪還せらるゝかも分らない。而して此新らしき階級に向つて、其一旦占めた領地を安全に保護して遣るものは即ち憲法である。斯くして憲法変更の手続といふものは、自ら普通の法律よりも六つかしく定めらるゝと云ふ事に成つたのである。故に憲法の効力が普通の法律よりも高いと云ふ事になつた政治上の理由は、俗用の言葉を藉《か》りて云へば、民権の保護に在るといへる。憲法の此形式的効力は、政治上に於て此意味に運用せられねばならぬものである。

第二には、憲法は其内容の主なるものとして(イ)人民権利の保障、(ロ)三権分立主義、(ハ)民選議院制度の三種の規定を含むものでなければならぬ。仮令憲法の名の下に、普通の法律よりも強い効力を附与せらるゝ国家統治の根本規則を集めても、以上の三事項の規定を欠く時は、今日之を憲法とはいはぬやうになつて居る。従つて憲政といふ時は、我々は直ちに人民の権利とか、独立の裁判権とか、民選議院とか云ふやうな事を聯想するのである。つまり此等の手段によつて我々の権利自由が保護せらるゝ政治を立憲政治といふのである。今之を一つ〳〵簡単に説明することにしよう。

(イ)人民権利の保障　日本の憲法にあつては特に第二章に臣民の権利義務と題して十五ケ条の規定が集められてある。題目の示す通り、其中には義務の規定も含まれてあるが、大部分は居住移転の自由とか、信仰の自由とか、言論、著作、印行及び集会、結社の自由とか、所有権とか、信書の秘密を侵《お》かされざるの権利とか、凡《すべ》て国民の物質的並に精神的の幸福進歩を計るに欠くべからざる権利自由を列挙し、此等のものは政府に於て恣《ほしいまま》に之を制限しない、制限せんとせば必ず法律の形を以て之を定むるといふ事に明定して居る。斯くの如き種類の規定、即ち右列挙するが如き重大な権利自由は政府が議会に相談することなしに勝手に定《き》めることはせぬ、必ず法律で定《き》めると云ふ様な規定は、各国の憲法に於て其最も重要なる部分として普《あま》ねく掲げられて居る所のものである。法律で定めるといふは即ち議会が参与するといふことである。議会が此事に与《あず》かるのは、取りも直さず、議会に代表者を送る所の人民が間接に此重要なる問題の議定に容嘴《ようし》するを得るので、従つて人民は間接ながら自家の権利自由を自ら保護する事が出来る理窟になる。斯う云ふ趣意で此種の規定は今日各国の憲法に通有の特徴となつて居るのであらう。尤も特別の沿革的理由によつて之を欠くもの、例へば仏蘭西の憲法の如きものもあるけれども、大体に於ては此種の規定は近代の憲法には欠く事の出来ないものとなつて居る。因《ちなみ》に言ふ。仏蘭西では一千八百七十年第弐帝政廃止の後、王政を恢復すべきや、共和制を採るべきやの憲法的問題で非常に議論が長びき、従つて憲法制定の為めにも五ケ年の長い年月を要した。そこで議論の紛々たる部分は其儘とし、差当り欠く事の出来ぬ重要なる原則のみを三つの法律に収めて以て憲法の体裁を作つて居る。一つは公権の組織に関する基本法と称し、立法権行政権の分解及び其運用の大綱を定め、第二は元老院の組織に関する基本法と題して主として元老院の事が定めてあり、第三は各種の公権の関係に関する基本法と題して上下両院及び大統領の相互間の関係が定められてある。此三つの法律は皆集つても所謂憲法としての完全な体裁は之を備へてゐないのである。けれども仏蘭西は憲法制定に於ては決して新らしい国ではない。否欧羅巴に於て成文憲法を始めて設けた(一七九一年五月三日)のは仏国である。且此第一憲法に先《さきだ》つて既に有名なる所謂人権宣言の発布をすら見て居る(一七八九年八月廿六日)。其後憲法を変へる事凡《およ》そ十一回。故に大体憲法は如何なる内容を持つべきかといふ事は、仏国人の頭には明白に解つて居る。故に形式に於て整はざる憲法でも、仏人は之を適当に運用する丈けの経験は略《ほ》ぼ積んで居つたのである。

(ロ) 三権分立主義　三権分立の観念は、理論的に定義すると随分矢釜《やかま》しい問題になるが、大体を云へば、行政と司法と立法との三つの作用は別々の機関に於て之を行ふといふ事である。昔の、例へば封建時代に於けるが如く、法を作るものも、之を実際に施行するものも、又は之を個々の場合に当て嵌《は》めて裁判をするものも、皆同一の人であつては可《い》けないといふのである。然し行政は政府で司《つかさど》り、立法は議会其任に当り、司法は裁判所で之を取扱ふといふ事は、今日では殆んど問題にならぬ程自明の理と認められて居り、今更ら之を立憲国の特色だなど丶取立て丶云ふのは、寧ろ野暮臭き感がある。そこで今日憲法の特色として此方面で主として着眼せられるのは裁判権の独立といふ方面である。何故なれば、行政の政府に属し、立法の議会に属するは極めて明白にして各自独立相対峙するの勢力たるも、司法権の独立丈けは動《やや》もすれば屢々行政権の直接の圧迫を受け、三権分立の趣意が動もすれば蔑《ないがしろ》にせらるるの恐があるからである。蓋し司法機関は立法機関と異り、政府に対して相対峙する関係に立たない。裁判官は一面官吏として政府の系統の中に属する。従つて動もすれば其の左右する所となるの憂がある。斯くては三権分立の主義が十分に貫徹されない。是に於て近代の憲法は裁判機関をば専ら上官の訓令の下に動く行政機関とは全然別種の機関となして独立の判断をなさしむると共に、又裁判官の地位を保障して以て行政官に対する司法権の独立を全うすべく、いろ〳〵周到なる用意を用ひて居る。是れ亦今日の立憲国の一特〔色〕として挙げられる所のものである。猶、序《ついで》に述べるが、三権分立の趣意が司法権の独立といふ方面に最もよく表はれて居る事は、総ての国に通じて変らないが、只行政機関と立法機関との関係については、今日国によつて余程趣を異にして居る。行政機関と立法機関と独立対峙すべきは固より云ふを俟たないが、然し二者の関係が全然相交渉する所なしとしては、立憲政治の円満なる進行は期せられない。そこで議会に対する政府の責任といふ問題が起る。而して此問題は議会の反対に逢へば常に必ず政府が辞職するといふ慣例の出来た国に於ては、やがて政党内閣の慣行を生じ、然らざる国に於ても弾劾の制度を見るといふ風に、立法機関の意思をして結局行政機関を拘束せしむることに依つて解決せられて居る。此事は後に尚詳しく述べる。然るに北米合衆国の憲法及び之に倣《なら》つて作られた中南米諸国の憲法に於ては、三権分立の主義を極端に主張し、三つの機関は全然相関係する所なく対立せしめられて居る。亜米利加に於ては政府と議会との極端なる分離の結果、政府の役人は全然議員を兼ねることを得ず、否、彼等は大統領が教書を以てする場合の外に全然議会に出て其意見を陳《の》べる事すら許されて無い。之が為めに非常な不便を蒙つて居る事は人の知る所である。独り政府と議会との関係ばかりではない。裁判所の此二者に対する亦全然独立である。されば議会の正当に作つた法律でも、高等法院が之を憲法違反なりと宣言すれば、一方には完全なる法律として其効力を有して居りながら、一方には裁判所は之を無効の法律として其適用を拒むと云ふ奇観を呈する事も亦人の知る所である。何れにしても、余りに極端に奔《はし》つて国政の円満なる進行を妨げて居るが、然し三権分立の趣意を徹底的に貫かうとすれば、実は此処まで行かなければならないのである。斯《か》程《ほど》の厳格なる意味に於ては此主義は近代憲法の特色ではない。近代憲法の特色としては、主として司法権の独立に着眼すべく、全体としての三権分立主義は之を大体の観察に止むべきである。

(ハ) 民選議院制度　民選議院制度が近代憲法上の特色として認めらるゝに到つた所以は、一面に於ては三権分立主義を執れる結果である。即ち三権分立主義は、立法権の行使は之を政府・裁判所以外の他の特別機関に委《まか》すべき事を主張するからである。然しながら、茲に特に民選議院制度を憲法の特色として掲ぐる所以は、単に立法権を行ふ為めに政府や裁判所とは全然独立の機関として設けられたといふ点よりも、寧ろ主として此立法権の行使が人民の公選によつて挙げられたる議員の団体に任せられて居るといふ点に存する。故に我々は此点をば一種別個の特色として掲ぐるのである。加之《しかのみならず》、実は世間でも此点をば他のすべての点に優つて憲法の最も主なる特色として認めて居るやうである。否往々之を以て憲法の唯一の特色なりとすら考ふるものも尠《すくな》くはない。それほどに之が大事な特色なのである。されば歴史上から云つても、憲法の要求又は憲法政治創設の要求は、屢々「我に民選議院を与へよ」といふ叫びによりて主張せられて居つた。現に我国に於ても、憲法要求の第一声たる明治七年一月十八日の建議は、板垣退助、後藤象二郎、副島種臣、江藤新平、小室信夫、古沢迂郎、由利公正、岡本健三郎八氏の署名を以て民選議院設立建白書といふ形で提出された。又明治十三年四月十七日、片岡健吉、河野広中両氏の連名にて太政官に執奏を願出で、拒《しりぞ》けられた第二の建議も、国会開設願望書と云ふのであつた。是れ蓋し当時の人々が民選議院の制度を以て立憲政治の全部又は少くとも其大部分と考へて居た為めであらう。此種の考は無論西洋にもあつた。而して斯かる誤解の生じたのも、畢竟此制度が立憲政治の数ある特色の中、特に擢《ぬき》んで、最重最要のものであつたからである。然らば何が故に之が最重最要であるかと云ふに、此機関のみが其の組織に人民の直接に干与し得るものであるからである。他の機関は、政府にしても、裁判所にしても、之を組織するものは政府の任命にかゝる専門の官吏である。此等官吏の任命に関して人民は殆んど何等直接の交渉を持たない。然るに議会は全く之と異り、之を組織する議員は人民の直接に選挙する所である。従つて人民は自由に之を左右し以て十分に民意を発表せしむることが出来る道理である。若し立憲政治と云ふものが、後にも説くが如く、人民の幸福利益を、人民自らをして主張せしむる為めに出来たものであるとするならば、民選議院の如きは最もよく其本旨に協《かな》ふものと云はなければならぬ。斯う云ふ理由からして、此制度は近代の憲法には到底之を欠く可からざるものとして尊重せられて居る。此制度を欠く時は、如何に他の制度に関して完備せる規定を設けて居つても、之を近代的意義に於ける憲法とはいふことが出来ない。

以上を以て所謂近代の憲法なるもの丶欠く可からざる要件を尽くした。斯くの如き要件を具備すれば、ここに憲法が存在するのである。斯くの如き憲法を有して之を政治の遵則とするものを、我々は立憲政治といふのである。

憲政有終の美を済すとは何の謂ぞ

以上予は所謂憲法なるもの、意義を説き、此憲法に遵拠して行ふ所の政治が所謂立憲政治であるといふ事を明にした。然し茲に更に考へねばならぬ事は、所謂「憲法に遵拠する」といふは一体何を意味するかといふ事である。抑も憲法に遵拠するといふ事は、先きにも述べたるが如く、たゞ憲法々典を制定し、之に基いて種々の政治機関を組織するといふ事丈けではない。即ち或は議会を作り、或は裁判所を設け、以て憲法法典中に夫れ〴〵規定する所を形式的に充たすといふ丈けではないのである。固より憲法は千載不磨の大典である。其条項は濫《みだ》りに之を紛更するを許さない。又勝手に曲解してもならぬ。其規定するところの条文には最も忠実に従はねばならぬこと勿論である。が、然し、只其条項に形式的に忠実ならんとするのみが憲政の全部と思ふならば、是れ大なる誤りである。然るに憲法創設の当時は、多くの人は皆此誤解に陥つた。憲法といふ法典さへ発布になれば、我々は一転して黄金世界に入る事が出来る。議会さへ開くれば我々は一躍して十二分の幸福を享《う》くることが出来ると考へた。憲法の発布、国会の開設といふもの其事に、不当に過大なる期待をかけたといふことは、我国でもさうであつたが西洋でも亦同一、所謂東西其軌を一にして居つたのである。西洋の或る国では愈々《いよいよ》憲法が発布になつたといふので、之を人民に知らすところの新聞号外は、翌日《あした》からパンの値段が半分に下がるとか、牛乳が只で飲めるとか書いてあつたさうだ。約《つま》り非常に生活を楽にする所の一種天来の福音として憲法を迎へたのであつた。之と同じやうな話が、明治廿二三年頃の我国にもあつたことは人の知る所である。然しながら単純なる憲法の発布、単純なる議会の開設は、それ丈けで以て直ちに人民の権利自由を完全に保障し、我らの生活を十二分に幸福に為し得るものではない。制度其物は其れだけでは決して吾々に実質的の利益を提供するものではないのである。是れ固より明白なる道理である。果せる哉爾後の経験は明らさまに此道理を吾人に示した。けれども初め人々は之に多大の期待を繋《か》けたので、其期待の空に帰するを見るや、彼等は大に失望した。而して期待の大なりしだけ、また落胆は実に非常なるものであつた。西洋では失望が転じて呪咀となり、呪咀は再転して憤激となり、為めに第二の革命を起したやうな例もある。要するに憲法施行後の暫らくの経験は、吾人に教うるに之によつて多大の幸福を齎《もた》らし得べしとする当初の信念の妄なることを以てした。斯くして我らは憲法施行後の経験によつて、制度の確立其物は、未だ以て十分に人民の権利自由を保障し其幸福を進むるものでないといふ事を悟つた。少くとも在来の制度は決して満足なるものでないといふことをつくづく感ずるに至つたのである。

憲法の制定・議会の開設其ものが我々の期待に背き、我々に失望を与へたといふことから来る所の我々の不満に、細かく見ると自ら二つの種類がある。第一は、所謂従来の憲法的制度といふものは本来、我々の権利を保障し、我々に幸福を来たすものではない、之によつて自由幸福を贏《か》ち得べしと考へたのが抑々の誤りであるといふ説であつて、即ち全然憲法制度の効用を否認するものである。予は之を名《なづ》けて絶対的悲観説といはう。尤も斯くの如き極端な説は、欧米に於ても所謂識者といふ階級からはあまり唱へられて居ないやうだ。たゞ不幸にして我国に於ては今日なほ此種の信者を少からず見るのであるが、然し此説の謬《あやまり》なる事は深く論ずるの必要はなからう。仮りに此説に多少の真理ありとしても、今更ら憲法をやめて昔の専制政治に復へるといふ事は事実不可能であるから、我々は、憲法政治は最早や之を廃止するを得ずといふ前提の上に立つて、国家の繁栄と人民の幸福との為めに徐《おもむ》ろに最善の努力を加ふべきでないか。第二の不満は、現在の憲法的制度を以て必ずしも第一説の如く其本来の目的を達するに適せざるものと視るのではないが、只其制度に欠点あり、又其運用の方法に適当ならざるところありしが為めに予期の如き成績を挙げないのであると観るの説である。前者の絶対的に対して予は之を相対的悲観説と名けたい。之は元より一種の悲観説ではあるけれども、現在の制度に幾多の改善を加へ、且つ其運用を適当に指導するときは、自由の保障、幸福の増進といふ本来の理想を実現すること必しも不可能に非ずと信ずるものであるから、一面に於てまた一種の楽観説であるとも云へる。此説は今日多数の人に依つて唱へらるゝ通説である。而してわが所謂憲政有終の美を済すの論は実に此説に根拠して起るものである。何となれば此説は多少の努力を条件として結局の成功を信ずるの立場に在るからである。

所謂憲政は憲法の制定を以て初まる、けれども其有終の美を済すには実に国民の多大の努力奮闘を要すること前述の通りである。一挙にして有終の美を済し得ざるところに、謂はば憲政の有難味があるとも言へるのであらう。要するに我々は立憲治下の国民として、其有終の美を済す為めに尚一層努力せねばならぬ。然しながら其努力は盲目的ではいけない。一定の主義方針に基く奮闘努力たるを要する。然らば其一定の主義方針とは何であるかといふに、之は言ふまでもなく、元と〳〵憲法の制定を見るに至らしめた根本の思想でなければならぬ。所謂憲法の奥の奥に潜んで居るところの根本精神でなければならぬ。此根本の精神に従つて、我々は制度の足らざる所に改善を加へ、且つ其運用を適当に指導する事に全力を注がなければならない。一言にして之を云へば、所謂立憲政治は憲法の条文に拠《よ》つて行ふところの政治なると共に、又其精神に拠つて行ふところの政治でなければならぬ。我々は憲政の運用に当つて、憲法法典細かに定むるところの規定と相背いてはいけないが、更に進んで其規定の裏面に潜む精神に副《そ》うて居るかをも深く省察せねばならぬ。憲法々典の条項は法律学者に取つては成程唯一の大事な典拠であらう。然し憲法政治の成果其物を大事とする我々国民に取つては、条項よりも実は寧ろ其精神が大事なのである。固より条項を離れて精神がないとも言へる。然し条項の活用も亦其精神をよく酌み取るにあらずんば、決して正しきを得ることは出来ない。之れ今日欧米各国に於て、相当に完備せる憲法法典を有するに拘らず、其運用の得失に就いて絶えず問題の起る所以である。憲法の未だ布《し》かれざりし古《いにしえ》にあつては、憲法を与へよと云うて天下の人は争つた。憲法の已《すで》に与へられた今日に於ては、更に其精神に遵拠して之を運用せよと云ふて、天下の物論は依然として囂々《ごうごう》たりである。憲政の前途も亦多事なりといはねばならぬ。

然らば憲法の精神とは何か。之は一概に論ずる事は出来ぬ。国によつて必ずしも同一ではない。詳細の事は個々の憲法につき其条項を詳《つまびら》かに研究し、又其制定の来歴をも明かにして、初めて之を知るべき問題である。然しながら総ての憲法に通ずる所謂立憲政治一般の根拠を成すところの精神といふものは、大体に於てまた之を知る事が出来ぬでもない。蓋し近代の憲法政治は疑もなく所謂近代の精神的文明の潮流と離るべからざるの関係にある。近代文明の大潮流が滔々《とうとう》として各国に瀰漫《びまん》し、其醞醸《うんじょう》するところとなつて憲法政治は現出《あらわれ》たものである。然れば近代諸国の立憲政治には、共通の一つの精神的根柢の存する事は争はれない。尤も旧時代の遺物たる特権階級の今日尚勢力を振ふ国に於ては、世界の大勢に促されて憲法を発布したるに拘らず、依然之を旧式政治の思想を傷けざるやうに運用せんと欲して、自国憲法の精神が、何等他国の憲法と共通なる基礎を有せず、寧ろ自国特有の色彩を有する旨を誇示高調するものも少くはない。我国に於て往々見るが如き、純然たる国民道徳の基本観念たるべき国体観念を憲法学へ援引して、西洋流の立憲思想に依る憲法の解釈を阻まんとする風潮の如きは即ち是れである。露国なども亦之と同様で、殊更らに西欧憲法に通有なる諸原則の適用を阻まんが為めに、わざ〳〵共通の称呼を捨てゝ、古風な文字を憲法条文中に使つて居る。斯くの如く、人によつては、各国立憲政治の共通なる精神的根柢の上に築かれたといふ性質を承認しないものがある。が、然し少しく近代の文明史に通ずるものは、諸国の憲法一として近代文明の必然的産物たらざるなきことを認めざるを得ない。之れ亦史実の明白に我々に示すところでもある。固より各国夫れ〴〵の憲法は、一面共通なる精神を基礎とすると共に、他面各々其国特有の色彩を帯びて居る事は論を俟たない。此等各国特有の色彩は、之を概括する事は固より困難だが、其共通なる精神的根柢に至つては、近来世界の文明史上より推断して之を知る事が出来る。是れ実に近代の憲法を理解し、其運用を指導する上に極めて必要なる準備智識である。所謂憲政有終の美を済すの途は、実に此共通の精神を理解する事を以て始まらねばならぬ。而して予は此各国憲法に通有する精神的根柢を以て、民本主義なりと認むるものである。

憲政の精神的根柢――民本主義

民本主義といふ文字は、日本語としては極めて新らしい用例である。従来は民主々義といふ語を以て普通に唱へられて居つたやうだ。時としては又民衆主義とか、平民主義とか呼ばれたこともある。然し民主々義といへば、社会民主党などゝいふ場合に於けるが如く、「国家の主権は人民にあり」といふ危険なる学説と混同され易い。又平民主義といへば、平民と貴族とを対立せしめ、貴族を敵にして平民に味方するの意味に誤解せらるゝの恐れがある。独り民衆主義の文字丈《だ》けは、以上の如き欠点はないけれども、民衆を「重んずる」といふ意味があらはれない嫌がある。我々が視て以て憲政の根柢と為すところのものは、政治上一般民衆を重んじ、其間に貴賤上下の別を立てず、而かも国体の君主制たると共和制たるとを問はず、普《あまね》く通用する所の主義たるが故に、民本主義といふ比較的新しい用語が一番適当であるかと思ふ。

民本主義といふ言葉は、実は西洋語の翻訳である。此観念の初めて起つたのが西洋であるので、我々は観念其物と共に名称をも西洋から借りて来た。西洋では此観念を表はすに、デモクラシーの文字を以てして居る。民本主義は即ち此語の翻訳である。西洋でデモクラシーといふ言葉は、聞くところによれば希臘《ギリシア》語から起つて居るさうだ。希臘語でデーモスといふのが人民で、クラテオといふのが支配の意味。此二つから成つたのであるから、デモクラシーとは、要するに「人民の政治」の意味である。今更ら事新らしく説くまでもないが、古代希臘の国家は、今日欧米諸国に見るが如き莫大な地域を有するものではなかつた。周囲に多少の属領地を有するさゝやかな都会其物が即ち独立の国家であつた。従つて都会の市民が概して言へば国民の全部であつた。而して地域も狭く、人数も左程多くないから、此等の市民は総て直接に市政即ち国政に参与することが出来たのである。当時希臘以外の他の多くの国家に於ては、一人若《も》しくは数人の英雄が、君主又は貴族の名に於て国家を支配し、人民は只之に盲従するのみであつたのに、独り希臘の諸国家に於ては、人民自ら政治するといふ特色を持つて居つた。此特色ある政体を指称するが為めにデモクラシーといふ言葉が生れたのである。尤《もつと》も近代の国家と古代希臘の国家とは、今日色々の点に於て非常な差異があるから、古代の国家に通用する観念を、直ちに今日の国家に当箝《あては》めることは出来ない。けれども人民一般を政治上の主動者とするといふ点丈けは、昔の希臘も今日の欧米諸国も同一である。そこで我々は今日の国家の政治上の特色を言ひ表はすに、昔の希臘に起つた文字を其儘借用するのである。

然るに洋語のデモクラシーといふ言葉は、今日実はいろ〳〵の異つた意味に用ひらるる。予輩の所謂《いわゆる》民本主義は、勿論此言葉の訳語であるけれども、此原語を何時でも民本主義と訳するのは精確でない。デモクラシーなる言葉は、所謂民本主義といふ言義の外に更に他の意味にも用ひらるゝことがある。予輩の考ふるところに依れば、此言葉は今日の政治法律等の学問上に於ては、少くとも二つの異つた意味に用ひられて居るやうに思ふ。一つは「国家の主権は法理上人民に在り」といふ意味に、又モ一つは「国家の主権の活動の基本的の目標は政治上人民に在るべし」といふ意味に用ひらるゝ。この第二の意味に用ひらるゝ時に、我々は之を民本主義と訳するのである。第一の意義は全然別個の観念なるが故に、又全然別個の訳語を当て箝めるのが適当だ。而して従来通用の民主々義といふ訳語は、此第一の意味を表はすに恰《あた》かも適当であると考へる。従来我国では、西洋で此間の区別を顧みず、只一概にデモクラシーと称へたと同様に、第一の意味に用ひられた場合も第二の意味に用ひたる場合も、等しく之を民主々義と訳したのであつた。斯く一つの呼び方のみを以てしては、明白に異つた二つの観念を錯乱混同するの弊害あるのみならず、又民主といふ名目の為めに、民本主義の真意の蔽《おお》はるゝ恐れもある。故に予は等しくデモクラシーといふ洋語で表はさるゝものでも、其意義の異なるに従つて、或は民主々義或は民本主義と、それ〴〵場合を分つて適当な訳字を用ふることにしたいと思ふのである。

民本主義と民主々義とは、明白に別個の観念ではあるが、西洋で同一の言葉を以て言ひ表はされた丈け、其間の関係が又極めて近いものがある。従つて民本主義の何たるやを解するには、一通り民主々義の何たるやを明かにする事が必要であり且つ便利でもある。況《いわ》んや我国に於ては、民主の名に妨げられて、民本主義の適当なる理解を有せざるものが少く無い。為めに民本主義の発達は幾分阻礙《そがい》せられて居るの嫌なきを得ない。故に国民をして、民本主義の正当なる理解の上に憲政の発達の為めに尽力せしむるといふ見地から見ても、此二者の区別を明かにすることは極めて必要であると信ずる。

民本主義と民主主義との区別

民主主義とは、文字の示すが如く、「国家の主権は人民に在り」との理論上の主張である。されば我国の如き一天万乗の陛下を国権の総攬《そうらん》者として戴く国家に於ては、全然通用せぬ考である。然し斯く云へばとて、民主主義を云々することが、直ちに君主制の国家に在つては危険なる、排斥せねばならぬ主張であると、一概に云ふことも出来ない。何故なれば、此主義にも細かく観れば二つの種類があつて、其一方は成程国体擁護の立場から之を排斥せねばならぬものであるけれども、他の一方は必ずしも之を危険視するの必要はないものであるからである。然らば民主々義の二つの種類とは如何なるものを云ふか。

第一に民主々義は、凡そ国家といふ団体にあつては、其主権の本来当然の持主は人民一般ならざる可からずといふ形に於て唱へられることがある。之を予は絶対的又は哲学的民主々義と名づけたい。之は抽象的に国家の本質を考へ、其権力の所在は理論上必ず人民でなければならぬと説くのだから、此立場から云へば、共和国が唯一の正当なる国家であつて、君主国の如きは不合理なる虚偽の国家である。君主は人民より不当に権力を奪つたものであるといふ結論に達せざるを得ない。斯る意味で唱へらるる民主主義こそは、我国などで容れることの出来ない危険思想である。尤も此考は、仏国大革命の前後一時盛んに唱へられ、革命の原因は実に此説に胚胎《はいたい》して居るのであるが、今日では最早、此説の理論上の欠点は十分に認識せられ、君主国に於ては勿論、民主国に於ても此説を其儘信奉するものは至つて尠なくなつた。只一部の極端なる社会主義者の間に此思想が今日仍《な》ほ幾分残つて居る位のものである。社会主義其ものは本来現在の社会組織の維持には反対するけれども、国権の所在を動かすことまでも主張するものではない。只現在の社会組織を維持せんとするものは、一般に国権の掌握者の保護の下に社会主義の要求を斥《しりぞ》くるを常とするが故に、社会主義は一転して民主主義となるの傾はある。現に西洋諸国の社会党は、多くは社会主義の外に民主共和の理想を掲げて、之を二大根本主張として居る。独逸《ドイツ》の社会民主党の如きは其最も明白なる例である。此点に於て我々は、我国の当局者が何も危険のない社会主義の学問的研究などを無暗《むやみ》に干渉するのを些《いささ》か遺憾に思ふものであるけれども、社会主義者の実際的運動に対しては、相当に厳しき制束を加ふるのを視て、多少之を諒とせざるを得ないと考ふるものである。何となれば、社会主義者の運動は多くの場合に於て、民主共和の危険思想を伴ふこと、従来諸国の例に明白であるからである。現に我国でも幸徳一派の大逆罪は、社会主義者の間から輩出したではないか。社会主義を真面目に研究せんと欲するものは、深く此点に注意するを要する。要するに国家の本質を哲学的に考察し、国権は絶対的に無条件的に人民にあらざる可からずと抽象的に断定する時、民主々義は我国の如きに於て危険視され又排斥せられても仕方がないのである。

第二に民主主義は、或る特定の国家に於て其国の憲法の解釈上主権の所在は人民に在りと論断するの形に於て唱へらるゝ事がある。之を予は相対的又は解釈的民主々義と名付けたい。之は総ての国家に通じて主権は常に人民に在らざる可らずと主張するのではない。即ち君主国の合理的所在を否認するものではない。君主国も亦民主国と同じく立派に存在する事を得るが、只憲法の解釈上疑が起つた場合に、其国の主権は憲法の解釈の上より見て、人民に在りと解さなければならぬと主張する時、此第二の意義の民主々義が成り立つのである。尤も大多数の場合に於ては、主権の所在といふ問題は憲法上初めから極めて明白なるを常とする。例へば我国に於ては帝国憲法第一条に、「大日本帝国ハ万世一系ノ天皇之ヲ統治ス」とあり、又第四条には「天皇ハ国ノ元首ニシテ統治権ヲ総攬シ此憲法ノ条規ニ依リ之ヲ行フ」とありて、憲法の解釈上毫も民主主義を容るべき余地がない。又仏蘭西《フランス》や北米合衆国に至つては、之に反して主権在民の意義極めて明白。是れ亦民主主義を認むべきや否やを争ふの余地は全然ない。されば憲法解釈上の議論としては、改まつて民主主義の主張が鹿爪らしく唱へらるゝ場合は極めて尠いといはねばならぬ。然しながら此問題は稀に実際上に全く起らぬでもない。例へば白耳義《ベルギー》の憲法に於ては、第六十条に於て立派に世襲君主を認めて居りながら、第二十五条に於ては明白に「総テノ権力ハ国民ヨリ出ヅ」といふことを規定して居る。更に第二十九条には、「国王ハ憲法ノ定ムル範囲内ニ於テ行政権ヲ有ス」

とある。故に白耳義に付ては一体之を君主国と見るべきや民主国と見るべきやが甚だ明白でない。少くとも憲法解釈上の一疑問として論究せらる丶の価値はある。又英国に於ては、成文の憲法はないけれども、最近時々国家の権力は国王と貴族院と衆議院とより成るパアリアメントに在りと云ふことが云はる丶。之は現に一九一三年四月十五日、愛爾蘭《アイルランド》自治法案に関する首相アスキスの演説の中にも現はれて居つた。して見ると英国に於ては、国王は唯一の主権者ではないやうに見える。於是《ここにおいて》英吉利《イギリス》に於ても亦民主・君主の争は憲法解釈上の一疑問たるを失はない。此等の場合に英吉利や白耳義の憲法を精細に研究し、其国体を民主なりと論ずるの説がありとすれば、我々は之に民主主義の名称を与ふるに躊躇《ちゅうちょ》しない。此種の説が日本憲法の解釈として起ると仮定すれば、これ亦一危険思想である。然し日本憲法を如何に牽強附会しても、こんな説の起りやう筈はない。然れば日本で此種の民主主義を云々する場合は、必ずそは専ら外国憲法の研究に就いてゞある。それならば何も危険として警戒す可き訳のものでは無いのである。

　解釈上の民主主義の唱へらる丶面白い例は独逸帝国にある。独逸は二十五の独立国家より成る聯邦であるが、纏《まとま》つては名称の示す如く帝国である。聯邦の首長は普魯西《プロシア》国王之に当り、子孫相継いで皇帝《カイゼル》と称することになつて居る。して見れば君主国たるに一点の疑ないやうであるが、独逸の社会民主党は独り一種違つた解釈を之に下して居る。社会民主党が其根本主張の一として共和主義を掲げて居ることは前に述べた。彼等の主張は凡て国家は元来共和国たらざる可からずと云ふに在るのか、或は国家としての価値は君主国体よりも共和国体の方が優つて居る、従つて共和制を理想とすると云ふに在るのか、此点は些か明瞭を欠くやうであるけれども、何れにしても共和主義を旗印の一つとして居ることは疑はない。然るに猶其上に彼等は独逸憲法上の解釈として「独逸は共和国なり」と主張せんとするのである。彼等は曰く、独逸は名は帝国といふけれども、其法律上の性質は君主国ではない。成程之を組織する各聯邦の大部分は明白に君主国である。独逸を組織する二十五の聯邦中には、王国が四つ、大公国が六つ、公国が五つ、侯国が七つ。他の三つは所謂自由市と称する共和国である。故に少くとも二十二の独立君主国を含んで居る。然し此等の二十二の君主国と三つの共和国とより成る所の全体は君主国ではなく一種の共和国である。只普通の共和国と違ふ所は、彼にあつては之を組織する単位が個々の人民であるに反し、此に在りては各独立国家其物が単位である。然れば独逸皇帝は世襲でこそあれ、又名をカイゼルとこそ称すれ、其法律上の性質は、共和国の大統領と何等異なる所はない。プロシア国王として彼は君主の待遇尊称を受け得ること、固より言を俟《ま》たぬ。然し独逸皇帝としては彼はハンブルグやブレーメンなどの自由市の市長と何等其資格を異にするものではないと。斯ういふ見解を立て、独逸の社会民主党は独逸の憲法を解して、一種の民主共和の原則に基くものと主張して居る。此説の固より牽強附会たることは論を俟たず、又此説を取つては帝国議会の構成等の説明がつかないのであるが、併し彼等は独逸は共和国なりと前提して実際上いろ〳〵の面白い言動をなして居る。例へば彼等が、党議を以て、皇帝万歳、並びに宮廷伺候を禁ずるが如き即ちそれである。日本でも西洋でも、普通友人の間でも万歳といふ言葉を唱ふるのであるが、然し本来の言葉の起りはたゞ国君に対してのみ唱ふべきものであるさうだ。そこで此意味に於ける万歳は国君のみ独り受くべきものであるから、大統領の資格を有するに過ぎざる独逸皇帝には之を与ふべきものではないと、斯ういふ理由から、社会党員は如何なる場合でも皇帝万歳を合唱しない。議会の開院式閉院式などで議長の発声で万歳を唱ふる場合には、社会党員は挙《こぞ》つて退席するを例とする。尤も之は独逸に於けるのみの例ではない。墺太利《オーストリア》でも伊太利《イタリア》でも露西亜《ロシア》でも同様である。又宮廷伺候即ち国君に対する例を以て儀式上宮廷に伺候するといふやうな事、之も社会党は党議を以て禁じて居る。社会党の全盛を占めて居る自由市の市長即ち一国の大統領に当るべき市長は、天長節其他宮廷の重大なる祝賀に際して、臣礼を以て宮廷に伺候せざるは勿論、祝電をすら発しない。発すれば必ず自分と同格の他の自由市の市長に発する場合と同じやうな形式を取る。曾《かつ》て皇帝が事があつてハンブルグに行幸された時、市長が皇帝の為めに盛宴を張り、其歓迎の辞を述ぶるに当つて、「我が同役《マイン・コレーグ》よ」と呼び掛けて、座にある人を驚かしたといふ話がある。此外社会党は独逸帝国刑法の中から不敬罪に関する項目を除くべしと云ふことを政綱の一として掲げて居る。不敬罪は君主的栄誉の反映である。共和国に不敬罪といふものはあり得ないといふ理窟に基く。甚だしきは帝国議会に於ける予算討議の際、皇室費に関して皇帝の「賃銀《アルバイツ・ローン》」が高いとか安いとかいふ言葉を使ふものすらある。此等は無論甚だ不謹慎な言動であると思ふのであるが、社会党の立場から言へば、皇帝を以て謂はば共和国大統領視して居るのだから、何も不都合はないと解して居るのだらう。独逸皇帝が社会党を見ること蛇蝎《だかつ》の如くなるは亦怪むを用ひぬ。

以上の如く民主主義は、或は国権の所在に関する絶対的理論として唱へらるゝことがあり、或は特定国家の憲法解釈上の判断として主張せらるゝことがあるが、何れにしても、国権の法律上の所在は何処に在るかといふ問題に関して居る。従つて此主義が初めから君主国体たることの明白なる我国の如きに通用のないのは、固より一点の疑を容れぬ。されば予が近代各国の憲法——民主国体たると君主国体たるとに論なく——の共通の基礎的精神となすところの民本主義とは、其名甚だ似て其実頗《すこぶ》る異なることは、極めて明白であると信ずる。

民本主義に対する誤解

所謂民本主義とは、法律の理論上主権の何人《なんぴと》に在りやと云ふことは措《お》いて之を問はず、只其主権を行用するに当つて、主権者は須《すべか》らく一般民衆の利福並に意嚮《いこう》を重ずるを方針とす可しといふ主義である。即ち国権の運用に関して其指導的標準となるべき政治主義であつて、主権の君主に在りや人民に在りやは之を問ふ所でない。勿論此主義が、ヨリ能《よ》く且ヨリ適切に民主国に行はれ得るは言ふを俟たない。然しながら君主国に在つても此主義が、君主制と毫末も矛盾せずに行はれ得ること亦疑ひない。何となれば、主権が法律上君主御一人の掌握に帰して居ると云ふことと、君主が其主権を行用するに当つて専ら人民の利福及び意嚮を重んずると云ふこととは完全に両立し得るからである。然るに世間には、民本主義と君主制とを如何にも両立せざるものなるかの如く考へて居る人が少く無い。之は大なる誤解と云はなければならぬ。

民本主義に対する誤解の大部分は、理論上の根柢なき感情論に出づる場合が多い。殊に従来特権を有して独り政権に参与し来つた少数の階級は、其特別の地位を損はれんことを恐れて、感情上盛に民本主義に反抗するのであつた。蓋《けだ》し民本主義は特権階級の存在に反抗するものなるが故に、彼等の喜ぶ所とならざるは固より止むを得ない。此等の感情に基く誤解乃至《ないし》反抗は、我等の茲に理論を以て論駁すべき限りではない。只此等の少数の階級は本来多くは国家の先覚者たるべき地位に居るものであるのに、時勢の変を知らず大勢の推移に眼を掩つて、徒《いたず》らに旧時代の遺物たる特権の擁護に熱中するのは、予輩の甚だ遺憾とする所である。加之《しかのみならず》彼等の如斯《かくのごとき》態度は一面亦憲政の発達を阻《そ》礙《がい》すること夥《おびただ》しきものがある。此事は少しく特に論弁するの必要がある。

元来之等の少数特権階級の連中は憲政の進歩の上に一種特別の使命を有して居るものである。即ち彼等は従来国家の待遇殊寵を受けて居つた其地位を利用し、常に一歩民衆に先んじ社会を指導し民衆の模範たるの実力を養ふと共に、謙遜《へりくだ》つて又民衆の友となり民意の代表者となりて、公に役するの本分を有《も》つて居るものである。換言すれば社会組織の実質的関係に於て彼等は飽くまで民衆の指導的精神たるの抱負を有せねばならぬものである。尤も彼等は社会組織の形式的関係に於ては飽くまで民衆の僕《しもべ》を以て居らねばならぬ。即ち表向きは何処までも民衆の勢力といふものを先きに立てながら、内実に於て彼等は民衆の指導者となるべき天分を有して居るのである。此関係が紊《みだ》れざるときに、社会は健全であり、憲政も進歩する。若し彼等にして民衆を率ゐるの実際の識と能となく而かも傲然《ごうぜん》として民衆を司配せんと欲するならば、こゝに社会は大欠陥を現出する。民衆と親まざる少数者と、指導者を欠く民衆と、両々相対抗して徒らに紛更を重ね、憲政の進歩発達は停滞せざるを得ない。今日憲政の運用蹉跎《さだ》として振はざる国は多くは此等の特権階級が徒らに旧時代の夢想に耽《ふけ》る所の国である。過去に於て彼等は形式的制度の上で一般人民の司配者であつた。新時代に於ては彼等は実質上の精神的司配者たるに甘んじ、又之を以て其天分と為し、形式司配者の地位は潔く之を人民に譲らなければならない。時代の変遷に応じて、彼等の態度彼等の心事に一変遷を見ざる以上は、憲政の真の発達は期せられない。世人動《やや》もすれば憲政の発達今日意の如くならざるは国民の思想の進歩せざるに在りといふ。然しながら国民思想の進歩すると否とは、実は先覚者が之を適当に指導するや否やによつて定まる。少数の先覚階級が依然固陋《ころう》の見解を改めずしては、如何に口に立憲思想普及の必要を唱へても、国民一般の心裡に健全なる政治思想を扶植することは出来ない。此点に於て予は、社会の上流に居る少数の賢明なる識者階級に向つて、彼等自身の立憲思想の真の理解と又民衆に対する指導の職分の自覚とを希望せざるを得ない。況んや、国際競争の激烈なる今日、国民の自覚自開によつて国家の内面的勢力を充実するの極めて必要なる今日に在ては、此等先覚者の指導によつて国民の自奮を促すこと実に焦眉の急に属する。鎖国時代ならば、日本には日本の特色があるとか、支那には支那の特色があるとか云つて、世界と没交渉に各々独自の方向を歩んで居つてもよかつたらう。然し今日の時勢は、断じて之を許さない。我々は今や世界と共に進歩し、世界と共に同じ途を競争せねばならぬ運命に置かれてある。

感情論に基く誤解の外、尚ほ相当の理論的根拠に基いて、或は少くとも相当の理論的根拠に基くの外観を呈して、民本主義を難《かた》んずるの議論がある。其一つは民本主義と民主々義とを混合し、少くとも其間の区別を明白に認識せずして、之を以て恰《あた》かも主権在君の大義に悖《もと》る説なるが如く考ふるものである。従来の用語例では、只一つの民主々義といふ言葉を以て二つの異れる観念を言ひ表はして居つたのであるから、従つて此種の誤解を抱くものの在つたのも無理はない。然し此考の誤りなる事は前に述べた所でも明かであるから、玆に再び之を論弁せぬ。第二は民本主義発達の沿革に徴して、民本主義は常に必らず民主々義と提携するといふ事実に基き、此点に於て君主制と相容れないと観る考である。此一派は更に主張して云ふ。民本主義の確立は革命と云ふ階段を経た。而して革命は民主主義の流行に基いて居る。斯くして民本主義は歴史的に見れば民主々義と明白に分化せずして共存して居つた。啻《ただ》に過去の歴史に於て然るのみならず、今日でも民本主義の要求は其激する所往々にして民主的革命的傾向を帯び易い。即ち民本主義は民主々義を伴ひ易いのである。して見れば民本主義と民主々義とは理論上明白に別個の観念であるとしても、実際の運動として現はるゝ時は、二つのもの必ず一所になる因縁を有して居ると。此説は或る点までは真理である。成程憲政発達の歴史を見ると、多くは革命といふ階段を経て居る。前に述べた通り、近世憲法の発達は細かく見ると三つの違つた径路を取つて居り、其中、米国系統の憲法は何等抗争すべき特権階級のない新天地に現はれたのであるから、此方には殆んど革命といふ階段はない。革命といふ危険な経過を取つてゐない代り、始から人民主権の原則に基いて居るので、米国流の憲法の下に於ては民本主義と民主々義とは適用上明白に区別して認識されて居ない。之に反して大陸諸国の憲法は、屢々《しばしば》述べた如く、特権階級に対する民権の抗争の結果として現はれたものであるから、其程度に緩急の別はあるけれども、何れも共に革命といふ順序を経て居る。英国は比較的徐々に進歩したものであるけれども、然し革命的民主思想の発現は歴史上に屢々其例を残して居る。若し夫れ仏蘭西の憲法に至つては、古今に絶する惨憺たる革命の結果として出来たものなること敢て多言を要しない。尤も特権階級の打破といふ目的は、仏国ですら之を十分に達し得なかつたから、純粋の民主主義の極度に主張し得ざるを発見した結果、民本主義の観念段々明白に認識せらるゝ様になつたけれども、然し其初めに於ては二者の観念明に区別せられず、斯くて欧羅巴《ヨーロッパ》大陸の憲法は概《おおむ》ね等しく革命的民主思想の賜《たまもの》として現れたと云はねばならぬ。其のみならず、民本主義の観念が稍《やや》明白になつた後でも、其要求を貫徹せんと努力するに際し、特権階級の強き反抗に逢はん乎《か》、彼等は之を打破せんと熱中するの余り、時々革命的民主思想を以て脅かしたと云ふ事例にも富んで居る。故に民本主義と民主々義とは宜しく之を区別して認識すべしといふことは、談甚だ容易なれども、実際の適用にも之を厳格に相分たんとするは、頗る困難と云はねばならぬ。此点に於て一部の識者が民本主義の流行を憂ふるのは、一応の理由はあると思ふ。然しながら、其起源に於て革命的民主思想に出でたからと云つて、何時でも危険なものであると断定するの誤なるは、例へば人間が猿より出でたるが故に常に猿の如き劣性を有するものなりとする論法と同一であつて固より取るに足らぬ。のみならず多少の危険を伴ふ恐れあるが故に之を禁ずべしといふのは、恰かも多少突飛な人間の輩出するの恐あるからと言つて、女子に高等の教育を授くべからずといふが如きものにして、社会国家の進歩発展を念とするもの、固より採らざるところである。多少の弊害の出現に逡巡しては進歩発達の事業は何一つ手が出せない。国家社会の発達に必要なりとすれば、ドン〳〵其目的に協《かな》ふ方法を探るべきである。而して之によつて生ずるの恐ある多少の弊害は、我々之を防止するが為めに大いに奮闘せねばならぬ。我々は徒に安逸を貪《むさぼ》つて従来の因襲に籠城すべきではない。発展は奮闘を要する。我々は立憲国民として先づ快よく世界の大勢に門戸を開放し、積極的に国家社会の大進歩大発展を計らねばならぬ。而して又退いて之に伴ふあらゆる災害と大に戦ふの覚悟をきめねばならぬ。是れ実に立憲国の先覚者を以て任ずる者の光栄なる責任である。此責任を辞せざるの覚悟ある以上、我々は民本主義を採用しても、何等国家の将来に憂惧すべき必要はないと信ずるものである。

民本主義の内容(一)——政治の目的

予は前段に於て、民本主義を定義して「一般民衆の利益幸福並びに其意嚮に重きを置くといふ政権運用上の方針である」と言うた。此定義は自ら二つの内容を我々に示す。一つは政権運用の目的即ち「政治の目的」が一般民衆の利福に在るといふことで、他は政権運用の方針の決定即ち「政策の決定」が一般民衆の意嚮に拠るといふことである。換言すれば、一は政治は一般民衆の為めに行はれねばならぬといふことで、二は政治は一般民衆の意嚮によつて行はれねばならぬといふことである。之れ実に民本主義の要求する二大綱領である。

民本主義は第一に政権運用の終局の目的は、「一般民衆の為め」といふことにあるべきを要求する　凡そ物には皆夫れ〲の目的がある。然らば政治は結局に於て何物を獲んが為めになさるゝのか、又なさるべきものか。即ち政治の終局の目的如何といふに、此点は時代によつて必ずしも一様ではない。ずつと昔の時代にあつては、少数の強者の生存繁栄が確かに政治の目的であつた。此時代に於ては一般人民は此目的を助くる為めの道具に過ぎず、謂はば牛馬の如き役目を勤むるものに外ならなかつた。我国の歴史を見ても、古代には皇室と其周囲にある少数の貴族が政権の運用を決定する中心的勢力であり、彼等の利害休戚が即ち全体としての政治の目的と目指すところのものであつた。一般民衆の利害休戚の如きは、少くとも意識的には当時の政治家の顧るところではなかつた。最もよく平民的政治の行はれたと称せらるゝ古代希臘《ギリシア》の都市的国家に於てすら、市部以外に在住する民衆は、奴隷として市民の為めに牛馬の用をなしたに過ぎなかつたと言ふではないか。されば古代に於ては政治の目的は少数強者の生存繁栄又は其権力の保持に存し、決して人民一般の利福ではなかつた。降《くだ》つて中世以後の封建時代に至れば、人民一般の利害休戚は余程尊重せらるゝやうにはなつた。けれども此時代と雖《いえど》も、人民の利福が政治上の根本終局の目的となつたのではない。何となれば、此時代に於ける政治の中心的勢力は、封建諸王侯並びに其周囲にある武士の階級である。而して武士階級は即ち封建諸王侯の一族郎党に外ならぬ。故に此時代に於ては、王室の利害安危其物が実に唯一の天下の大事であつた。国土と人民との如きは、当時の観念に於ては、王室の私有財産に外ならない。只此時代に於ては、国土と人民とが王室の依て以て立つ処の基礎であるといふ関係が余程明かになつたから、此根拠を培ふと云ふ意味に於て民衆が段々尊重せられたのである。是れ一つには群雄割拠して互に争ふといふ時勢の影響でもあらう。凡て国際的競争は政治階級をして益々民衆に頼るの念慮を深からしむるものである。故に王室の利害休戚其物が当時実に唯一の国家問題ではあつたけれども、然し「お家」を大事にする為めには其拠るところの基礎たる国土臣民をも愛護し、撫育するといふ必要を感じて、そこで当時の政治は頗る人民を労《いた》はると云ふ事になつたのである。故に例へば新井白石の如き、或は熊沢蕃山の如き、当時の政治学者の所謂政治の要訣を論ずるものを見るに、一つとして人民を愛護するの必要を説かざるものはない。然しながら何の為めに人民を愛護するのかと問へば、「お家」の安泰の為めに必要なればなりといふに帰する。恰度《ちようど》我々が下女下男を使ふに方《あた》つて、出来る丈け手当を薄くして給与を節約するよりも、面倒を見てやつて親切に厚遇した方が、結局家の為めになるといふ慈善論と同一の筆法である。封建時代に於ける所謂仁政といふものは、畢竟《ひつきよう》其根本思想は如斯ものである。故に封建時代に於ては、賢明なる君侯の下に於ては、人民は相当に幸福なる生活を営むを得たものである。而して之等の人民は君侯の仁徳を仰いで敬慕措かざるものあり、其間一点の不平がなかつたのである。けれども今日の我々から見れば、彼等は畢竟慈悲深い主人の下に於ける幸福な下女の如きもので、権利として自家の利福を主張することを許されたのではない。故に一旦お家の大事となれば、人民の利福は蹂躪《じゆうりん》せられても彼等に文句はなかつた。之を例ふれば、一旦主人が破産でもすれば、下女は約束の給料を貰ふことの出来ぬは勿論、着て居るものも脱いで、何も彼も主人の家の為めに取上げられても仕方がないといふのが、封建時代の有様であつた。只多年仁政を布《し》いて居つたが為めに人民に不平はなかつたまでの事である。されば平素仁政を布いて居なかつた処では、斯う云ふ場合には屹度《きつと》百姓一揆などが起つたものだ。我が民本主義は、以上の如き地位に民衆を置く事に反対するものである。即ち政治の終局の目的が一転して「人民一般の為め」でなければならぬといふことを要求するものである。単純なる民衆の利益幸福を要求するに止まるものではない。なぜなれば、人民の利益幸福は、封建的思想の下に於ても、明君賢相の下に於ては之を期待することが出来るからである。然し名君賢相が何時《いつ》でも其位に居るといふ事は予《あらかじ》め期することが出来ない。故に制度としては、封建的組織の下に於て人民の利福は永久に安全なるを得ないといはねばならぬ。是に於て民本主義は、人民一般の利福を以て「政治の終局の目的」とすべく、断じて或る他の目的の手段となすべからざる事を要求するに至つた。一部少数のもの丶利害の為めに一般の利福を犠牲にするは、現代の政治に於て断じて許すことは出来ない。貴族とか、富豪とか、其他種々の少数者階級の便益の為めに、民衆一般の利福を蹂躪するが如きは、民本主義の最先《まつさき》に排斥するところのものである。

尤も斯くいふと、人或は民本主義を以て我国建国の精神たる忠君の思想に背くと難ずるものあるかも知れぬ。民本主義は封建時代の「お家の為め」といふ思想に反対する。「お家の為め」といふ事を大きく見れば、皇室のお為めといふことになる。然らば民本主義は、皇室のお為めに人民の利福を無視する場合にも反対するのかと問ふ人があるであらう。此批難に就いては次の二つの点を以て答へる。第一に「皇室のお為め」といふことと、人民の利福の上に立つところの国家の為めといふこととは、今日断じて相矛盾することはない。封建時代に於けるが如く、国家内に幾多の小国家が併立する場合には、多くの人の中には小国家あるを知つて大国家あるを知らないものが少くない。現に我国でも昔藩と藩と相敵視して国家を忘れた事例に富むではないか。赤穂義士の如きも、藩的見地から見れば其挙真に讃嘆に値すべきも、国家的見地から見れば、寧ろ一種の罪悪である。我々は只彼等の動機に偉大なる或物を認むるが故に、今日尚之を賞讃して措かざるのである。又維新の当時長州藩が英国軍艦の砲撃を受けた際には、対岸の小倉藩辺の人間は小高い山などに上つて高見の見物をして居つた。文字通りに対岸の火災視して居つたとのことである。是れ皆国家的観念の乏しかつた為めである。従つて小国家に執着する考が国家全体の利害と衝突することは決して珍らしくはない。此点から見れば、封建時代に於ける「お家の為め」は、必ずしも国家の為めにはならない。然しながら今日は、皇室は国家の唯一の宗《そう》であるから、皇室の為めに国家人民の利害を無視せねばならぬといふやうな場合に立ち到る事は到底考へられない。従つて「皇室の為め」と「人民の為め」と、相逆ふことは絶対にないと信ずる。第二に仮りに一歩を譲つて二者相逆ふ事がありとしても、民本主義は即ち主権者の主権行用上の方針を示すものなるの立場からして、君主は漫《みだ》りに人民の利福を無視すべきものではないといふ原則を立つるに何等差支《さしつかえ》はない。只仮りに、皇室のお為めに人民の利福が無視された場合ありとして、此際人民は如何なる態度を取るべきかといふ問題になれば、之れは例へば主人の破産の場合に下女などが、着て居るものまでも脱いで主家を助くべきや否やといふ類の問題と同一で、本来上下両者の道徳的関係に一任すべき事柄であつて、制度として法律上之を何れかに強制することは却《かえ》つて面白くないと思ふ。封建時代にあつては、謂はゞ平素小恩を售《う》つて、いざといふ場合には、其全人格を挙げて奴隷的奉仕をせよと迫るのであるが、平常如何に面倒を見てやつたとて、万一の場合には月給を渡さなくてもよい、着て居る物も脱げといふことを今日規則として定めて居たとしたら、使はるゝ者は之れ程不都合な規則はないと思ふであらう。主人が不時の窮迫に陥つた時、下女が之を助くると否とは之を徳義問題として、全然両者の自由意思に任かしたい。制度として強制するのは、却つて両者の円満なる関係を水臭くする所以《ゆえん》ではあるまいか。況んや君臣の実質的関係の如きは、もと永き歴史の所産であり、法律的制度を以ては一点一劃の微も新に之を増減することは出来ないものである。何となれば之は多年の歴史に薫陶されたる国民の精神に根柢を有して居るからである。陛下の御為めには水火も之を厭はずといふのは、日本国民の覚悟である。然しながら此覚悟あるが故に、国家は時に人民の利福を無視しても可なり、人民は之に甘んぜざるべからずと制度の上に定めたならば、是れ却つて忠良なる国民の精神に一種不快の念を抱かしむる基となるものではあるまいか。故に予は、事実国家が国民に多少の度を超えたる犠牲を要求する場合に、之に応ずべきや否やは、国民の道徳的判断に一任することにしたい。制度としては、何処までも漫りに人民の利福を無視することはせぬといふ事に極《き》めて置きたいと思ふ。斯く極めても、我が忠良なる国民は、決して一身の安全を計つて君国の為めに計るに躊躇逡巡するものではない。蓋し忠君の思想は建国の精神にして且つ国体の精華である。之を制度の上にわざ〳〵駄目を押すが如きは、百害あつて一益なきを信ずるものである。

斯く考へて見れば、民本主義が制度として十分に人民利福の尊重を力説するのは、我国に於て毫も不都合を見ない。人民が各々其自由の判断を以て己れを空うして人の為めに尽すのは、固より民本主義の尤《とが》むるところではない。只此本来道徳的なるべき行為を制度の上にあらはし、以て人民利福の蹂躙に是認の口実を与ふるが如きことは、民本主義の極力反対する所なのである。

之を要するに、民本主義を基礎とする現代の政治は、「人民の為め」といふことを終局の目的とする。何物の為めにも人民全体の利福は之を犠牲とするを許さぬ。然るに此点は今日各国に於て十分に貫徹せられて居るかといふに、必ずしもさうではない。其理由の一つは、矢張り封建時代に多年養はれたる思想と因襲とが、民本主義の明白に承認せられたる今日、尚種々の形に於て制度の上に残存し、「人民の為め」と云ふ趣意の十分なる貫徹を妨げて居るからである。此傾向は西洋でも、立憲政治が上下両階級の衝突並びに其妥協の結果として発達した国に多い。而して此民本主義の徹底的発現を妨げて居る最も主たる原因は、旧時代の遺物たる所謂特権階級の存在である。特権階級が法律上与へられたる特権を、適当に利用するに止まるならば、大した弊害もないといへるけれども、彼等は兎角此特権を楯として、漫りに民権の発達に反抗する。彼等は過去に於ては法律上特権を有つて居つたが為めに、更に政治上にも特種の地位を得、従つて独り政権に参与するの特典を有して居つた。而して彼等は此等の特別なる地位を永久に壟断《ろうだん》せんが為めに、動《やや》もすると人民一般の利福と衝突し、「人民の為め」の政治に逆ふの傾向を示す。元来特権階級の存在其物は、国家に取つて決して無用の現象ではない。国家に勲労ある者を優遇し、且つ之に特権を与へて、子孫相継いで国民の指導的精神たらしむるといふことは元来結構なることである。此意味に於て、国家が貴族といふものを設定し、且つ存置して置くのは、極めて有益なことであると信ずる。然し実際上多くの場合に於ては、彼等は其特種の地位に狃《な》れ、以て国家優遇の恩に背くこと甚だ少くはない。甚だしきは、其特権を濫用して、一般の利福を蔑《ないがし》ろにするものすらある。故に、近来の政治上に於ては此特権階級は盛に民本主義の反抗を買ふに至つて居るやうである。

特権階級に対する民本主義の抗争は、十九世紀の初め、欧羅巴《ヨーロッパ》に於ては相当に激しかつた。殊に特権階級が其特権に恋々として民本主義の要求を淡泊に承諾しなかつた国に於ては、此争は相当に永く続いた。然し今日となつては、此等の問題は大抵一通りは解決がついたやうである。若し今日尚此種の問題の残つて居る処ありとせば、欧羅巴に於ては露西亜《ロシア》位のものであらう。英吉利《イギリス》では上の階級が十分に一般階級の要求を了解せる事により、独逸《ドイツ》に於ては両者の疏通未だ完《まつた》きを得ざれども、上の少数者が常に道徳智識に於て遥かに平民を凌駕《りようが》し、其実力を以て民衆を服する点に於て、両国共に上下両階級の争は之を略々《ほぼ》解決して仕舞つたと云つてよい。翻《ひるがえ》つて我国は如何といふに、不幸にして、一方には民衆の智見未だ此問題を了解し且之を主張するまでに発達して居ない。只他方に於て特権階級は、大体に於て漸次民衆の要求を理解し、従つて之に処する所以の道を悟りつゝありと認めらるゝのであるが、只一部のものゝ間には、或は自ら高く標置して民に謙遜《へりくだ》るの雅量なきものあり、或は貴族の特権に気驕《おご》りて、奮励以て実力を養はんとせざるものあり、為めに貴族に関する反感侮蔑の念を知らず識《し》らず民間に挑発しつゝある者あるは、誠に憂ふべきことであると思ふ。蓋し民本主義の要求は、兎も角も世界の大勢である。民本主義と特権階級との関係は、兎も角も如何様にか解決せられねばならない。此両者の関係が平穏の間に解決せられ、以て社会の健全なる発達の素地を作らんとするには、我々は一方に於て民衆の智見の発達を計ると共に、尚他方に於て大いに上流社会の反省を希望するの要求がある。

　尚之に関聯して注意すべきは、近頃我国などに於て、右の歴史的特権階級の外に、新たにいろ〳〵の特権階級が発生するの傾向があることである。中にも最も著しいのは金権階級である。俗用の語で所謂資本家なるものである。而して此階級に対しては従来社会主義の反抗があつた。此両者の関係は恰《あた》かも民本主義の歴史的特権階級に対する関係と似て居る。抑《そもそ》も社会主義が資本家に対して抗争する所以の根本動機は、是れ亦社会的利福を一般民衆の間に普《あま》ねく分配せんとするの精神に基づく。此点に於て社会主義は又民本主義と多少相通ずるところないでもない。只社会主義は現在の社会組織に革命的変動を与へんとするが故に、恰かも民主主義が君主国に於て危険視されるが如く、多くの国に於て同じやうに危険視される傾があつた。然しながら、経済上に優者劣者の階級を生じ、為めに経済的利益が一部階級の壟断に帰せんとするの趨向は、是れ亦民本主義の趣意に反するものなるが故に、近来の政治は、社会組織を根本的に改造すべきや否やの根本問題まで遡《さかのぼ》らずして、差当り此等の経済的特権階級に対しても亦相当の方法を講ずるを必要として居る。所謂各種の社会的立法施設は即ち之れである。此意味に於て、民本主義が経済的特権階級とも争ふといふことは、近代各国に通有の現象である。今我国の状態を見るに、近時所謂資本家なるものが頭をもたげ来り、其広大なる金力を擁して漸《ようや》く不当に社会公共の利益を蹂躙せんとして居る。尤も這般《しゃはん》の傾向は亜米利加《アメリカ》ほど激しくはないが、然し最近資本家の勢力といふものは著しく加はつて来た。殊に日清・日露の両戦役後は著しく彼等の勢力を増した。金権は、何れの世に於ても一種の勢力たる事を失はないが、然し日清戦争以前に於ては、実は金権は遥かに政権の下に屈して居つた。更に遡つて明治の初年に至れば、金権は即ち節を政権の門に屈し、其庇護の下に漸く財力の増殖を計つて居つた。例へば三菱の大隈伯に於けるが如き、三井藤田の井上侯に於けるが如き、皆それである。然るに日清戦争は初めて政権をして金権の前に助力を乞はざるを得ざらしめた。斯くて金権は初めて政権と対当の地位に立つ様になつたのである。若し夫れ日露戦争に至ては、桂公の政府は徹頭徹尾資本家の前に叩頭《こうとう》して其財政的助力を求めたのである。是に於て金権は一躍して時に臨んで政権を左右し得るの大勢力となつた。富豪が爵位を貰つたのも、皆此時以後の出来事である。中には男爵を授けらるゝことを条件として、多額の軍事公債に応ずる事を承諾したものもあると言はれて居る程である。斯くして金権は政権に迫り、自家階級の利益の為めに種々の不当なる法律の制定を要求したのである。資本家階級の独り之を便とし、一般民衆の為めには最も不都合なる各種の財政的立法の、今日に厳存するのは皆此結果である。斯くして我国に於ては最近新たに、法律に依つて不当に其利益を保護せらるゝ一新特権階級を生じたのである。此種の特権階級は、将来民本主義の要求と接触して、如何に其間の調和を見るかは、我々の最も憂慮し且注目するところである。金権階級は事物質上の利害に関するが故に、容易に一般民間の声を聞かうとしない。故に我国に於て他日若し此方面の問題に関して、頗《すこぶ》る解決に困《くるし》むものありとすれば、恐らくそは此財政的特権階級の問題ではあるまいか。若し夫れ此財政的特権階級が、歴史的特権階級と結托して、傲然《ごうぜん》民本主義に臨むことあらん乎、国家の不祥之より大なるはない。予は此点に関して切に識者の注意を惹起し、且つ国家の至寵を恣《ほしいまま》にする貴族富豪の反省を乞はざるを得ない。

之を要するに、政治の終局の目的が人民の利福にあるべしといふ事、是れ民本主義の第一の要求である。一見民衆一般の全体の利益と係はりないやうに見えても、詮《せん》じ詰むれば、全般の利益幸福となるといふものならば、そは民本主義に悖《もと》らない。終局に於て民衆一般の為めになるかならぬかゞ標準である。仮令《たとい》民衆一般の為めになる外観を呈するものでも、之が他の目的の副産物として来るものであつては、是れ固より民本主義の満足を買ふことは出来ないものである。

民本主義の内容(二)——政策の決定

第二に民本主義は政権運用の終局の決定を一般民衆の意嚮に置くべき事を要求する　民本主義は、政治の目的を一般人民の利福に置くのみならず、政策の決定についても、一般人民の意嚮《いこう》を終局に於て重要視することを要求するのである。終局に於て人民の意嚮を重く見ると云ふことは、必ずしも個々の問題について一々人民一般の意見を聴くといふ意味ではない。人民の意嚮に反しては何事もしない、すべての政治的活動は明示又は暗黙の人民一般の承認なしには行はれぬといふ大体の主義を云ふのである。

政策の終局的決定を人民の意嚮に拠《よ》らしむべしとする主張の理論上の根拠は、恐らく何が人民一般の利福なるかは人民彼自身が最もよく之を判断し得ると云ふことにあるのであらう。政治にして人民一般の利福を目的とする以上、其運用は須《すべか》らく何が所謂人民一般の利福なりやを最もよく知れるものが之に当るを必要とする。而して自家の利福の何たるかは其本人が一番よく之を知つて居るものであるから、近代の政治は、人民一般をして終局的に其方針を決定せしむることが最も能く其目的に適合すると認めたのであらう。啻《ただ》に之ばかりではなく、更に此主張には実際上の理由もある。そは少数者の政治は啻に適当に多数の要求を按配することが出来ないのみならず、往々にして自家階級の利益の擁護に急なるの余り、其地位を濫用して不当なる政治をなすの弊があるからである。此点に於て人民一般の意嚮を重んずるの主義は、政治を適当ならしめ、公平ならしめ又清潔ならしむるの効用がある。

然るに民本主義の此第二の要求に対しては、世上之を難ずるの議論が相当に強い。今此等の批難を細かく観察して見ると、大体三つの種類があるやうに思はれる。

第一の批難は、民本主義は憲法上君主大権の義に反するとする説である。即ち人民の意嚮を終局に重んず可しと云ふは、君主々義の憲法の精神に背くと云ふのである。此批難にも細かく分つと更に二つの細別がある。一つは、先に民本主義全体に対する誤解として挙げたものと同様であるが、予の所謂民本主義を民主々義と混合し、政権運用の終局の決定を人民に移すべしといふは、則ち主権を君主の手より奪つて人民に帰するものなりと為し、以て我国の如き君主国に在つては許すべからざる僻論《へきろん》なりと論ずるのである。此説の謬《あやま》りなる事は已《すで》に述べた。繰り返すまでもなく、民本主義は政治上の主義であつて法律上の説明ではない。法律上主権は君主に在りとして、其主権者が主権を行用するに当り、如何なる主義方針に拠るべきかといふ時に、民本主義は現はれ来るのである。何等君主々義と相矛盾するものではない。君主国体の擁護の為めに危険なる民主々義を排斥せんとするは、吾人も固より同意同感であるけれども、只之が為めに、名似て実異なる民本主義の政治的発達までも阻礙《そがい》するやうな事があつては、憲政の前途の上に容易ならざる大事であると思ふのである。もう一つの批難は、仮令政治上の主義にもせよ、君主は其権力を行使するに当つて常に必らず人民一般の意嚮を参照せねばならぬと慣行が極つては、夫れ丈《だ》け君主の大権が制限せられ、従つて君主大権の自由行動を妨ぐる結果となると云ふ説である。併し此種の論者は、君主の大権なるものは、立憲国に於ては初めから各種の制限を受けて居るものであるといふ事を心付かざる人々である。制限と云ふ言葉を使へばこそ世人は兎角之を気にするのであるけれども、之に代ふるに「道」といふ文字を使つたならば何うか。即ち立憲政治は我儘勝手なる政治にあらず、「道」を以て国家を治むるの政治であるとすれば、「道」は即ち主権の自由行動に対する一種の制限ではないか。而して此所謂「道」は法律上にも政治上にも現はれ、換言すれば君主の大権は法律上並びに政治上共に各種の制限を受くるのが立憲諸国の通例である。尤も憲法学者中には憲法による君主大権の制限は自ら自己の行動に加ふる制限なるが故に、之を法律上厳格に制限と称すべきものではないと論ずるものもあるから、暫《しば》らく此種の理論に譲歩して法律上君主の大権は絶対無制限であるとして置かう。然し一転して政治上に於ては如何といふに、此方面に於ては各般の制限を受けて居ることは疑はない。君主の大権が此種の制限を受けて居ると否とが実に立憲専制の別るゝ所であつて、所謂憲法的諸制度なるものは実に君主大権の制限を目的とする政治的設備に外ならないのである。但だ此等の制限は、客観的に観れば制限に相違ないが、主観的に観れば主権者の取るべき「道」であると言へる。此点に於て国体観念の上に於て君主が絶対最高の主宰者たるの実は少しも傷けらるゝことはないのである。只此絶対最高の主体者が如何なる場合にも全然無制限に行動することは、幾多の弊害を生ずるの恐あるが故に、近代の政治は茲に種々の制限を認めたのである。此制限を厭ふならば、初めから立憲政治を採用せぬがよい。苟《いやし》くも世界の趨勢に従つて立憲政治を採用した以上は、君主の大権が諸般の制限を受くるは之を当然と見なければならない。且又君主が各種の制限を受くるといふ事は、政治上実は極めて有益なことである。人或は純粋なる君主国に於ては、啻に君主が法律上国権の唯一の掌握者たるのみならず、又実際に於て決して君主独り自ら自由に之を擅行《せんこう》するものでなければならぬと主張するものもある。けれども君主は事実上に於て決して万能の御方ではあらせられぬ。其御一人の単独の意思を以て、何人にも御相談なく、天下の事を専断決行さるゝと云ふ事は決して無い。のみならず斯くする事の極めて危険なる制度たるは申すまでもない。されば実際上に照して見ても今日百般の政務を君主が単独に決裁し賜ふといふことは事実何れの国にも之を見ない。独逸皇帝ウィルヘルム二世陛下の如き近代稀《まれ》に観る多才多能の御方でも、複雑なる政務の裁決には幾多大臣の智慧を藉《か》りるの必要に迫られて居るではないか。されば絶対的の無制限の自由行動といふ事は、事実上之を望み得ない。よし之を望み得ても、斯くの如きは常に偉大絶倫なる且多才多能なる名君の相継いで輩出するといふ条件の許《もと》に、初めて弊害なく行はるゝを得るものである。斯く観れば、君主の行動が相当の制限の下に為さるゝと云ふことは、事実必要でもあり又望ましいことでもある。斯くの如く立憲政治に於ては君主の大権は初めから制限を受くるものである。制限を受くるを可とするや否やは最早問題ではない。若し問題となるものありとすれば、君主の大権が如何なる種類の制限を受くべきやといふ点にあらねばならぬ。即ち人民一般の意嚮に聴くといふ制限を受くべきや、又は君側二三者の意見に諮《はか》ると云ふ制限を受くべきやといふ様な問題に帰する。然るに一部の論者は、広く人民の意嚮に聴くは君主の大権に対する制限と観るに拘《かかわ》らず、然らざる場合には丸で君主大権の制限を説かないのは、甚だ片手落な議論であると思ふ。例を以て之を説くに、今茲に内閣更迭と云ふ事件が起つたとする。此場合に後継内閣組織の大任は須らく議会に於て多数を占むる政党の首領に之を托せねばならぬと云ふ慣例があるとする。此場合に此慣行は君主の大権を制限するといふて批難するのである。何故なれば君主は最早自由の意志を以て大臣の任命を専行するを得ないからである。然しながら君主大権の制限なるが故に悪いと云ふならば、即ち君主の自由行動と云ふ趣意を此際文字通りに厳格に貫かうとするならば、君主は事実上何人にも御相談にならず、全然御一人のお考のみを以て、総理大臣は誰、内務大臣は誰、陸軍大臣は誰と云ふ事をお極めになると云ふ事にならなければならぬ。けれども斯くの如きは事実上果してあり得るや否や。実際の事例としては君主は此際必ず君側の二三老功の臣に御相談になるが普通である。之が二度三度と繰返さるゝと、結局大臣の任命については必ず元老に御下問になり、其意見に依つて之をお極めになるといふ事になる。斯く極まれば之れ亦君主の大権に対する明白なる一制限ではないか。予の観る所によれば、大臣の任命に付き議会の多数党に人を採るのも、元老の御下問によつて極めるのも、共に君主の大権に対する事実上の制限たる事は同一であると思ふ。只其制限の種類が同じくない。一つは多数に相談して極めるといふ形に在り、他は少数に相談して極めると云ふ形にある。然らば茲に君主は果して其何れの制限を採るべきものであるかの問題が起る。少数の人のみに相談すべきであるか。多数の人に普く相談すべきであるか。斯く論ずれば、君主大権の制限なるが故に非なりといふ理由で、民本主義を排斥するのは正当でない。若し民本主義を有効に排斥せんと欲するならば、更に一歩を進めて、多数の人に諮るのが常に悪く、少数の人に諮るのが必ず善いといふ趣旨を明白に証明するの必要がある。然るに我国に於ては、明治初年以来多数の人に諮るを以て立国の国是なりとして居る。明治天皇陛下は維新の初め、現に、広く会議を起し万機公論に決すべしと勅せられて居る。即ち多数の人に相談して公平にして且つ正当な政治を行ふと云ふ民本主義の精神は、明治初年以来我国の国是であつた。今頃之を否認して少数諮詢主義を唱ふるのは、政界進化の大勢に逆行するものである。

第二の批難は、凡そ人民一般は本来愚なものであつて自ら自家の利福の何たるを知らぬ、之を熟知する者は寧ろ少数の賢者である、従つて多数政治は実際の利害得失を比較すると少数政治に比して却つて劣れりといふのである。此説は近代立憲政治の趨勢に逆行して、貴族政治の古《いにしえ》に復《かえ》らんと欲する一部人士の熱心に唱道する所であるが、一部分は成程真理であると思はるる。如何に開明の国に於ても、一般の人民は大体に於て直接的確に国民全体の利福の何であるかは明白に之を知らぬ。而かも少数の賢者の中には、真個国を憂ふるの士あつて、自己の利福を犠牲に供し、専ら社会公共の為めに力を効《いた》さんとして居るもの、少からざることは明白なる事実である。然しながら我々は、最もよく人民一般の利福の何たるを知り又如何に奉公の念に富む所の人でも、彼等の最も多く考ふるものは概して自家の利益であると云ふ普通の事実を看過してはならぬ。況んや賢明なる人と雖も、少数相比周《ひしゆう》して万人環視の外に政権の運用を司《つかさど》ることとなつては、動《やや》もすれば其間に弊害を生ずることは免かれない。斯くて、少数に政治を托して多数人民が心を安んじて居ると、何時の間にやらいろ〳〵の弊害が行はれ、又誠に不公平な制度などが何時の間にか立てられてゐるやうな事になる。凡そ政治上の事は、一旦制度の上でかうと極めて了《しま》へば、如何に其弊が後に明かになつても、容易に之を改めることは出来ないものである。制度の改め難きは恰かも女房の軽々しく取り換へ難いと同様であるのみならず、又立派な人ほどオイそれと女房を換へないやうに健全な国ほど制度は容易に改め難いものであるから、現在の制度に依つて不便不利を蒙つて居るものは、何時も泣寝入らねばならぬことになる。之を我国の例に譬《たと》へても、塩の専売は悪制なりといふ。石油消費税、織物税は悪税なりといふ。此点は政府亦各党各派と共に一様に認むる所であるけれども、之を廃せば為めに生ずる欠陥を何の財源に求むべきやの問題に窮して、何時でも之が廃止を見合はすことになる。斯う云ふ訳であるから、政治は須らく其初めを慎むべきものである。即ち初めから注意して少数政治に成らぬやうにするの必要がある。且又、今日は人民一般の程度も大いに進歩して来た。昔のやうに人民が公の事に無智で且つ冷淡であつた時代ならば、政治の事を少数の賢者に一任するのも已《や》むを得なかつたであらうが、今日は教育の進歩につれて人民の智見も大に開けた。公事に関する興味も著しく民間に強くなつた。非常に野蛮な国でない限り、民智の不十分を理由として之を政治圏外に打捨ておくと云ふ事は、今日は最早時勢の許さゞる所であると信ずる。

且今日の民本主義は、人民智見の相当の発達を前提とすといふも、然し其所謂相当の発達なるものは、各種の政治問題について積極的の意見を立て得る程の高い発達を意味するものではない。例へば茲に海軍拡張問題とか減債基金問題とかがある。海軍拡張の可否並に程度如何とか、八四艦隊の利害得失如何とか、又減債基金を五千万円に復旧するの利害得失如何とか、二千万円の鉄道資金は之を如何にして得べきか等の細い点は、専門の政客と雖も精密に之を了解して居るとは思はれない。今日の代議士中、此問題の意味をすら理解して居らぬものは少からずあるだらうと思ふ。況んや一般人民に向つては、此等の問題の精密なる了解は余程進んだ国に於ても之を求め難いと思ふ。民本主義の行はるゝ事は、それ程高い智見を民衆に求むるといふ必要はない。民衆の智見の高いのは何処までも之を希望すべきものなる事はいふを俟たぬ。然しそれ程高くなくとも民本主義は之を行ふに差支はないのである。其理由は後にも説くが如く、今日の政治は所謂代議政治といふ形に於て行はれて居るのであるが、其結果今日では我こそ人民の利福意嚮を代表して直接国事に参与せんと欲する輩は、自然進んで自家の政見を人民に訴へ、以て其賛同を求むるといふ事になる。そこで人民は此際冷静に敵味方の各種の意見を聴き、即ち受動的に何れの政見が真理に合して居るやを判断し得ればよい。更に双方の人物経歴声望等を公平に比較し、何れが最もよく奉公の任を果たすに適するや、何れが最もよく大事を托するに足るの人物なりやを間違なく判断し得るならば、それで十分である。此位の判断は相当の教育を受け、普通の常識を備ふるものには誰にも出来る。必ずしも個々の問題について自家独自の積極的政見を有する事を必要としない。此点に於て今日の開明諸国の人民は、概して民本主義の政治を行ふに妨げなき程度には発達して居るものと断言して差支ない。然るに世の立憲政治の運用の思はしからざるを嘆ずるものは、動もすれば其原因を国民の思想の足らざるに帰する。前記高田文相の訓示の如き亦其傾がある。けれども我々の見る所によれば、勿論国民に今少し憲政思想を知らして置くのは必要と思ふが、然し今日の我国民は、決して憲政の運用に適せざる程に低い程度のものではないと信ずる。而かも尚憲政の運用意の如くならざるものあるは、寧ろ其責任を世の先覚者の頑迷固《こ》陋《ろう》なる思想と態度とに帰せざるを得ないと思ふものである。今日の元老・大臣以下幾多の政客の脳中に、果して憲政の根柢たる民本主義を徹底的に了解して居るもの幾人ありや。更に進んで民本主義の忠実なる僕《しもべ》たる事を以て名誉とするもの果して幾人ありや。社会の上流に在るものが、真に憲政の本義を体得するにあらざるよりは、憲政の完成は容易に期し難い。今日の人民が、文相の指摘して居るが如く、総選挙の場合などに時々醜穢《しゅうわい》な手段に惑はされて不都合な所為に出づる事は、予も亦之を認むるけれども、然し之なども実は人民其者の罪といふよりは、寧ろ大部分は制度の罪であると思ふ。賄賂を取り得べき地位に置かれて而かも潔白を維持するの困難なるは、下層の人民も宮内大臣も海軍大臣も同一である。制度の上で醜穢な手段の出来ないやうにして置けば、最も正直に賄賂などに手を出さないものは恐らく人民であらうと思ふ。

　尚予は更に所謂少数賢者の政治なるものは、其名美にして其実弊害の頗る大なるものある事を指摘するの必要を感ずる。世人は動もすれば賢者は常に少数である。故に最良の政治は少数者の政治であらねばならぬ。之に反して多数者の政治は所謂衆愚政治に陥るといふ。之も一応は真理である。けれども少数政治は常に暗室の政治であるといふことを忘れてはならぬ。如何に立派な人物でも、他人の見てゐない所では兎角過を犯し易い。閑居して不善を為すは独り小人の事ではない。君子と雖も其独りを慎む事を以て昔から最も困難なる修養として居つたではないか。況んや少数者の政治といつても、何時でも聖賢の如き君子人のみ其局に当ると限らないに於てをや。

制度としては、どんな人物が其局に当つても悪い事の出来ないやうにして置かなければならぬ。即ち悪るい事の為し得る機会を作らないのが制度の眼目である。金を貪《むさぼ》る機会が与へらるれば、神聖なる宮内大臣でさへも賄賂を取つたではないか。凡そ政治上の事は、万人環視の中で最も公明正大に行はるゝやうにしなければならぬ。我国に於ては所謂瀆職問題といふ事が毎度矢釜《やかま》しい。之れ皆政治を秘密の中に弄《もてあそ》ぶ所より来る弊害である。多数政治の形式を取りてさへ、其運用に最も鋭敏なる注意を払はざれば、動もすれば虫がつき易い。況《ま》して少数政治の如きは、制度としては何よりも先に排斥せねばならぬものである。世間の人は、議会の不体裁とか、議員の不体裁《ふしだら》とかを挙げて、動もすれば多数政治の醜穢を云々する。無論多数政治にも訓練を加へざれば幾多の弊害を生ずるは免れない。殊に多数政治は徹底的に之を行はざれば往々にして其弊却つて少数政治よりも大なる事がある。然しながら大体から云へば、少数政治は密室の政治なるが故に其弊害は多くは天下の耳目に触れずして済み、多数政治は明けツ放しの政治なるが故に微細の欠点を誇張して数へらるゝの傾がある。故に最も公平に、最も精密に、其弊害の性質・分量を比較したならば、少数の政治の方或は遥かに多数政治を凌駕して弊竇《へいとう》の著るしきものがあるだらうと思ふ。

斯く云へば、民本主義の政治に於ては少数賢者の階級は全く用のないものかの如くに誤解するものもあらうが、之は決してさうではない。少数の賢者が独立の一階級をなし、多数と没交渉に政権の運用を専行する時には勿論弊害がある。けれども彼等が自ら謙遜《へりくだ》つて多数の中に没頭し、陽に多数者の意嚮に随従しつゝ、陰に多数者の精神的指導者として公事に尽す時、彼等は真の賢者としての役目を最も適当に尽すことを得るものである。抑《そもそ》も多数少数の両階級の関係は、形式実質の両面に分つて観察するを必要とする。近代の政治は、其政治組織の形式的方面に於ては、固より多数専制を方面に於ては、多数の意嚮を第一とする。然しながら社会構成の実質的理想の方面に於ては、固より多数専制を容認するものではない。多数政治と言つても、文字通りの衆愚の盲動が政界を支配するやうでは、国家の健全なる発達は期せられない。多数者は形式的関係に於ては何処までも政権活動の基礎、政界の支配者でなければならぬ。然しながら彼は内面に於て実に精神的指導者を要する。即ち賢明なる少数の識見能力の示教を仰がねばならぬのである。斯くて多数が立派な精神の指導を受くる時は、其国家は本当にヱライものである。少数の賢者は近代の国家に於て実に此役目を勤むべきものである。若し彼等が其賢に誇つて自ら高しとし、超然として世外に遊び、降つて多数者の中に入りて之を指導する事を敢てせざる時は、彼等は啻に其志を遂げ得ざるのみならず、国家の進歩にも亦何等貢献すること能《あた》はずして了《おわ》るの外は無い。彼等にして若し真に国家社会の為めに尽さんとせば其賢を以て精神的に多数を指導すると共に、又自ら多数者の役するところとなつて、彼等の勢力を通して公に奉ずるの覚悟がなければならぬ。斯くの如く多数と少数との相倚《よ》り相待つ事の密接なる国が、最も健全に発達するのである。少数の政治は弊害もあり、又勢としても之を今日回復する事は出来ない。さればと言つて多数の政治は少数賢者の指導なしにはもと健全なる発達を見る能はざるものである。二者相待つて初めて憲政は完全なる発達を見る事が出来るのである。此関係を政治的に見れば、多数の意嚮が国家を支配するのであるけれども、之を精神的に見れば、少数の賢者が国を指導するのである。故に民本主義であると共に、又貴族主義であるとも言へる。平民政治であると共に、一面又英雄政治であるとも言へる。即ち政治的民本主義は精神的英雄主義と渾然相融和するところに憲政の花は見事に咲き誇るのである。若し此二者の関係が彼此相疎隔せんか、其国は決して円満なる発達を見ることを得ない。二者の疎隔によつて苦んだ国は古来其例に乏しくない。或は指導者なき平民の盲動は革命的暴虐となつて国家を塗炭の苦みに陥れた事、革命当時の仏国の如きあり、或は節操なき衆愚が少数奸雄の操縦利用するところとなつて、国民全体の利益を蹂躪して顧みざる事、現代の墨西哥《メキシコ》の如きがある。憲政をして其有終の美を済《な》さしめんとせば、政策決定の形式上の権力は、思ひ切つて之を民衆一般に帰し、而かも少数の賢者は常に自ら民衆の中に居つて其指導的精神たる事を怠つてはならぬ。此点に於て予は、我国の元老を初め、其他所謂官僚政治家等の態度に甚だ慊焉《けんえん》たるものがある。何となれば、彼等は皇室の殊寵と、国家の優遇とを忝《かたじけの》うしながら、其最高の地位を利用して時に無責任なる干渉を政界に加ふるの外、敢て自ら高処して民衆に接せず、却つて民衆的勢力を敵視するが如き態度を取つて居るからである。彼等が斯く近代政治の本義を了解せざるは我等の頗る遺憾とするところであるが、殊に彼等が少数賢者としての社会的職分を怠りて敢て民衆指導の任に当らざるは、国家の為めに非常な不幸と言はなければならない。一般の民衆は、何と言つても実際に於ては案外に、社会的歴史的の栄誉尊称といふものに過分の尊敬を払ふものである。歴史的社会的の権威を自らに固有する貴族などが、同時に実力に於て高等の人才であり、而して彼等が集つて民衆を指導するの任に当る時に、民衆は喜んで其指導に服するものである。独逸《ドイツ》が彼が如く制度の上に於て民本主義の徹底的実現を妨げて居りながら、而かもよく国運の隆々たるは、上は皇族より貴族富豪の末に至るまで、彼等が悉《ことごと》く社会的に歴史的に優等階級たるのみならず、其実力に於て又優等階級として平民の敬意を集めて居るが故である。憾《うら》むらくは我国に於ては、社会的歴史的の優等階級は必ずしも実力の優等階級ではない。之れ已に社会の一欠陥である。而かも実力の優等階級も亦多くは謙遜《へりくだ》つて民衆の友、民衆の僕たることを甘んぜない。それ更に大いなる社会の欠陥である。予は憲政の健全なる進歩の為め、否な社会国家の興隆の為めに、深く少数賢者の反省を求めたい。殊に貴族富豪の大に反省して自ら治むるのみならず、又其子弟の教育に真面目に注意する所あり、以て国家の優遇に応《こた》ふるところあらん事を望まざるを得ない。

第三に更に一歩を進めて斯う云ふ批難をする人もある。曰く民本主義は一般人民の意嚮を重んずると云ふけれども、然し一般人民の意嚮、即ち所謂「民意」なるものは本来実在するものではない。少くとも衆愚は被動的に少数野心家の煽動に乗つて彼方此方に盲動することはあるけれども、能動的に或る一定の目標に向つて意識的の活動をなすものではない。故に民意を取つて政策決定の標準と為すと云ふが如きは畢竟《ひつきよう》空論であると。此の論は民本主義の理論上の基礎たる「民意」の実在に対する疑である。抑も民意なるもの、果して実在するや否やは哲学上社会学上大なる問題であらう。勿論民意と云ふ大いなる意思を有《も》つて居る人格者が眼に見えて存在して居る訳ではない。故に目に見ゆる個々の具象のみに執着する所謂懐疑派に属する学者が、多数人民の雑然たる集団に意思の主体たるの資格を認めざらんとするのは固より怪むに足らぬ。然れども社会万般の事象を洞察達観するものに取つては、此見えざる意思の主体を認識することは決して困難ではない。最も我々の社会に於ては、同一の問題に就ても各種の意見が色々行はれて居るもので、何が多数の輿論なりやは容易に之を決することは出来ないものである。けれども此等の雑然たる社会の議論は恰《あたか》も時計の振子の左右に動揺して止まざるが如く殆んど安定するの日なしと雖も、然し乍《なが》ら此等の議論が自ら或る一定の中心に向つて其周囲に動きつゝあるものなることは少しく物事を深く観ずる人の見逃さゞる所である。懐疑派の人は動揺のみに着眼する。我々は動揺の陰に不動の中心あることを認識する。社会の輿論と云ふが如きものも、現に我々は我々の居る現在の社会の事はよく分らないものであるけれども、暫らく時間空間の関係に於て我々を第三者の地位に置く時は、略《ほ》ぼ其社会の民衆は何を希望し、何を目的として動いて居るかが想定せられないことはない。勿論人各〻観る所を異にし、何を以て其の社会の民意なりとするやに就ても、必ずしも議論の一致を見る事が出来ない場合もある。然し乍ら、兎に角今日の学界の多数説としては所謂「民意」の実在を疑はぬ様である。此事は尚学問上大に論弁するを要する問題であるけれども、余りに専門的になるから玆には之を略する。唯〻民本主義の主張は、一部の論者の難ずるが如く、実在せざる「民意」と云ふ仮定を前提とした荒唐無稽な説で無いと云ふことを承知して貰へばそれで可《い》いのである。

以上を以て予は民本主義に対する各種の批難を弁駁した。政権運用の終局の決定を民意に置くの不当ならざるは之を以て明白になつたと思ふ。扨《さ》て之より我々は愈々《いよいよ》此主義を実際に適用すれば如何《どう》なるかと云ふ問題の研究に移らねばならぬ。

前述の如く、民本主義は一般民衆の意向に拠つて政策を決定すべしと云ふのであるから、之を極端に徹底せしむる為めには、人民全体が直接に政権に関与することにならねばならぬ道理であるが、是れは事実不可能なる事論を俟たぬ。人民全般の直接政治は、古代希臘《ギリシア》の都市的国家に於ては普《あまね》く行はれたと称せられて居るが、成程地域の狭い、人口の少き此等の小国家に於ては、或は此方法は可能であつたらう。夫れでも少くとも幼少年と婦人とは政治圏内より除かれて居つたやうである。否、青年の男子と雖も、都会の住民即ち市民の外は、此公権を与へられて居なかつた。そは都市的国家は漸次其領域を都会以外の周囲に拡張したのであるが、此等新領土の住民は悉く奴隷として遇せられ何等の自由を与へられなかつたからである。されば古代の小国家に於ても、人民の直接政治といふものは文字通りには行はれなかつたのである。況んや今日の如く地域も人口も広大なる国家に於ては、到底人民の直接政治は行はれ得るものではない。幼少年並びに婦人を除いて、直接政治に干与し得るものは之を公民権を有する男子に限ると見ても、其数は非常なものである。之を皆洩れなく直接に政治に干与せしむるのが一番よく民本主義の主張に合するやうに見えるけれども、事実上到底行はれない。そこで今日では此等の人民は間接に政治に干与し、直接には自らの代表者を挙げて之に一切の政治を掌《つかさど》らしむるといふ方法を取る事となつた。是れ即ち今日の代議政治なるものである。即ち人民は、全体としては直接に政治に与《あずか》るの煩に堪へないから、自分達の代表者を公選し、其選に当つた代議士をして自分達に代つて公事に尽さしめんとするのである。即ち人民より見れば一種の間接政治である。代表者が政治するといふ点より見れば代議政治である。斯くして此代議政治は今日の立憲諸国に於ては、民本主義的政治の唯一の形式となつた。

代議政治

前段に於て予は、民本主義の要求を極端に徹底せしむる為めには人民の直接政治とならねばならぬけれども之は今日の国家に於ては事実不可能なるが故に、遂《つい》に変則の様ではあるが代議政治といふものが今日洽《あまね》く行はるゝ事になつたといふことを説いた。然らばこゝに自ら吾々の頭の中に問題となるのは、所謂代議政治なるものは、民本主義の理想には協《かな》はないものであるけれども、外に致方がないから止むを得ず之に依つて居るものと見るべきや、或は又他の方面からの証明の結果として、代議政治の方が却つて之を実際に行つて直接政治よりもよりよき結果を生じ得るものであると見るべきやの点である。代議政治はどの途《みち》今日之を止める事は出来ない。之れ丈は疑は無いが、只其価値については、前記の如く消極的意義を認むるに止るものと積極的意義を認むるものとの二様の見解が起り得るのである。

先づ英吉利《イギリス》の学者政治家の間には代議政治の価値を謳歌するものが非常に多い。尤《もつと》も英吉利の政治学には、理論としてはいろ〳〵間違つた謬説《びゆうせつ》が多い。然しながら其政治的諸制度の実際的価値の認識に於ては概して其判断を誤らない。されば代議政治についても、そが果して理論上民本主義の要求に合致するや否やといふ様な方面の議論は比較的疎《おろそ》かにされて居るけれども、実際の運用上代議政治の良好にして、人民の直接政治の方は寧ろ之に比し遥かに弊害多いといふことは、夙《つと》に深く一般の識者から認識されて居つた。彼等は実に代議政治あるが故に、一般国民は国内少数の賢者を適当に利用する事が出来、又国内少数の賢者も此制度あるが故に人民の監督の下に己れを節制して十分に其才能を振ふ事が出来ると信じて居つた。国内の民衆悉《ことごと》く積極的に起つことは事実上不可能でもあり、又強いて之を起たしむることが実際上決して得策でないといふことを、彼等はよく知つて居つた。人民一般が悉く理想的の高度の発達をなし、総ての問題に積極的の意見を立て得るやうになれば格別、然らざる以上は、実際政治の運用を少数者に托し、一方には意見人格の批判によつて何人に之を托すべきやの選択を誤らず、他方に於て自己の挙げたる少数者を監督するといふことを以て満足するの外はない。然らば代議政治は、今日の程度の民衆を基礎としては最良の政治にして、一足とびに直接政治に行くことは寧ろ危険であるといはねばならぬ。只代議政治は中間に代表者の這入《はい》る仕組なるが故に、之を如何に制度の上に組織するや、又之を如何に運用するやに従つて、得失利弊一ならざれども、只抽象的の議論としては、代議政治は事実止むを得ざるに出でた方法とのみ見るべきものではない。夫れ自身亦直接政治に優る美点もあるといへる。而して此説が特に英吉利に盛んに行はれて居るのは、一つには英国人が代議政治の運用を誤らず、之によつて相当の美果を収めて居るが為めでもあらう。

代議政治の運用意の如くならざる他の国に於ては、此種の議論は英国程は盛に唱へられて居ない。然らば此等の国に於ては如何なる議論が唱へられて居るかと言ふに、曰く、民本主義の理想から言へば人民の直接政治が一番よい。然し之が不可能なるが故に止むを得ず代議政治に拠つた。而して代議政治は民本主義の要求を如実《さながら》に現はしたものでないから、夫れ自身固有の欠点を有するものである。只之を措《お》いて外に我々はヨリよき制度を知らないから、止むを得ず之を採用して居るのである。されば我々は之に由つては完全に民本主義の要求を満足する事が出来ないことは初めより之を認めざるを得ない。代議政治に伴つて種々の弊害に困《くるし》むのは、此点より見て実は怪むに足らないのであると。此説は我国にも往々にして之を聞くが、西洋に於ては大陸諸国に於て屢々《しばしば》耳にする所のものである。而して此説は従来、如何にかして其弊害を減少せんとの希望からして、いろ〳〵の矯正策の研究を促した。尤も現在の代議制度に対する改善矯正の必要は、第一種の代議制度を謳歌する者の間にも講究されて居つた。此点から見れば代議制度の改善矯正といふ問題は実は両者共通の問題であつた。只異る所は、後者は現在の代議制度の弊害を以て代議制其物に固有なる欠点に源を発するものなりとなし、前者は代議制其物には何等の欠点あるにあらず、只之が組織並びに運用に宜しきを得ざるものあるが為に改善の必要ありとするにあつた。即ち其短所弊害の由来本質に関する見解を異にして居つたのであるが、研究の方面は両者略《ほ》ぼ同一であつた。或は選挙法を改正するとか、或は議院の組織を改善するとか、共に同じやうな事を着眼して居つたのである。然るに最近に至つて此第二種の考は段々極端に走つて終《つい》に或は全然代議制度を無用とするの説を生じ、或は又代議政治の基礎に重大なる動揺を来たすが如き新制度の採用を説く者を生ずるに至つた。

代議政治の無用を説く者の中に、貴族政治に復《かえ》らんとする者あることは已《すで》に説いた。然し之は民本主義を否認するか、少くとも其当然の適用を枉《ま》ぐるものであるから今玆に問題とする限りではない。玆に問題となるのは、初めから民本主義を承認し、之に極端に忠実ならんとするの口実の下に代議政治の無用を説くの説である。即ち代議政治は民本主義の理想に合致しない。従来は外に仕方がないから我慢をして居つたけれども、其弊の甚だしき、最早今日は我慢が出来ぬといふ立場から、遂に代議政治は民本主義の要求に応ふるの外貌の許《もと》に、実は民本主義に敵するものなりとなし、真に民本主義に忠ならんと欲する者は須《すべか》らく代議政治を真向《まっこう》に否認せざるべからずと論ずるに至つたのである。此議論の明白なる代表者は、近時仏国に起つて伊太利《イタリア》、英吉利、亜米利加《アメリカ》等に段々蔓衍《まんえん》して居るサンジカリズムの議論である。彼等は曰く、選挙といふ段階は、多くの場合に於て、選挙人と被選人との意思的支配関係を紛更し、民衆一般の意思の正当なる代表は議会に於て曲げらるることを常とする。故に議会制度は、民衆の意思をして政治上に於ける終局の権威者たらしめんとするの本来の理想を決して完全に実現するものではないと。斯ういふ立場から、代議政治の効用を疑ひ初めたのであるが、更に下層の労働者は、従来の経験に徴して、議会が到底労働者の支配の下に来らざることを見、つく〴〵此感を深うした。元来下層民衆は、数に於ては遥かに中流上流を凌駕《りようが》する。故に彼等は代議政治の下に於ては自己の代表者を以て容易に議会の多数を占領することを得べしと考へ、斯くて結束して社会党といふものを作つたのである。然るに実際彼等によつて挙げられたる代議士は、其数に於て思ふ通り多きを得ざるのみならず、一旦当選をすると其選挙区内の多数者たる労働者よりも寧ろ其区内の有力なる有産者の左右する所となり勝である。其外無論いろ〳〵の細かい理由もあるが、兎も角議会によつて下層民衆の目的を達せんとする当初の期待は経験上木に縁《よ》つて魚を求むるよりも困難なる夢想に過ぎないものとなつた。是に於て彼等は代表の名に惑うて安心するの危険を絶叫し、議会によつて自家階級の目的を達せんとするの思想を断じて排斥すべきものなりと叫び、所謂「政治反対」の旗印を翻《ひるがえ》した。「政治反対」とは実は選挙を基礎として立つ一切の政治に反対するといふことである。彼等は、国家が選挙権を労働者に与ふるは、宛《あた》かも砂を投じて吾人の目をくらますが如きものなり、此虚偽の好餌に迷うて労働者の敵と事を共にする勿《なか》れと称し、此点に於ては社会主義者に対してすら激烈なる反感を示して居る。何となれば、社会主義者は選挙に於て他の階級と争ふからである。サンジカリストは仮令《たとい》社会主義者の候補者に向つてゞも断じて投票してはならぬと勧告して居る。然らば彼等は如何なる手段によつて其目的を達せんとするかといふに、即ち「直接行動」といふことを説く。選挙だの議会だのといふことは、法律其他の国家的の間接の設備を俟《ま》つのであるからそれでは駄目だ。労働者は須らく自ら直接に且つ現実に自分の力に訴へて目的の貫徹を計らなければならぬといふ所から、思ふところを直接の行動にあらはせと説くのである。而して今日此直接行動は実に腕力の形式をとつて居る。此事について彼等は言ふ。我々は直接行動を現はすに必ずしも暴力に訴ふる積りはない。けれども今日上流の階級が我々を圧迫するのは実に此腕力の手段によつて居る。然らば我々の自己解放若《も》しくは自己防衛の運動も亦同じく腕力の手段に出づるは止むを得ないと。斯くて彼等は或は示威運動をなし、或は同盟罷工をなし、殊に彼等は罷工の範囲を鉄道、炭山、電灯等、凡そ人類の日常生活と直接密接の関係ある種類に選み、最少の労力を以て最大の苦痛を社会に与へ、以て社会を屈して自家の要求を無理にも容れしめんと企て、居る。彼等は国家を無視し、現に「労働者には祖国なし」と称し、「愛国の美名に迷はされて上流階級の奴隷となること勿れ」と教へて居る。従つて戦争などに際し、一国が危急存亡の淵に臨んで居る場合でも、特に武器弾薬の製造所などを択んで、彼等は労働者を煽動し、以て国家に甚大の苦痛を与へんとして居る。戦争の場合に、直接之に関係ある労働者に総同盟罷工を実行せしめんとするのは、サンジカリズム年来の宿論にして、年々の決議にも此事は現はれて居つた。

右は極端な例であるが、そこまで極端に奔《はし》らなくとも、代議政治の欠点を認めて之に重大な補正を加へんとするものに、彼の人民投票の説がある。即ち此説は、民本主義の本来の主義から言へば人民が直接に政策の決定に与《あずか》つた方がよい。けれども総ての場合に人民の意見を聞くといふことは事実不可能である。けれども、代議政治のみに任して居つては民本主義の要求は十分に貫徹するを得ない。為めに時々民意に反する政策の決定を見る事があるから、普通日常の事務は従来通り代議政治に任すとして、国家の重大事、殊に人民の生活関係の上に直接重大の影響を及ぼす如き事項に限つては、例外として人民全体の投票を求め、以て代議政治の欠点を補ひ、民本主義の要求を少しでも十全に貫くといふことにしたい。斯ういふ趣意で最近人民投票といふことが諸国に於てボツ〳〵唱へらる丶やうになつたのである。尤も一概に人民投票といふても細かく見ると之に二つの種類がある。第一は洋語イニシアチーヴといふもので、人民の方から進んで或る種の立法を議会に建議するのである。之は最近瑞西《スイス》を始め米国の二三州に認めらる丶もので、全然新しい制度である。之に反して第二は議会で決定した事を更に人民に諮《はか》るもので、洋語レフェレンダムと称するものである。此制が代議政治の欠陥補正の意味で憲法上に認められたのは十九世紀中葉以来の事であるけれども、制度其ものは実は近頃に初つたものではない。此制度は十五六世紀の頃から瑞西の諸国に洽く行はれたものである。近世の意義に於ける憲法の上に此制度の認められたのは、一八四八年瑞西国の一州スウイツが初めであり、次いで一八六九年同じく同国の一州ツユーリツヒに行はれ、それから各州に拡つたといはれて居る。一八七四年の瑞西聯邦の憲法も亦之を認めて居る。尤も此等の制度を細かく調べて見ると、或はこれ〳〵の問題は必ず人民全体の票決を得なければならないといふ所謂義務的ものあり、又は人民の一定数の要求、若くは聯邦に属する何州以上の要求ある時は人民投票を行ふといふ選択的なるものもある。其細目の点は区々として一に帰せないが、然し此等の制度は瑞西諸国に於て其初め特別の理由によつて永く行はれ来つたので、代議政治の欠点を補ふといふやうな新らしい考で出来たものではない。瑞西聯邦の憲法に之を認むるも、当初の主意は旧来の惰性として之を認めたに過ぎない。されば新らしい考に基いて此制度の採用された最初の憲法はといへば、一九〇一年一月一日から行はれた濠洲聯邦の憲法を数へねばなるまい。此憲法は其第百廿八条に於て、凡そ憲法の改正案は先づ議会の各院に於て絶対多数によつて通過し、夫れから、二ケ月以上六ケ月以下の期間内に、各州に於て下院議員の選挙権を有する人民の票決に附するを要すると定めてある。此憲法の外には之を実際の制度として採用して居るものは余りない。

何故に人民投票制は実際上余り採用せられて居ないか。それは思ふに、理論は別として実際は極めて之を行ふに不便であるからであらう。第一人民全体の意見を聞くといふことは、問題を「然り」「否」によつて決し得るが如き最も単純な形にしなければ事実行はれない。それにしても此方法の実行は事実極めて困難で且つ不便である。尤も地域人口の狭少なる地方町村などに於ては比較的行はれ易い。それでも住民の密集して居る都会でならば幾分行はれ得るも、然らざる村落では極めて結果がよくないといふことである。地方団体に於て人民投票を行ふの例は、瑞西国に於て相当に頻繁に之を見るが、其結果は公平に言ふて非常な不都合もないが、さればと言うて代議政体の欠点を補ふといふ程の積極的の利益も亦無いとの事である。然らば徒《いたず》らに面倒な手数をかけて馬鹿げた無用の事をするといふに過ぎない。斯ういふ風に観られて居るので人民投票といふことは詰り実験上余り好結果を奏せないものとなつて居る。けれども理論の上からは、今日尚欧米の諸国に於ても之によつて代議政治の欠点を補ふべしとの議論が時々唱へられて居る。

斯の如く、人民投票は代議政治の欠点を補ふとは言ふけれども、実際の効用は極めて少い。のみならず之を頻繁に行ふ時は、代議制の根柢を動揺し、其円満なる発達を妨ぐるの恐がある。故に代議政治が比較的よく運用されて居る国に於ては、此問題は従来余り唱へられなかつた。然るに不思議にも此問題は近年に至り、代議政治の本場とも言ふべき英吉利に於て頗《すこぶ》る盛に唱へらるゝ事になつた。之によつて人或は英国に於てすら斯の如し、代議政治はいよ〳〵世界の信用を失ひ今や正に衰亡に近けりといふものがある。然しながら暫く皮相の観察を止め、英国に於て此議論が如何にして、又何故に唱へられたかを、少しく詳《つまびら》かに考察して見るならば、吾人は容易に右の論者の説の必ずしも正当に非ることを了解するであらう。なぜなれば、英国に於て近年レフェレンダムの説は、統一党が自由党の挑戦に応じ、其強襲的圧迫を押し除けんが為めに唱へられたのであるからである。英国では、彼人も知る如く、下院に於ては選挙の模様によつて或は統一党多数なることあり或は自由党多数なることあり、彼此相交代するけれども、独り上院は統一党が五分の四以上を占めて恒《つね》に変ることが無い。従つて統一党が内閣を組織する時は、政府と上下両院の議とは容易に纏《まと》まるけれども、自由党が天下を取つて居る間は、政府は常に上院に於て統一党の反対を招ぐことを免れない。そこで自由党政府はグラッドストーン以来常に此上院の反抗には困んだものだ。而して現自由党政府も先年まづロイド・ジョーヂの財政改革案に於て上院と大衝突を来した。而して今度の戦争前に在つては、夫《か》のアイルランド自治問題について、復《ま》た上下両院相反撥して居つたこと、人の知るところである。而して自由党政府は、上院を今のまゝにして置いては到底自由党政府の政策は之を実行するに由なきことを思ひ、為めに先きに二つの案を立てゝ上院に肉薄せんとしたのであつた。一つは新たに数百の新貴族を作り、之によつて上院に於ける自由党員の数を統一党より多からしむるの案、他は衆議院の決定に対しては一定の条件の下に上院は必ず服従せねばならぬといふことに定むるの案である。而して第一は貴族院に根本的革命的の改革を加ふるものなるが故に、之は最後の手段として取つて置き、差し当つては先づ第二の案を以て貴族院と争ふことに決したのであつた。委《くわ》しく言へば、財政的法案に関しては、下院の決定に対して上院は異議を挟まざることとなし、其以外の一般的法案については、下院に於て三度続いて之を可決したる場合には上院の否決に係らず、国王の裁可を得て之を法律とすることが出来るといふことに定めんとした。尚此事は後に再び詳しく述ぶるが、兎に角自由党政府は斯くの如き案を具して上院の反対党に屈服を迫つた。若し之に応ぜずんば、已《や》むなく政府は新自由党貴族を沢山作つて貴族院に根本的改革を加ふべしと威嚇した。此時在野党は、党内に無論いろ〳〵の異論があつたけれども、結局最後の致命的打撃を貴族院の組織の上に蒙るよりも、政府の提案を容るゝ方がまだしも得策だと云ふので恨を呑んで屈服した。が此際統一党員中には、退《の》つ引きならぬ政府の此強襲に対して万一の活路を見出さんが為めに、人民投票と云ふことを唱へ出したものがあつたのである。抑《そもそ》も此問題を主題として争つた総選挙の結果は不幸にして政府派の勝利に帰した。政府党が多数を占めて居つては屈服するの外はない。が、然し万に一つ人民投票で此勢を翻すことが出来ぬとも限らぬ。而かも人民投票は人民を重んずると云ふ英国本来の政治主義に一見よく適合するので、扨てこそ統一派は万一を僥倖《ぎょうこう》して最後の決断を人民の投票に求めんと主張したのである。必ずしもレフェ〔レ〕ンダムを以て本来推奨に値するといふやうな確信に基いて唱へられたものではなかつたやうだ。之と同じ理由の許に此のレフェレンダムの説は去年の春頃にも特に矢釜《やかま》しく唱へられてあつた。それは即ち愛蘭《アイルランド》自治問題の討議の際に於てゞある。前にも述べた上院の権限を縮少せんとするの法案は、一九一一年八月、国王の裁可を得て「議会法」として発布になつたのであるが、政府は今や此法律に依つて愈〻《いよいよ》愛蘭自治問題を解決せんと決心して居る。元来此問題はグラッドストーン以来自由保守両党の火花を散らして相争へる歴史的難題である。之で敗けては大政党の面目が立たない。そこで反対党は凡ゆる手段に訴へて政府の施設に妨害を加へた。果ては愛蘭東北の一角アルスターの統一党員を煽動して内乱を起さしめんとさへした。ロード・カーゾンの如きは、自ら此義軍の頭領たらんと豪語して愛蘭に赴いたのであつた。恰度《ちょうど》戦争の直ぐ前、英国政界の危機は正に其頂点に達し、独逸《ドイツ》は為めに英国は最早外を顧みるの余裕なかるべしと想像したとさへ伝へられて居る。それ程の大問題であつたから、統一党は如何にもして愛蘭自治の実現を妨げんと欲し、其一手段としてこゝに亦レフェレンダムの説を唱へ出したのである。在野党は曰く、斯くの如き重大なる問題は、出来る丈け鄭重の手続を尽くし、念には念を押すを至当とする。夫れには議会の決議だけでは不充分である。この外更に人民一般の意見をも直接に徴して、真に民意のある所を慎重に究めてから、決行すべきであると。斯の口実の許に彼等は熱心に人民投票の説を主張したのである。さて内乱の徴いよいよ明白となるや、政治家の中頗る形勢の重大を憂慮するものあり、在朝在野両党の間に立つて親切に斡旋の労を取るものさへあつたが、其際にも矢張り妥協の条件としてレフェレンダムの説を担ぎ出すものがあつた。在野党は曰ふ、此方法でいよ〳〵敗北をすれば、其時には立派に兜《かぶと》を脱ぐ。然し之に由つて真に民意のある所を明かにせざる以上は、仮令議院多数の決議ありと雖も直に之に屈する事は出来ないと。斯う云ふやうな理由で英吉利に於ては最近レフェレンダムの主張を見たのである。此等の沿革を明かにする時は、英国の政治家が一般の主義としてレフェレンダムを賛し、之を目して必ずしも代議政治と相並んで其欠点を補ふに足るものと為せるに非ざることは明白である。

以上の如く今日代議政治に対しては、此制度に固有する欠点を認むるものあり、而して其中には或は此制を絶対に非認するものあり、或は之に重大なる補正を加へんとするものもあるが、然し此等の説が実際上何れも大した勢力のある説でない事は、已に明白であると思ふ。然し乍ら代議政治の欠陥を認むる一派の説は之で尽きたのではない。中には代議制に伴ふ諸々の制度の上に種々の改善を加へて、其円満完全なる発展を見んとする議論も亦相当に強く唱へられて居る。此事は、我々のまた注意せねばならぬ所である。而して此種の改善論は代議政治其物に固有の欠陥を認めざるものの間にも唱へられて居る事は、已に述べた通りである。之を要するに代議政治に固有の欠陥を認むるものも、或は之を以て民本主義の要求を完全に満足せしめ得べき性質を有する制度なりと認むるものも、共に代議制の今日の儘に放任し置くべからざるを説くのは同一である。換言すれば彼等は皆之に幾多の改善を加へざれば、代議政治は其儘にては憲政の本旨を達し得るものに非ずと認むるに一致して居る。斯くて今日では代議制度が幾多の改善の加へらるべきものなる事一般に認められて居る。是れ則ち我々が更に大に研究努力して憲政有終の美を済さしめざる可からずといふ所以である。然らば問ふ。今日の代議政治の許に於て、吾人は其の如何なる部分に如何なる改善を加ふるを以て当面の急務とするか。

代議政治に於ても政界の根本勢力の、人民に在らねばならぬことは言ふを俟たぬ。然るに如何なる形式の政治に於ても政権の実際的運用を司るものは常に広義の政府である。而して此政府の行動に対して人民は直接に之を指揮監督するにあらず、代議士団と云ふ仲介者をして其任に当らしむるといふのが、代議政治の特色である。茲に於て、代議政治に於ては、此仲介者がよく民意を尊重し且つ適当に政府を監督すると云ふことが、最も肝要な事になる。斯くて我々は、代議政治に於ては最も着眼を要する二つの方面があると云ふことを認めざるを得ない。一つは人民と代議士との関係である。他は代議士と政府との関係である。此両種の関係が民本主義の本旨に従つて最も適当に組み立てられて居る時に代議政治の運用が其宜しきを得るのである。然るに多くの立憲国に於ては、此両種の関係が不幸にして其宜しき〔を〕得て居ないこと決して珍らしくない。為めに所謂立憲の諸制度は徒らに形のみ備つて而かも其運用の実果挙らず、以て民本主義の本旨と背馳するもの亦極めて多い。故に我々は此両面の関係を一々立ち入つて吟味し、如何なる点に欠陥の伏在するやを調べ、以て憲政の順当なる発達を阻礙する要素あらば速に之を取除くを心掛けねばならぬ。

人民と議員との関係

人民と議員との関係について最も大事な点は、人民が常に主位を占め議員は必ず客位を占むると云ふことである。此関係を正当に維持する事は、憲政運用の上に最も肝要とする所である。凡そ憲政の弊害は総て此の関係の逆転から来る。独り議員人民の関係ばかりではない。議会と政府との関係も亦同様である。政府を監督すべき議会が政府の籠絡する所となる時に多大の弊害を生じ、又之と同じく議会を監督すべき人民が議員の操縦する所となる時に、憲政の運用はこゝに幾多の醜悪なる腐敗を以て満たさるる。政府は利を以て議員を誘ひ、議員亦利を以て人民を惑はし、斯くして主客其地位を転倒して憲政の組織はあらゆる悪徳を以て満たさるゝ事になる。故に我々は所謂政界の廓清を計りて憲政の順当なる進歩を見んとせば、先づ以て議員と人民との関係を正すことに綿密なる注意を加ふるを必要とする。而して之が為めに採るべき方法は、差当り少くとも三つあると思ふ。

第一選挙道徳を鼓吹する事　選挙道徳を説くの必要なる事は、曾て拙著『現代の政治』中「議員選挙の道徳的意義」の篇に詳《つまびら》かに説いたことがある。特志の読者は別に之を参照せられたい。只一般読者の為めに簡単に其要点を申せば、元来道徳には選挙道徳だの商業道徳だのといろいろの種類のあるべき筈のものではない。けれども我々はとかく、永い間我々の生活に関係のあつた事柄については、そこに一定の慣例因襲が出来るので、自然一種の社会的制裁の支配を受け、相当の徳義を守ることとなるのであるけれども、新奇の事柄が起ると、従来の因習《しきたり》もないので、全《まる》で徳義を省みないと云ふやうな事に成り勝である。日本人同士の商売に道徳を守つても、相手が外国人であると丸で約束をも守らないと云ふが如きは即ち此為めである。従つて選挙と云ふが如き新らしき制度の運用に当つては、兎角我々に道徳が立派に守られない嫌がある。予輩は日本人一般の道徳的思想といふものを押し並《な》べて非常に低いものとは思はない。けれども選挙については、そが新らしい経験に属する為めにや、甚だしく道徳が無視されて居る事を遺憾とする。こゝに於て我々は国民に向つて大いに選挙道徳を鼓吹するの必要を感ずるものである。

然らば、如何なる点を篤《とく》と国民に了解して貰ふのかと云ふに、一つは我々の投ずる一票が一票としては甚だ無力のやうに見えるけれども、然し之が実に国家の運命に関はる重大なる価値あるものであると云ふことである。僅かの金銭や脅迫等の為めに左右せらるゝには余りに神聖なものであると云ふ事である。二つには投票は国家の為めにするものであつて、地方の利益の為めにするのではないといふ事である。地方的利益のみを着眼して選挙するのは、往々にして国家全体の利益を犠牲にするの結果を生ずるの恐がある。三つには選挙は我々の特権であつて候補者から頼まれてするものではない。我々が自ら進んで適当なる候補者を国家に推薦するのであるといふことである。此三つの点を沁《し》み〴〵と人民の頭に入れることが今日実に極めて肝要である。中にも第三の点は最も肝要であつて、此点が明白でないと、往々にして腐敗手段の跋扈《ばっこ》を来たすことになる。即ち自分の特権と考へない結果として、或は田舎などで小作人が地主や資本家などの云ふ通りになるといふ現象を呈する。又選挙民を強いて選挙場に拉《らっ》し来る為めに投票勧誘人即ち運動人と云ふものが必要になり、又選挙民に頼まれゝば投票するといふ考があるの結果として戸別訪問と云ふ馬鹿げた事が流行することになつたりする。是れ皆権利思想の明白でない為めである。

立憲政治の選挙競争に、堂々たる候補者が戸別訪問をしたり又は多数の運動員を使ふといふことは、決して国家の誇りではない。而かも弊害の源は常に運動員に在ることは深く云ふを俟《ま》たぬ。若し夫れ一町一村の選挙民が二三の金持の云ふ通りになるやうでは、そこに隠密なる腐敗手段の盛に行はるべきことは問はずして明かである。故に我々は世の教育家其他の先覚者と共に、あらゆる機会に於て此選挙道徳を国民に鼓吹したいと思ふ。若し当局者にして教育機関を通じて国民に立憲思想を鼓吹せんとする考があるならば、主として此方面を専ら鼓吹すべきであると思ふ。

然しながら選挙道徳の本当の徹底は、実際上選挙権の拡張を伴はなければ効果が挙るものではない。選挙権を極端に制限して居つては、折角選挙権の尊ぶべき事を説いても、国民の多数は之れ我に関はりなき問題なりとして深く意に留めぬだらう。恰度《ちょうど》徴兵制度を布《し》いてない英国の労働者が、自らの仲間から出征軍人を出さない為めに、頗《すこぶ》る戦争に冷淡であるのと同様である。選挙に興味を有《も》たしめ、選挙道徳に多大の注意を払はしめんとするには、どうしても広く選挙権を一般に与ることが必要である。此事は後に選挙権拡張を論ずる際に更に精《くわし》く説くの機会があらう。

之と牽聯して、モ一つ注意すべきことは、人民に与ふるに各種の意見を公平に聴取するの機会を以てするの必要なることである。換言すれば思想の自由、言論の自由を尊重して、人民をして妨げなく各種の意見に接し、其間に自由の選択、自由の判断を為すことを得せしむることが必要である。予輩が先きに選挙道徳を鼓吹するの必要を説きたるは、国民をして最も公正なる判断をなさしめんが為めである。利益や脅迫に動かざらんことを希望するからである。然し折角人民の心的準備が出来上つても、言論の自由が重んぜられずして、或る一種の思想、殊に民本主義の要求には余り適合しないやうな思想のみが、人民の眼前に現はるゝやうでは、矢張り好結果を齎《もた》らすことは出来ない。立憲政治の妙趣は、人民の良心の地盤の上に、各種の思想意見をして自由競争をなさしむる点にある。所謂優勝劣敗の理によりて高等なる思想意見が勝を制し、之が人民の良心の後援の下に実際政治の上に行はるゝ点にある。之には思想言論の自由といふ事が必要である。故に吾人は選挙道徳を鼓吹すると共に、又大に思想言論の自由を尊重し又尊重せしめなければならぬ。而して玆に所謂「自由」とは、啻《ただ》に法律上の自由ばかりではない、社会上の自由をも意味する。元来思想言論の自由に対する圧迫は、独り政府よりのみ来ると思ふならば誤である。屢々《しばしば》又民間よりも来るものである。政府の圧迫は比較的之を指摘し之を防禦するに易いが、民間の圧迫は、往々輿論の形に於て発現するが故に、之を戒むること、時として甚だ困難である。先年夫の乃木大将自刃の際、少しでも之に疑点を挟むものを国民が非常に罵倒し迫害し、果ては其邸内に石を投げ込むと云ふが如き挙動に出でたのであつたが、之れなどは一面に於て大将の徳を懐《した》ふといふ美徳に淵源しても居るだらうけれども、他方慥《たしか》に之は言論の自由に対する盲目的圧迫の明白なる一例である。新時代の国民の正に心して戒むべき事に属する。此等の点も亦我々が識者と共に大に力を尽して其反省を国民に覓《もと》めねばならぬ点である。

以上は識者先覚者の社会的に努力するに因て達せらるべき方面であつて、最も根本的の重要なる点であるが、尚此外に之と牽聯して制度の上に改善を計るべき方面が二つある。一つは選挙取締りの事に関し、一つは選挙権拡張の事に関する。そこで、

第二に予は選挙法中、取締規則を厳重にし且つ之を励行することが必要であると主張する　屢々説くが如く、憲政の運用に最も憂ふべきことは主客の顚倒である。議員が人民を籠絡する時は、必ず腐敗と悪政とが跋扈する時である。之に反して人民が議員を支配する時に、初めて憲政の運用は適当の順路を取る。故に議員と人民との間に行はるゝ醜穢《しゅうわい》の手段は、特に厳罰を以て之に臨むの必要がある。普通刑法上の類似の罪に比して、選挙法上の罪は更に厳重なる所罰を必要とするのである。然らずんば憲政は逆転して天下は悪政の横行する所と為らざるを得ない。故に取締規則を厳重にし而かも之を厳格に励行するといふことは、極めて必要である。此点は各国皆共に心を注いで居る点である。細目の事は各国選挙法の比較研究に譲るが、此点については我国の選挙法も実は相当に厳しく出来て居る。只遺憾に思ふのは其励行に於て未だ十分ならざる所あり、甚だしきは往々政府自ら自党の運動に対して此点を寛大に取扱はんとするの傾向ある事である。予輩は最も此点について情実の行はるゝを忌む。選挙罪悪は出来るだけ厳しく之を糺断《きゅうだん》するに非んば、憲政の成績は挙るものではない。

尚取締規則の事についてモ一つ更に注意すべきは、立憲政治に於ては、例へば収賄罪の如き場合に於て、取るものよりも寧ろ与ふるものの罪を重くせねばならぬと云ふ事である。凡そ人間はいくら立派に為つても、誘惑を蒙り易い地位に置けば、人情として之に陥り易いものである。故に如何に選挙道徳を鼓吹しても、賄賂などを使ふものがあつては、選挙界の廓清は期せられない。現に買収の歴史を見ても、多くは選挙人より之を求めたるにあらずして、議員候補者の方より之を提供するのが常である。故に大体に於て人民には罪がない。与ふるものが

あればこそ、之を受くるのである。而して賄賂の行はるゝは、選挙を不真面目にするのみならず、後には選挙を自己の特権とするの観念を弱め、結果が更に原因をなして、益々選挙界の腐敗を滋《しげ》くする。故に選挙取締の規則に於ては、受くるものよりも与ふるものに厳罰を加ふることにしなければならぬ。次に、予は

第三に選挙権は出来る丈け之を拡張することが必要であると主張する　選挙権が限られて居れば、腐敗手段が無遠慮に行はれる。選挙権が極端まで拡がつて来ると、到底買収などは仕切れなくなる。のみならず、候補者は金銭其他の利益を以ては到底争ひ切れなくなるから、そこで初めて真面目に自分の識見人格を赤裸々に民衆に訴へて競争するといふことになる。従つて又一面に国民は大に之に由つて政治教育を受くるの機会を得ることにもなる。今日の様に選挙権を制限して置いては、必ずしも自分の識見人格を訴へなくとも競争に勝てる見込があるから、政党などですら甚だ民間の政治教育を疎略にして居る。故に選挙界の廓清を計ると云ふことから観ても、又は民智向上の傾向を促進すると云ふことから観ても、選挙権の拡張は極めて必要であると信ずる（『現代の政治』五一―五六頁参照）。尤も選挙権の拡張は以上の立場からばかりでなく、選挙の本質に関する理想上の要求としても唱へられて居る。それは、一体選挙といふことは広く国民一般の代表者を挙ぐると云ふが本来の趣意である。尤も乾燥な法律論より云へば、選挙は委託に非ず、代議士は国民の代表者に非ずといふかも知れぬ。けれども政治上代議士が立派に国民の代表者たることは一点の疑はない。従つて代議士は一部分の階級のみの代表者であつてはならない。故に其選挙に与《あずか》るもの、範囲は、出来る丈け広きを可とする道理である。昔は天賦人権説などを楯として、凡ての国民の参政権を享有すべきを主張するものもあつたけれども、此論の今日に通用せざるは固より論を俟たない。一部の人は又今日国民一般の普く選挙権を有せざる可からざる所以は、国民が一般に納税と兵役との義務を負担して居るが為めなりといふ者もある。然し此論も亦固より誤りである。何となれば、選挙権はも

と国家に対する国民義務の報償として与へらるゝものでないからである。故に此等の論拠より選挙権の普及を説くは誤りである。けれども、然し選挙の目的が本来国民一般の全体の利益を代表せしむるにあると云ふ政治上の根拠は、今も昔も変らない。そこで我々は此本拠から選挙権は出来る丈け広き範囲に之を与ふるのが正当であると考へるのである。尤も出来る丈け広き範囲に之を与へよと云ふのは、必ずしも無制限に之を許せと云ふ意味ではない。選挙の目的を達する為めに、必要上又は便宜上或る種類の制限を附することは、之を認めなければならない。例へば幼者、狂者、犯罪人、貧民救助を受くるもの、破産の宣告を受けたるもの等は、初めから之を除外せねばなるまい。又一年以上同一選挙区内に住所を有するを要すといふ条件の如きも、一つには名簿調製上の便宜の為めに、又一つには定住なき浮浪の徒を除外する為めに必要であらう。其以外に於て更に婦人を除くべきや否やは蓋《けだ》し将来の問題である。今日の所は一般に選挙権は男子の専有に帰して居る。尤も婦人に参政権を与へて居る国もないではない。例へば露国の芬蘭《フィンランド》議会、濠洲聯邦及び其各州、ニユージーランド、北米合衆国中の数州の如き即ち之である。欧洲に於ける独立国としては那威《ノルウエー》が已に之を与へて居る。尤も那威に於ては、初めは女子に限つて相当の制限の下に選挙権を与へて居つたのであつたが、一九一三年以来、男子同様普通選挙制を適用する事にした。而して此等の国を外にして今日少くとも婦人参政権論が欧洲各国に盛であることは人の知る所である。

遮莫《さもあらばあれ》斯く理論上の要求としては出来る丈け選挙権を広く与ふべしと云ふに拘はらず、実際上種々の制限を設けて居るもの近世各国中甚だ尠《すくな》くはない。其理由にはいろ〳〵あるが、其主なるものを挙げると次の二つあると思ふ。

第一は仮令《たとい》青年男子のみを取るも、其中には尚多数の権利行使に適せざるものがある。即ち選挙と云ふ公権を実行する程智見の熟せざるもの尠くないといふ所から、制限制度を是認せんとするものである。然しながら此説が非常に教育の程度の低い国に於ては適用あるかも知れぬが、今日の開明国には最早通用しない論である。其上今日の立憲政治は、人民に非常に高い見識を要求するものではない。此事は已《すで》に先にも詳しく述べたのである。今仮りに一歩を譲つて論者の説に一応の理ありとしても、権利行使に適するものと否とを何によつて区別するか。此点が甚だ明白正確でない。今日現に不適者淘汰の標準として採用せられて居るものは、教育上の制限と財産上の制限と二つである。教育上の制限には、或は之を絶対的の要件とするものあり、即ち一定の学校教育を受けたものに非れば選挙権を与へずとするものがある。けれども今日は学校の教育のみが人類教養の有無を分つものではない。且又今日学校教育の非常に普及した世の中に於ては此標準は大した実用が無いかも知れぬ。何れにしても教育資格を絶対の要件として挙ぐるのは時勢後れである。次に或は之を財産資格に代るを得るものとするのがある。即ち先づ財産上の制限を設け、其制限に入らざるものも一定の教育あるものには選挙権を特に与ふるとするのである。之は財産的制限の高い国には必要な制度であらう。現に洪牙利《ハンガリー》に行はれて居る。現に我国でも大隈内閣は之を採用せんとするの意嚮《いこう》ありと伝へられて居る。又或は之を複数投票を与ふるの要件とするものがある。即ち国民一般は一票の投票権を一様に有つて居るが、特に一定の教育を受けたものには二票三票を与ふると云ふのである。現に白耳義《ベルギー》及び独逸《ドイツ》のサキソニーに行はれて居るが、此方法は理論上は面白いが実際上は特権階級の擁護に悪用せらるゝの傾向ありとて、此等諸国に於ても批難せられて居る。此等三つの種類があるが、要するに教育上の制限ならば畢竟《ひつきよう》は蛇足に過ぎまいとは思ふけれども、之を設けても大した弊害はない。蓋し甚だしき高き制限に非らざる以上、教育の普及したる今日、此制限はあるも無きも同一なるべきを以てゞある。然るに納税又は財産上の制度といふことになると、之は実に今日の時勢に適せざる極めて不当なる制限である。何となれば今日にあつては財産の有無は最早人類教養の有無を分つ有力な標準ではないからである。尤も財産若くは納税上の制限が選挙権享有の必要条件となつた沿革については相当の理由がある。其訳は此制度の起源たる英国の国会と云ふものは、モト〳〵租税を承諾し、予算を討議する為めの機関であつたからである。左れば初代の英国々会に在ては租税を納むるものでなければ議員となるの必要がなかつたのである。而して今日の国会は最早昔とは丸で其の意味を一変して居るのだから、昔と同じ理由で以て仍然《じようぜん》此納税資格を法律上に認むる事は勿論出来なくなつた。若し今日に於ても尚此資格制限を維持せんとせば、或は恒産なきものは恒心なしとか、又は此制限を設けざれば浮浪の徒亦政権に与るの危険ありとか云ふ類の理窟を捏《こ》ねなければならぬ。けれども浮浪の徒の政権に与るの危険は、前に述べた通り、住所の制限によりて之を防ぐことを得べく、又一定の財産を標準として機械的に恒心有るものと之れ無きものとを分つことは事実不可能であるが故に、畢竟此種の制限は今日何等の意味が無くなつたものと云はざるを得ない。故に多少の制限を選挙権の範囲の上に加ふるの必要がありとしても、財産の有無を以て其標準とするの不当なるは今日は已に余りに明白である。只然らば之に代りて如何なる標準を採りて制限の基礎とすべきやは極めて困難なる問題である。けれども今日の多数説に従へば制限を付すると云ふ其事自身が、已に漸《ようや》く合理的の根拠を失ひつゝあるのである。

第二に選挙権を制限すべしと云ふ議論には、更に斯う云ふ理由を挙ぐるものもある。曰く選挙法の目的は一つには適任者を得るに在る。何人が適任者なるかは多数の能く決し得る所ではなくして、少数者のみよく之を知つて居る。故に選挙権を制限するは即ち此目的に協《かな》ふ所以であると。けれども此説は選挙権を極度に制限して、一代議士の選挙に与るもの、数を十人とか二十人とかに限るならば、或は正当といふ事も出来るが、現今の如く数千数万の人が係はると云ふ場合に於ては、制限選挙も普通選挙も実は五十歩百歩なりと云はざるを得ない。故に特に制限選挙でなければ適才は得られないと云ふ実際上の根拠あるのではない。それならば選挙人を非常に少数にすればよいかと云ふに、此場合は一見可なるが如くにして其実却つて所謂主客顚倒の形を馴致《じゅんち》し、候補者が不正手段を以て選挙人の意思を籠絡するといふ弊を導き易い。現に選挙人の極めて少数なる例は之を間接選挙制度——人民が選挙人を選び、選挙人が更に代議士を選ぶ制度——に見るが、此制度の実際上の経験に徴する時は、亜米利加《アメリカ》の大統領選挙の場合に於けるが如く、人民が余りに政治に熱心なるが為めに選挙人は全然人民の意思に左右せられ、以て間接選挙をして有名無実に終らしめて居るのもあるけれども、普魯西《プロシア》の下院議員の選挙に於ては、人民頗る冷淡なるの結果、少数なる選挙人の専横を来たし、為めに議会に於ては特権階級の大跋扈を見て居るのである。要するに選挙人の数を制限する時は、或は専制者流の乗ずる所となり、或は腐敗手段の毒する所となり、孰《いず》れにしても良結果を社会に与ふることは無い。即ち請托、買収、脅迫等の不正手段は選挙権者の数少きに乗じて、盛に活躍するものである。斯くては選挙界の腐敗を来たし、更に議会の堕落を導くのみならず、代議士をして又公然選挙権者一般の利益に反せしむる事になる。以て憲政の進歩を阻礙《そがい》すること頗る夥《おびただ》しい。此点より見ても選挙権は出来る丈け広きに及ばねばならぬことは明白である。

選挙権が制限せられて居れば、議会は多くの場合に於て腐敗するか、少くとも特権階級の利用する所となる。かくては折角民本主義の要求に促がされて設けられた議会も、更に民本主義の用をなさゞることになる。斯う云ふ理屈からして、各国に於ては一時盛に選挙権拡張論が唱へられたのであつた。彼等は初め憲法の制定、民選議院の設立、この二者に由つて民本主義の要求は十分に之を満足せしめ得べしと考へた。けれども暫くして実際の経験は彼等に教ふるに、彼等の要求は民選議院の設立其ものによつては直に満足せしめらるるにあらずして、民選議院が如何様に構成せらるるかに由つて初めて達せらるゝべきものなることを以てした。初め彼等は民選議院の空名を得るに急にして、実質的組織の問題は深く之を問はなかつたのであるが、議院設立後の暫くの経験の結果、再び声を新たにして議会改造の必要を叫ばざるを得ざることとなつたのである。蓋し憲法政治創始当時に於ける民選議院は、多くの国に於て其構成は頗る平民的ではなかつた。殊に欧洲諸国に於ては、民衆の勢力に迫られて憲法の制定発布を見たのではあるけれども、歴史的特権階級の惰力も亦隠然として一大潜勢力を有し、憲法は則ち斯の二大勢力の妥協の結果として発生したのであるから、議会構成の上にも反動的勢力は多大の利便を留め、若しくは少くとも彼等は此処に民本主義の充分なる発現を妨ぐることを得た。即ち制限選挙制度の如き、一面に於て慥に特権階級の民衆的勢力に対する一防波堤である。之あるが為めに民本主義の要求は議会に於て十分に之を貫徹することを得ないのである。選挙権に対する制限の、憲法創設当時如何に高かつたかは、仏蘭西《フランス》の憲法史に明白である。革命後の第一の憲法(一七九一年)は、財産的制限としては、僅に三日間の労働に均しき丈けの直接税を納むるものと云ふ極めて軽微なる制限に止めたけれども、一面に於ては間接選挙であつた。第二の憲法(一七九三年)は初めて普通選挙で且直接主義を認めたけれども、之は実行せられなかつたのみならず、其の普通選挙主義を採つたのも、天賦人権の空論に基いたものであつて、社会の現実なる要求に根柢したものではなかつた。故に第三の憲法(一七九五年)では再び間接選挙で、小額の納税資格を認むるといふ昔の制限制度に復《かえ》つた。斯くて革命当初は、財産上の制限は表面割合に軽かつたけれども間接選挙制なると又年齢の制限が頗る高かつたので、畢竟実際の制限は相当に高いものであつた。然るに一八一四年の王政復古の憲法に至つては、著るしく反動的分子を加へ、選挙権享有の納税資格は、三百法《フラン》以上、被選挙権の方は千法以上と云ふ途方もない高いものとなつた。後年多少の低減を見たけれども、其の制限の高き、有権者は僅かに千分の三を算へ、一八三〇年の七月革命の結果、更に財産的制限を二百法に下げても、尚有権者の数は人口総数の千分の六に過ぎなかつた。今日世界に於て最も制限の高き我国の現制に比して尚五十分の一である。斯う云ふ形勢であつたから、仏国の民衆は間もなく制限の撤廃を要求して大に反動的勢力と争ふたのである。而して此の運動は一八四八年の二月革命に於て漸く其目的を達した。これより仏蘭西は普通選挙制を取り、以て今日に到つて居る。

扨《さ》て制限の撤廃に因りて、議会を改造すべしとの要求は、此と同じ理由で以て、仏国以外にも当時盛に唱へられたのである。而して今や仏国の普通選挙制の獲得に成功せるを見るに及んで、各国もだん〳〵之に倣《なら》ふやうになつた。斯くして今日では此制は世界各国に普く採用せられて居る。或は少くともだん〳〵採用せられんとするの傾向に進んで居る。欧洲に於て比較的重き制限を今仍《な》ほ保有するものは洪牙利《ハンガリー》であるが、然し洪牙利が普通選挙制を布かないのは、人種関係の上から已《や》むを得ない点もある。洪牙利の政治的中心勢力は所謂洪牙利人にある。而して洪牙利人は全人口の中に於ては半数に足りない。而かも尚議会に於て多数を占めて居るのは、制限選挙制の結果である。若し普通選挙制を布けば洪牙利人の政治的優勢は大に動揺せられるの恐がある。こゝに於て現在の政府党は、極力普通選挙論に反対して居るのである。それでも時勢の進運に促がされて、洪牙利も近き将来に於ては普通選挙制にならねばならぬ勢に迫られて居つたのである。洪牙利を外にしては英国と和蘭《オランダ》が多少の制限を附してゐる。けれども非常に軽微なる制限にして殆んど云ふに足りない。独逸国内の諸邦の中には、今日尚制限を有するものが多いけれども、最近バーデン(一九〇四年)ウイルテンブルグ(一九〇六年)は既に普通選挙制を採り、バイエルン、ヘツセンも大いに制限を低下した。只普魯西が今尚六十余年前の旧法を墨守して三級制度、間接主義を革《あらた》めざるを最も著るしい例外とすべきである。尤も之には実は相当の理由がある。煩はしければ今は述べぬ。かくて世界の文明国は殆んど皆大体普通選挙制を採用してしまつたと見てよい。故に今日東西の文明国中、比較的重き制限を附するものとしては、僅かに露西亜《ロシア》と我日本とを算ふべきである。他の一般文明国に於ては、普通選挙制を採用すべきや否やは、業《すで》に過去の問題にして、今日の政論には上らない。我国に於ても近時だん〳〵選挙権拡張論は盛になつて来たが、然し普通選挙論の流行を見るまでには未だ大部時が掛るやうだ。先般大隈内閣が十円の制限を低下して五円となすといふ姑息の案を提唱した時ですら、一部の政界に激しき反対があつた位であるから、普通選挙の実現を見るは何《いつ》の日にあるか、前途遼遠の感なきを得ない。我国の多数の識者の間には実に不思議な程普通選挙制度に対する誤解と反感とが激しい。尤も此制度は初めは主として社会主義者の一派に依つて唱へられたのであつた。之が偶々《たまたま》誤解を招く所以となつたのであらう。上流社会が此制度を喜ばないのは無理もないとして、一般社会までが此制度を中心〔衷〕から歓迎しないのは極めて不思議な現象である。尤も普通選挙制度の採用の案は、明治四十四年第廿七議会に於て一度衆議院を通過した事はある。而して当時伝ふる者は曰く、衆議院では貴族院の必ずや之を否決すべきことを確信して之を通過したのであると。果して貴族院は大多数を以て之を斥《しりぞ》けたのであつた。然れども此点の誤解を解いて、我々が中心から普通選挙制の採用にあらずんば憲政の円満なる進行を見る能《あた》はざる所以を納得し、又之を深く国民一般に徹底せしむるでなければ、我国憲政の前途は実に暗澹たるものである。今日選挙権を制限して居る結果として、我国の有権者の総人口に対する割合は、僅に百分の三に過ぎない。昨年三月の総選挙の際に現在せる有権者数は、百五十四万四千七百二十五人に過ぎなかつた。之を那威《ノルウエー》の三割三分を超え、北米合衆国の二割九分を超え、仏国の二割七分強、白耳義《ベルギー》の二割三分、伊太利《イタリア》及び独逸の二割二分、更に多少の制限を有する英吉利《イギリス》の一割八分、和蘭の一割三分なるに比すれば非常の逕庭《けいてい》である。洪牙利と雖《いえど》も六分五厘を超え、我国の二倍以上である。斯ういふ風に選挙権を制限して居れば、前に述べたやうに、主客顛倒の弊に陥るの危険あるは勿論の事、選挙権は国民の公権なりといふ実が挙らない。少くとも国民の心頭に、国民の神聖なる権利として選挙を苟且《こうしょ》にすべからざるの念慮を起さしむることが出来ない。小学校や中学校の教師に、立憲思想の養成に努めよと言つたとて、彼等自身は無論、彼等の親族故旧に選挙権を有して居る者が少なければ、親身に其権利の尊ぶべき所以を味ふ事が出来まい。聞く者も亦同様である。自分の父兄、自分の親族やが洽《あまね》く之を有つて居ればこそ、話を聞いても親しみがある。さうでなければ、選挙の話を聞いても自分とは風馬牛相関せざる閑談として受取るの外はない。

斯くの如く選挙権の拡張は、取締法の厳重なる励行と共に、我国に於て焦眉の急務とする所である。之を諸国の歴史に見ても、選挙界の廓清は多く此二事によつて成し遂げられた。此二事を疎《おろそ》かにしては、如何に選挙道徳を鼓吹して民間の良心を鞭撻《べんたつ》しても、憲政の理想は之を実現するに由なきものである。兎に角選挙権拡張論は、我々の最も真面目に研究すべき問題にして、又我々は今後最も熱心に之を唱道せなければならぬ。世間に誤解がある丈け、我々は一方には識者の反省を求め、又他方には政界の迷夢を開き、以て近き将来に於て之が実施を見んことに努力せねばならぬ。

選挙法問題は、今日何処の国でも、憲政改善を説く議論の中心になつて居る。けれども選挙権の拡張といふことは已に解決を見たので、西欧各国の問題は更に一歩二歩先へ進んで居るのである。露西亜とプロシアとは、今尚我国と同一程度にあるけれども、他の国は最近一九〇七年墺太利《オーストリア》が普通選挙制を採用し、一九一二年伊太利が亦之を採用したるを最後として、大抵解決がついた。而して今は同じく選挙法問題を論争して居るとはいへ、普通選挙制度の精神を更に能く徹底せしむる為めの議論である。此事は直接我国の憲政論の上に関係はないやうであるけれども、我国に於ける憲政の重要問題を西洋のそれに比して如何に遅れて居るかを明かにする為めに、簡単に之を説かう。即ち西洋では普通選挙制は已に普ねく之を採用した。更に飽くまで其精神を貫かうといふ趣意から新に二種の問題を起して居るのである。一つは純正なる普通選挙主義の要求で、他は選挙区分配改造の要求である。第一の方は仮令国民全般に選挙権を与へても、財産教育等の標準によつて一部少数の階級に二票三票を与へては、名は普通選挙制でも其実制限選挙制と何等其効果を異にしないといふのである。即ち白耳義では財産教育ある者に、一定の標準により或は二票、或は三票の投票権を与へて居る。英吉利でも財産を二箇所で有つて居るものは、其両選挙区に於て投票する事が出来る制度になつて居る。之が偶々特権階級の利益の擁護に利用さるゝから、民本主義の精神の上から見て其当を得たるものではないといふのである。複数投票主義の廃止が、多年英国自由党の宿論であり、又白耳義の社会党自由党の共同の主張であることは、我々の知るところである。殊に白耳義に於ては之が為めに保守党の政府と衝突をして、屢々大ストライキの勃発なども見たことがある。第二は選挙区の分配を三十年も四十年も昔のまゝにして置いては時勢の変に伴ふ人口の移動に適応しなくなるといふのである。時勢の進歩は田舎の人口を減じて都会に之を集中せしむる。而して田舎は即ち保守的思想の確実に維持せらるゝ処、都会は即ち過激なる進歩思想の横溢する処である。故に理論は兎も角として、保守党は旧制を維持するを利益とし、進歩派は人口の移動に従つて選挙区の分配を改造する事を利益とする。斯ういふ点からして独逸帝国に於ては、政府と在野進歩派との間に多年選挙区の分配改造に関する争がある。独逸今日の選挙法は一八六七年の人口調査を基礎として居る。其当時の人口は三千九百七十万、そこで人口十万人について代議士一人の割合として議員定数を三百九十七人とした。然るに最近の調査によれば、人口の全数は増して六千五百万に達し、其増殖の割合は都会に多く田舎に少い。一八六七年の当時は、人口十万以上の都会の人口は、全体の人口の一割五分六厘であつたが、現今は二割一分四厘となつて居る。現に伯林《ベルリン》の如きは人口三百万に達するのに、五十年前の調査を本として、僅かに六人の議員を出して居るのみである。故に進歩派から見れば、若しも選挙区の分配を適当に改むるならば、自分達の党派の議員の数が、更に著しく増すといふ見込がある。其実益の点は暫らく措《お》いて、斯くする事が正当であると主張して此問題を争つて居る。只独逸政府では、議会に於ける形勢が一変して進歩派が勝利を占むる様では、今日の軍国主義の維持が余程危くなるから極力此要求には反抗して居る。以上二つの問題は共に皆普通選挙制の精神を尚一層徹底的に貫かんとするに在るので、今頃遡《さかのぼ》つて普通選挙制を採用すべきや否やを論じて居る様な国は殆んどない。之によつて見ても我国は遥に彼等に遅れて居ると見なければならない。

尚終りに序《ついで》を以て一言したきは、今日欧洲に於ては選挙法問題に関し、大選挙区とすべきや否や、比例代表主義を取るべきや否やの点も盛んに論ぜられて居ることである。最近此問題の八釜しいのは仏蘭西である。比例代表主義は已に白耳義に於て頗る完全に行はれて居る。此両者の研究は頗る興味ある問題に属するけれども、今直接の関係がないから茲には之を説かぬ。只英吉利の如き政党内閣の発達したる国に於ては、此等の説は殆んど問題にされて居ない。なぜなれば大選挙区制、比例代表制の如きは、共に少数党に代表の機会を与ふるもので、為めに即ち二大政党対立の傾向を紛更するからである。英国の政客は議院多数党を以て内閣を組織するの主義を金科玉条として居る。此制度の完全なる運用には二大政党の対立を必要条件とする。故に此大勢を妨ぐるところの制度は他に如何なる理由あるに拘らず、英国に於ては殆んど識者の省みるところとならない。殊に比例代表論の採用については、一部の政客の間に熱心に之を希望するものあり、団体を集め私財を投じて熱心に其主義の弘布に努めて居る者もあるけれども、今日までのところ更に政治上実際の勢力とはならない。

議会と政府との関係

此関係も亦前の人民と議員との関係の如く、主客順当の地位に之を置く事が肝腎である。蓋《けだ》し直接に政権の運用に与るものは政府である。其政府を議会が監督する事によつて、初めて政治は公明正大なることを得る。然るに政府は実権を握つて居る者なるが故に、動もすれば其地位を利用して議員を操縦籠絡し、以て本来其監督を受くべきものをば転じて自分の意のまゝに頤使《いし》せんとする。是に於ていろ〳〵隠密の弊害が生ずる。所謂瀆職問題なるものは何時でも此間から発生するものである。而して瀆職問題は、普通政府側より千なり二千なりの金を議員に頒《わか》つといふ形に於てあらはるるものであるが、千とか二千とかの金を政府側が出したといふ其奥には、更にどれ丈けの罪悪が潜んで居るか解らない。故に議会が主で政府が従たるの関係を厳重に維持するといふことは、憲政の健全なる運用の上に極めて必要である。

此点についても我々は、局に当る者の道徳的良心をして出来る丈け鋭敏ならしむることを根本的要件と為すものであるが、然し一般の人民とは違つて、議員並びに政府当事者の如きは、孰《いず》れも国家のヱリヌキの人才にして、普通の道徳上の義務責任は十分に心得て居る人々である。之に政治道徳を説くは宛《あたか》も釈迦に説法の嫌なきに非ざれども、それにも拘《かかわ》らず実際いろ〳〵の失態を生ずるのは、畢竟制度の罪ではあるまいか。即ち制度に欠陥あり、為に誘惑に与ふるに乗ずるの機会を以てするが為めではあるまいか。誘惑に襲はるれば余程の立派な人でも過に陥り易い。故に悪い事の出来ないやうな風に初めから制度を決めて置くことが実に必要である。此点より見て我々は、第一には監督者たる議員の質をよくすることを焦眉の急務とし、其為めには前段に述べた議員と人民との関係を正当の状態に置く事を最先の急要と認むるものである。此点に於て議会対人民の正当なる関係は、議会対政府の正当なる関係の前提条件といはねばならぬ。前者を整へずしては後者を論ずるは畢竟空論である。第二には議員と政府との間に動もすれば起り得べき政治的罪悪に対して、厳重なる態度を取ることが必要である。不都合な議員がある時に、人民が十分之を監督し、再び之を代議士に出さないといふ事になれば、自然不心得の者もなくなる道理である。けれども、万一隠密の手段を以て誘ふ者あり、議員亦秘密の間に不正の利益を貪つて後に暴《ば》れるの恐れもないと信ずれば、こゝに不正行為が行はれぬとも限らない。斯くして彼れは一時良心の命令に眼を掩ひ、徒《いたず》らに政府の非政《ひせい》を助けて国民一般の利益を犠牲に供することになるかも知れぬ。斯くの如き不祥事の発生を避くる為めには、不正の利益を受くる者にも、又之を与ふる者にも、厳重なる態度を以て之に臨む必要がある。茲に厳重なる態度といふのは、啻《ただ》に法律上厳しき制裁を加ふるといふ許《ばか》りの意味ではない。社会的に之を極力擯斥《ひんせき》し、政治上に於ては再び起ち能はざる如き致命的打撃を与ふべしといふ意味である。良心に忠実にして節操を重んずることは政治家の生命である。不正の利益の為めに意見を二三にするが如きは、政治家としては罪之より大なるはない。一体斯の如き事の我々の問題に上るのが、已に立憲国としては不思議な現象である。否寧ろ恥づべき現象である。苟《いやしく》も立憲政治の下に於ては、詰らない人間は初めから議員となるべきものではない。凡そ政治は本来極めて高尚なる仕事である。従つて高き教養ある人士のみよく之を司り得べき仕事である。然らば政治家に対して人格の吟味をするが如きは之れ政治家を侮辱するものではないか。人格に疑問を置かるるが如き者は、初めから政治家としての取扱を受けないのが、西洋諸国の通例である。故に西洋では候補者の学識政見が専ら問題となるけれども、其人の人格を見ねばならぬといふ様な事は、先づ無いと云つてよいのである。人格の如何に依りて候補者の月旦を為すべしといふ議論のあることが、実は決して誇るべき現象ではないのである。況《いわ》んや世間一般の俗人の如く、全く候補者其人の人格をば顧みずして、只其撒《ま》き散らす金の高によつて投票すべきや否やを決すべしといふが如きは、実に浅ましき限りであるといはねばならぬ。斯ういふ状態であるから、議員の瀆職問題といふ様なものも頻繁に起るのである。社会の選良たるべき議員が其実万人の儀表たるべき人格を備へず、従つて議員に屡々《しばしば》瀆職行為を為すものあるのは、恐らく我国特有の現象であらう。如斯《かくのごとく》にしては到底我国に於て憲政の進歩を見る事は出来ない。之を防ぐには繰り返していふが如く、人民をして初め其選挙を誤らざらしめんことが必要であるが、又議員の其職を瀆《けが》すものに向つて最も峻厳なる制裁を加ふることも極めて必要なのである。即ち其職を瀆す議員に向つては、独り法律を以て厳しく其罪を罰するのみならず、我々はまた輿論の力を以て彼等を政界から葬つて了ふの覚悟がなければならぬ。

尚此点に関して予の更に深く世上の注意を乞はんとする点は、誘はるゝ者よりも誘ふ者の罪が一層大なりといふ点である。此事は本誌去年十一月号の内外時事評論中「収賄贈賄罪孰れか重き」といふ篇中にも大浦問題に関連して説かれてあつた。聞くところによれば、大浦子爵自身は初め自分の贈賄行為の不正なる所以を全然悟らなかつたといふことである。彼はあの際若し勢の馳するまゝに任かして議会の解散を見るに至らば、是れ実に国家に非常な損害を及ぼすものである、而して僅々数万の金を使ひ、数名の変節漢を作ることによつて、議会解散の厄を避くる事を得たのは、是れ則ち此小罪悪によつて国家の大厄を救ふものなるが故に、自分は寧ろ国家の為めに非常な貢献をなしたものと自信して疑はなかつたといふことである。果して然らば子爵の心事や誠に諒とすべきものありと雖《いえど》も、其思想の頑迷固陋なる殆んど度すべからざるものがあると云はねばならぬ。彼は議会解散によつて蒙る一時の物質的不利益を以て、政界腐敗の社会風教に及ぼす現在並びに将来の精神的大損害よりも遥かに大なりとする点に於て、厭《あ》くまで物質主義に中毒して居るかの如くに見える。我々は無論大浦子爵一個人には何等の恩怨がない。然しながら我が国立憲の健全なる発達の為めには子爵の如き頑迷なる思想の存在を呪ふものであり、更に一歩を進めて、之を受くる者よりも、之を与ふる子爵の如き考の者が、立憲政治には一番有害有毒であるとの理屈を一般に鼓吹したいと思ふ。若し夫れ大浦子爵を以て一点私腹を肥さず、不正の財を集めて其儘之を奉公の用の為に散じたるものなりと為し、此点を捉へて茲に多少恕《ゆる》すべきものありと論ずるが如きは、以ての外の僻論《へきろん》である。

議員と政府との関係については、前述の如く議員が政府の操縦するところとなるを妨げ得たとしても、さて議員が政府に対して正々堂々の争をなす場合に、政府は政府の権限を楯に取つて飽くまで議員の説に屈せざるを許す時は、是れ亦十分に議員をして政治監督の実をあげしむることは出来ない。議員の政府に対する道徳的独立を全うしたる上で、更に政府の非違を厭くまで糺《ただ》し、十分に議員をして其監督の任に当らしむる為には、政府をして議会に対し政治上の責に任ぜしむることが必要である。是に於て政治上所謂責任内閣の問題が起る。即ち政治上の制度若くは慣行として、責任内閣の主義が確立するにあらざれば、議会と政府との正当なる関係は完きを得ない。従つて亦民本主義の要求も十分に貫徹せらるゝを得ないのである。

責任内閣なる制度に対してまた超然内閣といふ主義がある。之は議会の意思に超脱して内閣は全然絶対的独立の地位を取るべしといふ趣意である。此主義を執れば、政府は如何に議会から反対されても、時によつては不信任の決議をされても、平気で其地位に留るといふのであるから、極端な事を言へば、どんな勝手な悪政をもどん〳〵之を遂行し得る理屈になる。斯くては政策の終局的決定を人民一般の意嚮《いこう》に置くといふ趣意が通らない。故に超然内閣制は断じて立憲政治の常則ではない。尤も単純な憲法論から言へば、国務大臣は独り君主に対して其責に任ずる者であるから、議会の反対に逢つたからと言つて必ずしも直に当然其職を辞せねばならぬ筈のものではない。従つて超然内閣でも憲法違反にはならない。即ち違憲なりといふ訳には行かない。けれども立憲政治の精神に背くものなることは前述の通り明白である。従つて超然内閣制は非立憲の譏《そしり》を免るゝことは出来ない。世間往々憲法々理の議論と、憲法精神の政治論とを混同して事物の精密なる判断を誤る者あるが、此責任内閣制などを論ずる時にも、法律上許されないといふ違憲論と、憲法運用の精神に合するや否やの非立憲説とを混同する者往々にして之れあるが、之は心して慎まねばならぬ。斯くて憲政の円満なる運用如何の問題を論ずる場合には、只其事が違憲ならざるや否やの点のみを見たのでは定らない。更に非立憲ならざるや否やの点をも見なければならない。違憲なるものは固より初めから問題とならない。違憲ならざるもの丶中にも更に細別すれば、立憲的なるものと非立憲的なるものとある。超然内閣制の如きは、憲法々理の範囲内に於ては許されて居ることであるとは言へ、其非立憲的性質を有するの点よりして、憲政の運用に於ては断じて之を非認せねばならぬものである。若し夫れ国務大臣は独り君主に対して責任を有すとの憲法法理の論より出発して、政治上の内閣制度は亦須《すべか》らく超然内閣たらざるべからずと論ずるに至つては、其謬りなること余りに明白にして深く論弁するの必要はあるまい。

斯くの如く責任内閣の制度は憲政運用上欠くべからざるものであるが、たゞ然らば如何にして議会は内閣の責任を問ふやと云ふに、其方法は一にして足らない。最も単純な方法は弾劾の制度である。けれども段々此制度は実際に余り行はれなくなり、今日は徒らに二三の憲法上に空名を存するに止ることとなつた。而して今日責任糺弾の為に用ゐらる丶普通の方法は議院内閣の制度である。従つて最近に於ては、大抵の国に於て、議会に多数を占むる政党の領袖が政府を組織するといふ例になつて居る。此意味に於て今日の政府は概して政党内閣である。而して内閣の椅子を占領して居る政党は、或は一政党なる事あり、或は数政党の聯合なる事あるが、畢竟するに議会に過半数を制する政党である。其政党の領袖が政府を組織して居るのであるが、之等の領袖は時に多少の例外はあるが概していへば同時に議会の議員たることが多い。此点に於て今日の内閣はまた議院内閣であるともいへる。斯ういふ制度が一般に行はるれば、政府の責任は即ち彼が議会に依然として多数的信任を維持し得るや否やによつて糺弾さる丶。若し多数的信任を失へば輙《すなわ》ち辞職して新たなる多数派に其地位を譲らねばならぬ。此議院内閣制の運用が、責任内閣の主義を頗る《すこぶ》巧妙に徹底せしめて居るのである。昔時に在ては政府は政府、議会は議会と、全然別物であつた。政府は即ち君側の功臣主として之を組織し、政党にも、議会にも、何等の基礎を有せざるものであつた。如斯性質の政府であつたから議会の反対などでは容易に之を動かすことは出来なかつた。尤も不信任投票は最も明白に議会の対政府反感を示すものであるけれども、斯んな事で政府はビクともしない。議会と政府と睨み合つて居る当時に在つては、議会も軽卒に不信任の投票をせぬとも限らないから、之によつて軽々しく内閣を動かすといふ訳にも行かなかつたらう。そこで弾劾といふ制度が発達したのである。弾劾は即ち下院原告となり、上院之を裁判して、其結果下院の見るところを是なりとすれば内閣は更迭せねばならぬといふ制度である。而して此場合君主は更に他の功臣を以て内閣を組織せしむるが、彼は本来議会に何等の基礎を有せざるが故に、再び弾劾せらるるを免れんが為めには自ら議会の意思を尊重せざるを得ない事になる。従つて議会の意嚮は間接ではあるが政府を通じて行はれ得ることになる。斯ういふ意味で弾劾の制度も憲政運用の一便法として認められて居つたのである。然るに其後段々に政党内閣の制度が流行するやうになつてからは此制度の実用がなくなつた。どうせ議会の意思を重んぜなければならぬものであるならば、議会に多数を占むる政党の領袖を其儘挙げて政府に入れた方が捷径《しようけい》である。議会に関係なき官僚が政府を組織するのでは何日《いつ》何時《なんどき》議会の弾劾を受くるか判らぬ。随つて政府の恒久性を失ふの不便がある。そこで政党内閣が段々に流行するやうになつたのである。斯うなつて見ると此方が弾劾の制よりも一層よく責任内閣の意義を徹底せしむるを得るので、今日では独り此方法のみが流行する様になつた。

政党内閣制は、甲内閣が倒れた時直ちに議会の新多数勢力を代表する乙後継内閣が之に代るといふことによつて、其妙用を発揮する。然るに後継内閣の組織は、前内閣の倒れた際に於ける議会の多数的勢力といふものが明瞭に纏つて居れば、容易に出来るが、然らずんば少くとも一時は中々手古摺《てこず》るものである。即ち二大政党対立の国に於ては、此点はうまく行はれるが、小党分立の国に於ては、甚だうまく行かないのである。小党分立の国に於ては、一つの政党で議会に過半数を占むるといふことは普通あり得ない。従つて議会の多数は二党三党の聯合によつて辛うじて纏まるを常とする。而して斯かる聯合は元と中々纏りにくきのみならず、又中途時々動揺するを避くる能はずして、為めに内閣は動もすれば多数的基礎を失ひて屢々更迭せざるべからざるの悲運に遭遇する。而かも政変後の常として多数的勢力を作るべき新聯合は容易に纏らず、後継内閣の組織出来上るまでには毎時《いつ》も幾多の波瀾曲折を経るの例にして、立憲政治の運用は為めに大に停滞せしめらるる事になる。故に今日政党内閣の制度は、責任内閣の主義を最もよく貫くものであるとはいへ、小党分立の国に於ては実は十分に其妙用を発揮することを得ないのである。然り而して一国の政党が二大党派に岐《わか》るゝや否やは、国によつて同じからざるのみならず、もと之は勢の自ら決するところであつて一片の理論を以て人為的に作り能はざるものである。今欧米諸国の実況を見るに、英米系統の国は大体二大党派対立の形勢を呈して居る。尤も細かく言へば、英吉利《イギリス》に於ては自由党・統一党の歴史的二大党派の外、アイルランド国民党及び労働党がある。又合衆国に於ては、共和党民主党の外に、一九一二年ルーズヴエルトの創設せる進歩党がある。けれども亜米利加《アメリカ》に於ては従来第三党は屢々企てられて其度毎に不成功に終つた歴史があり、現にルーズヴエルトの此党も今日は已に孤城落日の悲況にあるといふことだ。其外に社会党もあるけれども之は殆んど無勢力と言つてよい。英吉利の愛蘭《アイルランド》国民党は、愛蘭の自治を目的とする特別の党派にして、愛蘭の自治問題の決定と共に消滅すべき運命を有《も》つて居るものである。労働党は四十有余名の党員を有して自ら一勢力たるを失はざるも、今日自由党と結ぶ事なくしては独立に何事もなし得ない。党員中、自由党の腰巾着たるに憤慨し、幹部に迫つて労働党としての独立の面目を発揮すべき事を訴ふるものもあるけれども、然し大勢は自由党と深き同盟関係を持続することに満足して居る。故に英米の両国は大勢に於て二大政党対立の形勢に在りと言つて不都合は無い。英国各殖民地も亦同様である。従つて此等の国に於ては政党内閣主義は極めて円満に行はれて居る。然るに他の欧羅巴《ヨーロッパ》諸国に在つては一として小党分立の国ならざるものはない。之れ何によつて然るやと云ふに、或は人種の複雑、或は建国当初以来各地方〳〵の反目、其他種々雑多の特別の歴史的沿革に基くのである。比較的此等の原因の少き仏蘭西《フランス》と伊太利《イタリア》ですら政党の数は八つ九つある。独逸《ドイツ》に至つては十四五を数へ、洪牙利《ハンガリー》は稍《やや》少なく十余りを数ふるも、墺太利《オーストリア》に至つては大小無慮五十を超える。此等の国に於ては、啻に政党内閣が旨く行はれざるのみならず、時としては超然内閣の行はるるを許さねばならぬ場合すらあり、少くとも小党分立して相容れざるの結果、議会に交渉なき官僚一派の機に乗じて政権を掌握するの特例を開くこと亦決して稀でない。幸に必ず政党を以て内閣を組織するの慣例による者と雖も、其内閣の寿命は極めて短くして而かも後継内閣の詮衡には毎時でも多大の困難を感ずるのである。独逸の憲法学者ロエニング博士は嘗《かつ》て曰つた、仏蘭西の内閣の平均の寿命は七ケ月で、伊太利は十一ケ月半也と(同氏著『十九世紀に於ける代議政体』)。仏蘭西は第三共和国初つて以来今日に至るまで年を閲《けみ》する事四十五年、其間内閣更迭を見たこと最近の改造までを数へて五十一回に上る、十九世紀では平均七ケ月であつたから廿世紀に入つて幾何《いくばく》か長くなつたのであらうけれども、然し一千九百十三年二月現大統領ポアンカレーの就任以後のみを数ふると、ブリアン内閣は二月より三月に亘る一ケ月。バルツー内閣は三月より十二月に至る九ケ月余り。ドユーメルク内閣は十二月より翌年六月に至る半ケ年。リボー内閣は成立の翌日不信任投票によりて倒れ寿命僅かに一日。之に次いでヴィヴィアニ内閣が出来た。六月成立して間もなく戦乱となり、八月改造して挙国一致内閣を組織し、昨年の十月末に及んだ。目下はブリアン再び総理となつて居る。以上の例を以ても仏国内閣の更迭極めて頻繁なるを見るべきである。啻に更迭の頻繁な許《ばか》りではない。内閣が倒れた後の始末がまた大変の骨折りだ。此場合通例大統領は即刻上下両院議長を官邸に呼んで後継内閣の組織を相談する。何人《なんびと》を総理とすれば何人と何人とを内閣に網羅する事を得て以て議会の過半数を制し得べきかにつき、苦心惨憺して協議を凝らすのである。而かも幸に之と眼差す人の承諾を得ればよし、偶《たまた》ま其承諾を得ねば五日も六日も長く相談に時を費すのである。斯の如き次第であるから政党内閣制が責任内閣の主義を貫く為めに極めて適当なりと定つても、小党分立では其実際の効績は半ば殺《そ》がれると見なければならぬ。換言すれば政党内閣制の妙用を発揮するには、是非とも二大政党対立の勢を馴致する事が必要である。而かも二大政党は勢の決する所にして一応の議論のよく之を左右し得る所ではない。故に果して政党内閣制の旨く行はれるものか否かは国に依つて必ずしも同一ではないのである。是に於て問題は起る。我が日本に果して政党政治は旨く行はれ得るや否やと。此問題に就て予は同じく『現代の政治』中に特別の一篇を設けて精《くわ》しく愚見を披瀝して居る(同書一八三―二一六頁)。此小論文に於て、予は第一に政党政治の理論上善いものか悪るいものかを決定し、又理論上善いものとしても事実日本に於て可能なりや否や、即ち我国に於ける政党関係の趨勢は二大政党に自ら岐《わか》るゝものなりや否やを解明し、結局其可能なる所以を断定した。尚可能なりとしても日本の国法上之を許すを得るや否やの疑問もあるので、更に進んで其問題に解決を与へ、次に政党政治の実行は日本の現状に照して利益ある所以を説き、且我国の政党関係の趨勢は近き将来に於て政党政治の円満なる実行を見るに至るべき見込ある所以を論じ、最後に政党政治の行はれざるによつて蒙る不便、又其れが行はるゝによりて得べき利益を挙げて全篇を結んだ。此論点からして予は日本に於ける憲政の進歩発達を計る上から、二大政党対立の自然的傾向を助長すべく、之を妨ぐる原因あらば極力之を排除すべき所以を天下に訴へんと欲するものである。殊に一部の政客中に些々《ささ》たる感情に捉へられて故《ことさ》らに異を樹《た》て、所謂小異を捨てゝ大同に合するの雅量を欠く、十年苦節を守るなど〻の美名に隠れて政界の拗《す》ね者たるに終る者の少からざるを遺憾とするものである。政客に雅量の乏しきは当今我国の一大憂患である。

以上予は憲政の円満なる発達の為には責任内閣制度の徹底的に行はる〻を必要とする所以を説いた。然しながら此点は西洋では実は夙《と》うの昔に解決が出来て、今日は殆んど問題となつては居ないのである。今日こんな事が問題となつて居る処ありとすれば、是れ偶々憲政の発達頗る後れて居るを示すものである。只例外として此種の問題は露西亜と独逸とに於て唱へられて居るのみである。露西亜に此問題のあるのは、同国が欧羅巴に於ける最後の立憲国として、日露戦争後民間の要求に迫られて厭《い》や〱ながら頗る専制的なる憲法を発布したと云ふ事情に徴して明白であらう。独逸帝国に至つては立国の事情から行政権の絶対的独立を主張するの必要があつて然るものである。独逸は元来は普魯西《プロシア》の武力を以て起り、又現に普魯西の武力を以て統一を維持する所の国柄である。内部に於て普魯西に反感を有つて居る諸邦少なからざるのみならず、又所在《ところどころ》に歴史的理由に依りて独逸政府の強大を喜ばざるもの、例へばアルサス・ローレン人、波蘭《ポーランド》人、シユレシウイツヒユ・ホルスタイン人、ハノーヴァー人の如きがある。其外少からざる勢力を占むる天主教徒と社会主義者とは亦熱心に、普魯西を中心としての独逸国力の発展膨脹を快とせない。而して此等の本来不統一なる諸要素を纏めて強大なる一国家を作るには、行政権に余程絶大なる権力を与ふる事が必要である、のみならず、尚行政権に永続性を持たしめねばならぬ。而して特別の理由に基き普通選挙制によつて組織する事となつた帝国議会が、前記各種各様の意見の代表者である以上、行政当局者をして軽々しく議会の左右する所とならしめては、独逸帝国の基礎が甚だ険呑《けんのん》である。従つて独逸帝国では帝国宰相の責任については憲法第十七条の二項に於て「皇帝ノ命令及ビ処分ハ帝国ノ名ニ於テ発セラレ、帝国宰相ノ副署ニヨツテ其効力ヲ生ズ。帝国宰相ハ之ニヨツテ責任ヲ負フ。」と定むるに止り、何等其責任を糺すの細目の規定を欠いて居る。従つて帝国宰相は専ら皇帝の信任によつて進退し、全然議会の勢力の外にある。尚序《ついで》に申すが、独逸では我国などのやうな政府と云ふものはない。行政権の首脳は皇帝にして、皇帝の下に所謂帝国宰相あり、行政全般の実際の当局者として、すべての事務を法律上一身の責任を以て取扱つて居る。故に表向き我国のいはゞ国務大臣に当る如きものは独逸では帝国宰相一人である。従つて彼は帝国宰相にして兼外務大臣と云ふ公の称号を有つて居る。彼の下に別に外務大臣、内務大臣、陸海軍両大臣、殖民大臣等があれども、之は帝国宰相の取扱ふ各種の事務の役所の主任と云ふ性質の者に過ぎない。此等のものが集つて帝国宰相を総理大臣とする内閣を組織するのではない。帝国宰相は此等の大臣と連帯して其責に任ずるのでは勿論ない。故に我々の云ふ責任内閣に当るものは、独逸では帝国宰相の責任といふ問題になる。而して此帝国宰相は、事実上皇帝の信任にのみ依頼し、議会の勢力の外に超然として居るから、寿命も亦従つて甚だ長い。仏蘭西に比して恰《あたか》も正反対である。何となれば建国以来仏蘭西と同様四十五年の星霜の間、宰相の職はビスマルクに始まりて之をカプリヴイに伝へ、ホーヘンローへ公よりビユーロー公を経て今日のビートマン・ホールウエツグに至るまで、僅かに五代を数ふるに過ぎないからである。それでも従来は未だ議会から不信任の決議をされたと云ふ事がなかつた。実は議会でも屢々政府と衝突したのであつたが、独逸は四面強敵に囲まれて居る国柄丈け、政客は皆徒らに内紛を事とするの不利益を知つて居るから、大抵の問題については或は譲歩し或は妥協するのであつた。只一昨年に至つて初めて現宰相に対し議会は明白に不信任の投票をした。而かも一度は波蘭問題について、一度は有名なるツアーベルン事件について。即ち同一年間に前後二回不信任の投票をしたのである。独逸の宰相はかくても カイゼルの御信任を口実として依然其職に留まるや否や、世間は非常の興味を以て之を見たのであつたが、ビートマン・ホルウエツグは議会の不信任に屈して其職を退くやうな事は断然しないと云ふ態度を固執して、こゝに初めて独逸の超然主義は明白に決定された。斯くの如くして、独逸は今日独り例外として超然主義を執つて居る。けれども之は超然主義を可とするの理論上の確信に基いたと見るべきものではなくして、実は独逸立国の特別なる事情に基く已むを得ざるに出でたものである。されば斯くの如き特別の事情のない諸国に於ては、今日一として超然主義を執るものはないのである。

此点について我国の状況は如何といふに、予の見る所では大体適当なる進路を取つて居ると思ふ。責任内閣の制度が十分に貫かれて居るとは云へないにしても、今日議会の不信任投票は必ず内閣の総辞職を結果せねばならぬと云ふ確信は凡ての人に懐かれて居るやうだ。さればこそ不信任投票のいよ〳〵行はれんとするを見るや、政府は常に事前に議会を解散すると云ふ例になつて居る。明治十八年十二月、時の伊藤伯を首班として初めて今日の内閣制度が出来てより、内閣の更迭を見る事前後約二十回に及ぶが、大多数は皆議会との衝突の結果である。其初め超然内閣主義を主張して居つた時ですら、議会の反対に逢つては其地位を持続する事は出来なかつた。当時我国の超然内閣と云ふ意味は、議会に代表者を有する政党より超然として居ると云ふ意味で、議会の決議より超然として居ると云ふ意味ではなかつたらしい。三十年代の半ば過ぎより桂、西園寺互に交代して政権を握るの慣例を開いてから、今日では、十分政党内閣の主義が貫かれないまでも、而かも議会の多数的勢力と何等かの形に於て結托せずしては、何人と雖も内閣に立つ事が出来ないと云ふ形勢に立ち至つて居る。我々は益々此形勢を助長し発達せしめて、政党政治の更に完全なる実行を見んことを期すべきである。此立場より観察して予輩は、時々唱へらるゝ挙国一致内閣とか、又時々一部の策士によつて夢想せらるゝ人才内閣とかの如きは、仮令《たとい》之によつて一時好結果を奏することあるべしとしても、憲政の進歩を計る上からは断然之を排斥せねばならぬと信ずる。故に我々は今日此方面に於て尚大に奮闘し且大に論争せねばならぬのである。斯くして一部頑迷の見を打破撲滅するは、議会をして十分に政府を監督せしめ、以て政界の中心勢力たるの実を挙げしむる為めに、極めて必要であると信ずるものである。

議会が政界の中心勢力たることは憲政の運用上極めて必要である。此の為めに我々は責任内閣主義を説いたのであるが、西洋では更に一歩を進めて居る所がある。即ち一二の国では、議会殊に民選議院を政界の中心勢力たらしむる為には、政府は最早有力な障礙物ではない。今日仍《な》ほ多少でも民選議院の政治的優越を妨ぐるものありとすれば、そは上院である。そこで最近この上下両院の関係の上に、下院の優越的地位を確定せんとするの説が現はれて来た。例へば上下両院、各々其見る所を異にし、両々相対峙して下《さが》らない場合には、如何にして之より生ずる難関を切り抜けんとするかの問題が起るが、之は固より未決のまゝに放任して置く訳には行かぬ。而かも之を上院の勝利に帰しては民本主義の要求が貫徹しないから、茲に漸く此種の問題に付ては結局下院の勝利に解決するの外はあるまいといふ考が起つて来たのである。尤も斯くては折角上院を設けた趣意に背くやうにも見える。けれども上院をして下院の決議に対し更に文句を言はしむる所以のものは、元と下院によりて代表せらるゝ民衆の智見が未だ十分に発達して居ないと云ふ前提に基くのであつた。然るに今日は民衆の発達頗る高いものがある。従つて上院の掣肘《せいちゅう》を排して下院の優越を認むるも、事実の上に亦甚しき不都合はないといへる。斯う云ふ点から、下院の優越を制度の上に認むるの案も亦、特に民衆の発達の著しい国に於ては、一面是認せらるるの理由もあるのである。但し此点を制度の上に解決した国は今日まだ極めて尠《すく》ない。其主なる者は英国と濠洲とである。他の国では事実上、上下両院衝突して相譲らざる場合には緊急勅令とか臨時緊急の行政処分等の方法により一時を糊塗して居るが、然し常に此方法に依頼しては行政権の専横を促すの恐あるが故に、結局は議会其れ自身をして之を解決せしむる方が好いのである。従つて将来は上下両院の優越関係の問題は諸国に於て盛に唱へらる、事と想はる、。今日の所は英国と濠洲とに之を見るのみであるけれども、近き将来に於ては多分米国が此制を採るに至るならんと考へられる。米国では一九一三年頃より此事は既に政界の具体的問題となつて居る。単に一片の理論としてならば、此説は既に久しく欧洲諸国に於ても唱へられて居つたのである。

上下両院の衝突の解決法として英・濠両国の採る所の方法は同一でない。濠洲の方は飽くまで上下両院対等の原則を害《そこな》はずして解決法を立て、居るが、英国の方は上院の権限を制限し強いて之を下院の決定に服従せしむる事によつて、問題を解決せんとして居る。尚詳しく云へば

一、一九〇〇年七月九日の濠洲聯邦憲法は其第五十七条に於て、上下両院の衝突を疏決する為に二つの方法を設けて居る。(甲)は両院を同時に解散して新議会をして改めて審議せしむる方法である。詳しくいへば、「下院ノ可決シタル法案ヲ上院ガ否決シ又ハ之ヲ可決セズ、若クハ上院ガ之ヲ修正シテ通過シタルニ下院其修正ニ同意セズ、且三ケ月ノ期間ヲ経タル後下院再ビ同法案ヲ可決シ(同一会期中タルト次期会期タルトヲ問ハズ又先キニ上院ノ加ヘタル修正ヲ共ニ可決セルト否トヲ問ハズ)而シテ上院再ビ之ヲ否決シ又ハ之ヲ可決セザル場合、若クハ上院ガ更ニ之ニ修正ヲ加ヘ下院之ニ同意セザル場合」には、下院議員の任期満了前六ケ月を除き、総督は何時にても「代議院ト元老院トヲ同時ニ解散スルヲ得」るのである(第五十七条第一項)。然し新議会に於て亦必しも両院の議相衝突せずと限らない。於是《ここにおいて》第二の方法が設けられた。(乙)即ち両院を合同して討議票決せしむる方法である。詳しくいへば、「前項ノ解散ノ後、下院ガ再ビ同法案ヲ可決シ(上院ノ加ヘタル修正ト共ニセルト否トニ論ナク)而シテ上院之ヲ否決シ又ハ之ヲ可決セザル場合、若クハ上院更ニ修正ヲ加ヘテ通過シ下院之ニ同意セザル場合」には、総督は上下両院議員の合同集会を召集することが出来るのである(第五十七条第二項)。而して此場合には「各議員ハ同会議ニ於テハ下院ノ最終ノ提出案並ニ一院之ニ加ヘテ他院ノ同意セザリシ修正条項ニ就テ討

議票決スルモノトス。修正条項ニシテ上下両院議員全数ノ絶対多数ノ賛同ヲ得タル時ハ、之ヲ通過セルモノト見《み》做《な》ス。又提出法案(修正アルト否トヲ問ハズ)ニシテ同ジク上下両院議員全数ノ過半数ノ賛同ヲ得タル時ハ、之ヲ以テ議会両院ヲ適法ニ通過セルモノト見做シ」総督に提出して国王の裁可を求むべしとなつて居る(第五十七条第三項)。斯うなつて居れば上下両院の衝突は結局に於て解決せられ、民選議院の意思は原則として最後に円満なる貫徹を見ることが出来るのである。次に

二、非常な政界の大波瀾を捲き起し一九一一年八月十八日国王の裁可を得たる英国の所謂「議会法《パーリアメント・アクト》」は、一七一六年来の定則たりし下院議員の任期七年なりしを五年に改めたる外、上下両院の衝突の解決の為め次の如き新原則を定めた。㈠、財政的法案に付ては、「閉会ニ先《さきだ》ツコト少クモ一ケ月前ニ下院ヨリ回付ヲ受ケタル場合ニ於テ、若シ上院ガ閉会以前ニ其儘(修正ヲ加ヘズシテ)之ヲ可決セザル時ハ、該案ハ直ニ(上院ノ協賛ヲ要セズシテ)国王ノ裁可ヲ経テ」法律となる。而して財政的法案とは租税、国庫金の収入支出、及び之に附随する事項に関する規定のみを包含する法案にして、其認定は下院議長の権限に在りとせられて居る。斯くて少くとも財政事項に付ては、上院の権限は有名無実に帰せしめられて居る。㈡、財政以外の事項に関する法案に付ては、「下院ニ於テ各会期毎ニ之ヲ可決スルコト三度ニ及ビ、上院亦三度之ヲ否決シタル場合ニハ、第三度目ノ否決ノ後、国王ノ裁可ヲ経テ法律トナル。但シ三会期ハ必ズシモ同一国会ノ継続期間中タルコトヲ要セズ(総選挙によりて中断せらるゝも妨げずとの意)ト雖モ、該案ノ最初ノ第二読会結了時ト其最終ノ第三読会結了時トハ少クトモ満二ケ年ニ亘ルヲ要ス」とある。是亦手続が多少複雑であるけれども、下院をして結局絶対的優勝の地位を占めしむるものたることは同一である。

以上英国の流儀と濠洲の流儀とを比較対照するに、第一に吾人は問題となる所の所謂両院の衝突は、「下院の

同意せる提案に対して上院が賛成を拒める場合」に限り、上院の提案を下院の拒める場合は始めより全然不問に附して居る点の両者其符節を合して居る事に気が付くのである。左れば所謂「両院衝突の解決」とは、独り上院の反対の為に其遂行を阻止せられたる下院の意思に其実現の機会を与へんとするものに外ならない。下院の反対を受けたる上院の意思に至つては、永久に其実現の機会を与へられないのである。第二に吾人は両者取る所の解決の方法の大に異るものあるに注意しなくてはならぬ。濠洲に在つては、解散に依つて上下両院に対し一様に反省を求め、猶ほ議合はざる時は両院合同集会するといふのであるから、表面上両者を対等に取扱つて居る。尤も事実上は、合同会議に於て数量的優勝を占むる下院の意思が結局最後の勝利を制する事になるだらう。が然し稀に上院の議員が下院の反対派と結托して下院の多数党を圧倒するといふ事も全く絶無ではない。之に反して英国に在つては、財政事項は初めより全く上院の容喙《ようかい》を許さず、其他の事項に付ても三会期に亙りて同一の案を討論するといふ複雑なる手続を尽し、其間に事実上反省、凝議《ぎょうぎ》、運動するの余地を与ふるの外、結局に於ては下院の意思に絶対の価値を認め、全然上院の制抑を排斥して居る。上下両院衝突の解決策として此両主義の孰れが得策なりやは、政治上大に研究するを要する問題である。

英国主義と濠洲主義との利害得失の対比論は玆に之を精論するの遑《いとま》がない。只之に関連して疑のない点は、英国に於ては、国民の政治的訓練行き届き、且つ天下の英才俊髦は殆んど悉《ことごと》く下院に集つて居る実状なるが故に、下院の決定に最終の権威を附与しても差したる不都合はないといふ点である。下院の決定を更に上院に附議するのは些《いささ》か屋上屋を架するの嫌ないでもない。然し斯かる国情なるが故に英国は英国主義を行ふに差支ないので、国情を同うせざる他国の軽卒に之を模倣するは固より宜しくない。此点から云へば、実際の案としては濠洲主義の方が寧ろ無難であらうかと考へる。

以上説く所に由つて観ても、憲政運用上西洋の諸先進国が如何に民選議院を重ずるかを知ることが出来る。是れ畢竟憲政の本義は民本主義に在り、而して民本主義の徹底的実現は、前述べた各種の改革を前提として、結局下院をして政治的中心勢力たらしむるに在るからである。斯くて諸国の識者は如何にかして下院に与ふるに、制度上又事実上、上院や政府に対する優越的地位を以てせんとして非常に苦心して居るのである。今や我国に於ては、責任内閣の意義漸を以て明白となりつゝあり。之れ甚だ喜ぶべしと雖も、民衆勢力の直接の代表たる下院の威望甚だ重からざるは、頗る之を遺憾とせざるを得ない。是れ蓋し一つには下院を構成する議員其人の識見品格未だ備はらざるが故である。制度の上で如何に下院を重んず可しと云つても、事実上凡庸薄徳の鈍物のみが集まるのでは、天下の威望は決して之に帰せないのである。人才之に集まらざるが故に、上院に対しても勢威を欠き、政府を組織せんとするに当つても、少くとも首相は之を外部に求めねばならぬと云ふ不体裁を演ずる。人才集まらざれば勢力帰せず、勢力帰せざれば自ら有為の才を自家勢圏の外に逸する。斯くては因果相廻りて責任内閣の制度は十分に其妙用を発揮することが出来ないのである。今日の有様では如何に下院が威張つても駄目である。如何に下院を重ず可しとの説を叫んでも実際の勢力は之に具《そなわ》るまい。此点に於て我々は一方には大に議員諸士の自重奮励を求め、又天下の国民に向つては、選挙に其途を謬まらず且自家選出の代議士を直接間接に鞭撻《べんたつ》して怠らざらんことを切望せざるを得ない。若し夫れ元老其他の高級政客に向つては、超然として高処し、徒らに下院を罵倒して民衆の代表的勢力を蔑視するの態度を執る事なく、彼等も亦国民として我々と同様に、国家の為めに下院をして重からしむる所以の途に協力せられん事を希望せざるを得ない。

〔『中央公論』一九一六年一月〕

民本主義の意義を説いて再び憲政有終の美を済すの途を論ず

はしがき

大正五年一月、予は本誌に於て「憲政の〔本〕意義を説いて其有終の美を済《な》すの途《みち》を論ず」〔本巻所収〕の一文を掲げ、同九月「国家中心主義と個人主義の対立・衝突・調和」〔本選集第一巻所収「国家中心主義個人中心主義 二思潮の対立・衝突・調和」〕を論じた。両者共に其の当時の論壇の問題に上つたのは、予の甚だ光栄とせるところであつたが、然し当時は思想も熟せず、且つ匆卒《そうそつ》の間に稿を起したので、今日より見れば固《もと》より慊《あきた》らぬ節甚だ多い。従つて一部の批評家からはいろいろの批難を受けた。其中には当らぬもあるが、又大に啓発されたものもある。而して其中の一部分の批評に対しては、当時同じく本誌上に於て弁明を敢てした事も亦読者の知るところであらう。其後予は此等の批評論難に刺戟されて、更に精思攻究をつゞけた。中にも思想の熟せざると、思想表示の方法其宜しきを得ざりしとから招いた二三の批難については、自ら退いて最も細密の工夫を遂げた。斯くて今日憲政の本義に関する予の思想は、自ら前に比して幾分整つて来たかの感がしないではない。たゞ今日に至つても仍《な》ほ変らざるは、当初予の言はんと欲した所のあるものに対する確信である。言葉を換へて云へば、予の民本主義に関する思想は今日幾分か醇正になり、且つ之に対する確信は今日益々深くなりまさりつゝあるを覚える。而して曩《さき》には思想に幾分の混乱あり、発表の方法亦其宜しきを得なかつたとすれば、茲に改めて別の形式により、再び憲政の本義を説いて識者の教を乞ふのは、強《あなが》ち無用の業ではないと思ふ。

（上）　民本主義なる文字の政治上の二用例

（一）

民本主義とは洋語デモクラシーの訳である事、西洋で此語はいろ〳〵の意味に用ひられて居るが、其最も普通の用例としては、一つは主権の所在に関する説明として、又一つは主権運用の方法に関する説明としてである事、此二つのものは、もと全く別の観念に属するが故に、之を同一の言葉であらはして其間観念の混同を誘致するのは学問上不便である事、従つて邦語に之を訳する時には、其あらはす所の観念の差によりて別の言葉を用ふるを便とし、かくて一を民主々義と呼び、他を民本主義と名づけし事等は、先きの論文に於て詳しく之を説いた。此用ひ方は、予が之に倣《なら》ふ前より既に殆ど世間普通の用例となつて居つたやうであるが、其後も此例に倣ふもの、学者操觚《そうこ》者の間に甚だ多い。

然るに、当時予の斯く使ひ分けしに対して、世上之を批難する者があつた。第一の批難は、西洋では斯く使ひ分けた例がないといふのであつた。成る程、西洋では一概に皆デモクラシーと云つて、其間に言葉の上で何の区別を立てない。デモクラシーの定義としてよく引かるゝリンコルンの言葉、即ち「人民の、人民によつて、人民の為めの政治」は、明に民主民本の両観念を包含して居る。併しながら、之は亜米利加《アメリカ》のやうな民主国の人なるが故に、斯く両者を区別せずに用ゐたので、之が転じて独逸《ドイツ》辺に於て使はるゝ事になると、我々は明白に観念上此両者の区別の明に存在して居るを認むるのである。此事も予輩は先に多少詳細に説いたのであつた。尤《もつと》も西洋に使ひ分けた例がないから、日本でも使ひ分けるのがわるいといふ説明は、学問上の議論としては固より一顧に値しない。

第二の批難は、予の所謂《いわゆる》民本主義は、結局押し詰めると矢張り民主々義になる、民本主義など、云ふのは、畢《ひっ》竟《きょう》装を変じて人を欺くの類で、寧《むし》ろ初めから民主々義と云ふの直截《ちょくせつ》簡明なるに若《し》くはないといふ説であつた。之はお前の説は結局民主々義になるといつて、批難する意味で説いた人もあるが、又結局民主々義の方がよい、何を苦んで民本主義など、保守思想に阿《おも》ねる態度を取るのかと云つて批難した人もある。孰《いず》れにしても、此説は民本主義といふ文字に更に二つの異つた使ひ方のある事を明かにせざるの論である。此点を実は予輩の先きの論文でも余り明確に説明して居なかつた。先きの論文で予は、政治上で云ふ民本主義には二つの内容があるとして説いたのであつたが、併し、此は正確な説明ではなかつた。実は民本主義と云ふ文字に更に二様の異つた意味があると説くべきであつた。此事は尚次に更に詳しく説く積りであるが、今簡単に茲に之を述ぶるならば、民本主義は、時としては人民の自由を主張する主義として用ひられ、又時としては人民の参政権を主張する意味に用ひられるのである。而して人民の自由を主張する意味の民本主義は、政治上の原則として決して絶対的の価値を有するものではない。他の之と相対照する主義、例へば「国家の名に於て人民の自由を拘束するの主義」と相並んで、初めて其値打を認めらるべき相対的の原則に過ぎない。此等の点も皆後に詳細に説く積りであるが、要するに自由の主張といふ意味に於ける民本主義は絶対的の原則でないといふ事は、予《あらかじ》め之を記憶するを要する。然るに今若し人あり、十九世紀初頭に於ける憲政論の主張したるが如く、之を絶対的の原則なりと考ふるならば、こゝに始めて所謂民本主義は結局に於て遂に民主々義に落ち行かざるを得ないことになる。此種初期の未だ十分に発達せざる憲政思想に囚へられ、所謂個人自由の尊重に附するに絶対的の価値を以てせざる限り、民本主義と民主々義と結局に於て帰一すると考ふる筈はない。茅原華山君が『洪水以後』に於て、予のデモクラシーの使ひ分けを難んぜられたのも、畢竟此点の誤解から来て居るものと思はれる。

予の尊敬する福田博士も、或雑誌で、小野塚教授の著書の批評をなされた中に、「近頃民本主義民主々義の区別を立つるものがあるが、こは所謂福面人をなつかしむるものであつて、畢竟無意義の区別である」といふやうな事を説かれたと記憶する。この片言隻句によつて、博士が何の根拠によつて斯く断ぜられたかと推測するは、聊《いささか》早計に失するも、若し両者共に其本質を同じうするものなりといふ見地に立たるゝものならば、前記第二の批難に対する予輩の答弁は、又移して以て博士の説に対する答弁とする事が出来る。若し又両者双方其人文史上に於ける発生並びに発達の根拠を一にするといふ見地から説かるゝならば、予輩は之に向つて何等の異議を表しない。何となれば、両者共に個人の自覚といふ近世に於ける最重大の出来事に根拠して居るからである。併し乍《なが》ら、同を採りて之を一つの埒《らち》内に彙類《いるい》するの不可なきと同様に、異によつて之を分類するは亦固より何の妨げもないではないか。況《いわ》んや、民主々義、民本主義の観念は、学問上寧ろ之を明確に分つを必要とし、殊に日本に於ては無用の誤解を避くる為めに之を別つを特に便利なりとするの理由あるに於ておや。且つ二つを故《こと》らに分けて、俗説に阿ねるやうな態度を取るのが学問上面白くないとしても、民本といふて然るべき所を、わざ〳〵民主といふにも当るまい。単に理窟を争ふなら、国体論として如何なる国をも一種の共和国なりと説明することが出来ないとも限らぬ。なぜなれば総ての国家は、其本質に於て、之を構成する各分子の各々其直接の責任として経営する所に係るものであるからである。今や天下は一人の天下にあらず。この意義は何処の国でも今日は明白になつて居る。此意義に於ては、所謂民主国体も所謂君主国体も皆其本質を同うするといふならば、之も亦一説たるを失はない。国家の本質に関する社会学的説明は、正に此見地に立つものである。併しながら、法律政治の研究に於ては、国家に関する社会学上の統一的説明を承認すると同時に、又其学特有の標準により其間に色々の区別をなすを必要とし又便宜とする理由もある。之と同じく民本民主両主義の区別の如きも、徒《いたず》らに学者が俗耳に入り易きを思うて為すところの無駄な分類ではないのである。以上二三の批難あるに拘《かかわ》らず、幸にして民本民主の使ひ分けは今日多くの人の承認を得つゝある。言葉の適否は別問題として、「民本主義」は今や学術上の新熟語たらんとして居る。之れ亦学界の一進歩たるを失はない。併しながら、今日の学界は民本、民主の両主義を分つに止つて、その所謂民本主義なる言葉に更に二つの観念上の細別ある事を顧みない。此点は吾輩も従来明晰に之を論じて居なかつた。而して此点を明かにしない事が、実に学界に於ける従来の一欠点たると同時に、又民本主義が動《やや》もすれば無用不当の誤解を受けて、識者の十分なる諒解を得なかつた所以《ゆえん》であると思ふ。憲政の本義も亦、実に此点を明かにすることに依つて、始めて十分に其真諦を闡明《せんめい》することが出来るのである。

(二)

民本主義なる言葉によつてあらはさるゝ観念に、二つの区別ある事は、予は初め全く気附かないではなかつた。只前論文に於ては、予は之を民本主義の二つの内容といふ風に説明を試みたのであるが、之は正しい解釈ではなかつた。一つの民本主義が其中に二つの内容を有するのではない。一つの言葉が政治上に於て二つの異つた観念をあらはす為めに用ひられたと観るべきである。然らば、如何なる二つの観念が民本主義なる言葉によつて云ひあらはされて居るのかといふに一つは政権の運用によつて達せんとする目的(即ち政治の方針)に関する或る主義であり、他は政治の目的を最も有効に達し得べき政権運用の方法に関する或る主義である。前者は政治の実質的目的に関する主義であり、後者は政治の形式的組織に関する主義である。此二つは全く別個の範疇に属するものであつて、両者相伴つて一つの観念を構成すべきものではない。此等の点は尚ほ少し詳しく説明するの必要がある。

第一の政治の実質的目的に関する主義とは、要するに何の為めに政治をするかの問題の解釈に外ならない。近世の所謂立憲政治はもと、其起源に於て、此問題を解釈せんが為めに現れたものである。従つて、十八世紀末から十九世紀の初めにかけては、「何の為めに政治をするか」ゞ極めて矢釜《やかま》しい問題であつた。而して之に対する答案は当時極めて簡単明白であつた。即ち政治は人民全体の為めに為すべくして、君主又は少数貴族の為めにすべきものにあらずといふにある。蓋《けだ》し当時の欧洲諸国は、封建時代の余勢として、国土人民は君主の私有物に過ぎずといふやうな観念が行はれ、従つて君主一家の名聞利禄を計るのが、即ち政治の目的であつた。而して君主の仕事を助くる為めの少数貴族はまた、君主の周囲を囲繞《いじょう》して之と利害休戚を同じうし、而して実際政治に対する君主の権はやがて君側《くんそく》の貴族に移るに至れるの結果、貴族階級の名誉利害は亦自ら君家のそれと同じく政治の目的とならざるを得ない。彼等の賢明なるものは、時に人民一般を慈むものなきに非りしも、斯の如きは其最も醇正なるものと雖《いえど》も、畢竟目的の為めの手段たるに過ぎない。多くの場合に於ては、寧ろ治者の利益は被治者の利益と合致せず、一般人民の利益幸福は少数者の為めに蹂躙《じゅうりん》せらるゝを常とする有様であつた。而して斯かる状況は、仏国に於て最も甚だしとせられて居つた。之が個人の自覚を促すの原因となつたのか、或は個人の自覚の著しく動いた仏蘭西《フランス》が丁度、斯かる状勢にあつたから一層個人の覚醒を同国に於て助長したのか、要するに政治の目的を少数階級の名聞利禄に置く事に反対するの声は、先づ仏蘭西に於て挙げられたのである。尤も当初仏国に於ては、政治の目的は一般人民の利福にあるべしといふ積極的方面よりも、少数者の利福を以て政治の目的となすべからずとの消極的方面が盛に主張せられ、其極少数者の地位特権は之を破壊損滅せざるべからずといふ運動にまで進んだ。斯かる極端論は暫《しば》らく別問題として、要するに十九世紀当初の政治思想は、政治の目的に関する旧来の思想に対しての疑ひから出発し、政治は畢竟人民一般の為めに為さるべく、其為めには先づ一般人民の自由をば少数者の抑圧から解放せねばならぬといふ方面に著しく発達した。之が当時の所謂憲政思想の要諦であつた。而して当時の政治思想の要求する所たる、伝統的少数階級の特権の否認とか、多数被治者の解放とか、又は国家の名によつて与へらるべき利福の普及とかいふ様な事は、当時総じて個人自由の尊重といふ名目の下に概括せられ、自由の尊重が即ち憲政の要義であり、又民本主義の要求であると考へられた。之れ今日でも仍ほ立憲政治の根本義は個人の自由を尊重するにありと説く者尠《すくな》からざる所以である。

個人的自由といふ事に余りに執着するの結果、初期の憲政思想は、動もすれば、国民の間に階級的反感を持ち来たさんとする弊害があつた。なぜなれば、個人自由の主義を貫徹する為めには、多年維持し来つた特権に未練を残すところの少数階級と衝突しなければならなかつたからである。而して此種の衝突は、少数特権階級が其惰〔性〕勢的勢力を依然として維持し得る保守的国家に於て、一層甚だしからざるを得ない。故に全体の気風が保守的であればある丈《だ》け、憲政思想の発達は著しく階級的反感を伴ふことになる。斯くして当時の所謂民本主義は、一面に於て階級戦争を伴ふやうにも見えた。そが往々労働者対資本家の階級戦争を主張する社会主義と相提携したのもつまり之が為めである。従つて今日に於ても、民本主義を誤解して、下層階級の勢力を結束して上流階級に反抗するものなりと批難する者が少く無い。否、民本主義者を以て自ら任ずる者の間にも、動もすれば、此種の上流階級反抗の態度を以て主義に忠実なる所以なりとする者すらもある。尤も少数階級が頑迷にして其伝統的特権に余りに執着すれば、民本主義者は、其理想実現の前途に横はる第一の障礙《しょうがい》を除くといふ意味に於て、已《や》むを得ず戦を之等上流階級に挑むの必要に迫らるゝ事もあらう。併しながら、階級の争をするのが本意ではなくして、自由の尊重が民本主義の根本義であることを看過してはならない。此点は実に民本主義の階級戦争其物を以て第一義とする社会主義者と異る要点である。只上流階級が頑迷なれば、民本主義の主張も遂に階級戦争を馴致《じゅんち》するに至るのが自然の勢である。故に国内に階級戦争の忌むべきものなからしめんと欲せば、先づ以て上流階級の蒙を啓発する事が第一の必要である。其外、西洋の民本主義の議論の中には、社会主義の議論にかぶれて徒らに上流を呪《のろ》ひ、従つて又一般に社会的権威を蔑視するの風を帯ぶる者なきに非るを以て、此等不純なる民本主義論の流行も亦、上流階級の頑迷と共に、階級的反感を持ち来たすの一責任者として其罪を糺《ただ》さざるを得ない。只醇正なる形に於ての民本主義は、決して国内に於ける階級的対立反感を主張するものではないことは疑を容れない。

個人的自由の尊重といふ意味の民本主義説は、抽象的に個人の自由を尊重すべしといふ立脚地から一歩を進めて、やがて最大多数の最大幸福といふ立場を取るに至つた。個人の自由といふ考を、抽象的の境界から具体的の境界に引卸せば、最大多数者の自由幸福を図るといふ事になるのは当然である。幸福といふ文字の中には、余程功利的の観念が加味せられてあるけれども、最大多数に着眼する点は矢張り民本思想に淵源するものなるを失はない。最大多数と云へば、其反面に於て、最少数者の自由は之を省みざるが如きも、併し之は全く省みなくともいゝと云ふのではなくして、「出来るならば総ての人の、止むを得ずんば最大多数の自由幸福」を念とする意味のものであるから、理想は総ての人を着眼するにある事は疑ない。斯くして民本主義は、一転して最大多数の最大幸福を主張する政治主義となるに至つた。

自由尊重の説にしても、最大多数の最大幸福説にしても、此種の政治主義が行はるゝに対して常に反対の立場に立つ者は少数階級の特権である。之は多年勢力を占め来つた惰勢の結果として、事実上に於てはなか〳〵有力なものであつた。けれども、理論上に於ては最早その特権を主張すべき彼等の根拠が無くなつたので結局は引き下るの外はない。故に彼等は、民本主義的政治の発展に対しては事実上相当に有力なる抵抗は試みつゝあつたが、而かも思想上に於ては、漸次政界の表面から遠のき、之に代つて民本主義乃至《ないし》自由尊重論が独り跋扈跳梁《ばつこちようりよう》する様になつたのであつた。然るに、十九世紀の半ば過ぎ頃から、思想上これまで全能の君主たるの観ありし民本主義に対して、有力なる一個の勁敵《けいてき》があらはれた。之は即ち云ふまでもなく国家主義の思想である。共同団体の観念である。人類の生活が団体の形に於て為され、又為されねばならぬといふ考へは固より最近の発生物でないが、団体を離れて個人の自由も権利もないといふ思想は、少くとも十九世紀の初めに於ては、欧洲諸国民の一般に承認するところではなかつた。国家主義と個人主義との比較評論をするのは、玆に今予の仕事とするところではない。只十九世紀半ば過ぎから、国家主義の勃興が、従来の個人的自由の観念に思想上の一大痛棒を加へた事を一言すれば足る。而して従来思想上屏息の姿であつて而かも事実上には仍ほ多大の勢力を擁して居つた夫《か》の少数特権階級は、国家主義の勃興に乗じて、拠《よ》つて以て自己の権勢を再び揮ふの好口実を見出した事も、また事実として之を承認せねばならない。

さて、国家乃至公共団体の観念が明かになると、最大多数説は自然此中に捲き込まれた。団体其物を着眼する以上は、階級の争は愚にして且つ危険であるは言を俟《ま》たない。玆に於て従来の古い形に於ける民本主義は、新しい国家思想と相容れない訳となつた。即ち従来政治上金科玉条とせられて居つた民本主義は、国家主義の考が起るに従つて著しく其箔《はくは》が剝げざるを得ない。然らば、此意味に於ける民本主義は、国家主義に蹴落《けお》とされて全然癈《すた》つたか、又之を根本義とする立憲政治は為めに全く其存在の根柢を喪《うしな》つたかといふに、必ずしもさうではない。少くとも民本主義丈けについて云へば今日此主義は所謂国家主義の弊害を矯《た》める為めの主義として、矢張り政治上に依然其存在の理由を維持して居るのである。

何を以て斯くの如くなるを得るやと云ふに、所謂国家主義も其最も純粋なる理想的の形に於ては、必ずしも個人自由の尊重といふ事と相悖《もと》るものではないけれども、斯かる理想的の状態は、いろ〳〵の条件を具備した上に初めて実現せらるべきものであつて、例へば本当に徹底した利己主義は利他主義と矛盾せざる筈なるも現実の世の中に於ては利己と利他とは両極相反するの主義であるが如く、国家主義と個人主義とも亦今日の不完全な世の中に於ては明白に相対立するの主義と謂《い》はざるを得ない。従つて、今日の時勢に於ては、専ら国家主義の根拠に立つ政治方針は、利他利己相反するが如く著しからずとするも、多くの場合に於て個人自由の蹂躪となり、之が為めに却つて国家の永遠の不利益を来さないとも限らない。現に我々は、国家当面の急に応ずるところの各種の施設が、往々にして個人の永遠の発達を阻礙《そがい》する結果を伴ふあるの事実を屢々《しばしば》目撃するではないか。固より予は今日政治上の原則として、国家主義を全然わるいと云ふのではない。只不幸にして所謂国家主義的施設は、其純粋にして最も徹底したる形に於て之を今日の時勢に行ふには六《む》つかしいから、茲に他の一面に於て個人主義を加味する必要があると思ふのである。尤も無制限に個人の自由を立つるの非なるは云ふを俟たない。なぜならば、其極遂に無政府主義に陥らざるを得ないからである。けれども、今日の政治社会に於ては、もつと国家としての結束を強めたいと希望する点もあれば、又もつと個人の自由を解放してやりたいといふ点もある。中にも現今我国などに於ては、国家主義の名に隠れて少数特権階級が聊か跋扈し過ぎて居るやうにも思ふので、もう少し多数国民の利益幸福を計つてやるの必要はなからうかと考へらるゝ節もある。斯くする事を以て、政治上唯一の方針とすべしといふのではない。当節のやうな国家主義旺盛の時代には、少くとも其一面の弊害を矯むる為めに、個人的自由とか、其利益幸福とかいふ問題に、も少し多く着眼する事が必要だらうと云ふのである。此意味に於て、所謂民本主義は、十九世紀前半に於けるが如く之を絶対的の政治主義として主張するの根拠はなくなつたけれども、国家主義と相並んで国家民衆の円満なる発達を期し得る為めの必要なる一主義として、十分に存在の理由はあるとせらるゝのである。而して此意味の民本主義は、政治の方針に関する主義であるといふ事は始めから之を忘れてはならない。

（二）

民本主義なる文字は、政治の目的を最も有効に達し得べき政権運用の方法に関する主義としてまた用ひられて居る。前段に於て述べた意味の民本主義は、政治の方針に関する一つの主義である。元来政治の方針に関しては、其の唱へられ又実際に採用されて居るところの主義は一つではない。政治の目的に関する最高唯一の真理が、今日まで未だ発見されて居ない結果として、止むなく第二次の真理と認むべきいろ〳〵の主義が今日現に代る〳〵用ひられて居るといふ状況である。而して其如何なる主義を実地に採用するにしても、今日の時勢に於て之を徹底的に行ふには、先づ其主義を十分に一般人民に納得せしむる事が必要である。今日は、民意の承認を基礎とせずしては何事も容易に行はれない時代である。其主義が所謂前段の意味に於ける民本主義であらうが、或は国家主義であらうが、又或は貴族主義であらうが、何れであれ、必ず民意の徹底的承認を得ざれば、結局十分に行はれ得ない。茲に於て政治の目的を十分達し得べき方法は只一つ〔で〕あると謂はなければならない。是れ即ち「民意の尊重」に外ならない。茲に於て政権の運用に関しては、終局に於て民意を尊重せざるべからず、民意尊重の原則の上に政治上の制度を建てなければならないといふ主義があらはれて来る。民本主義といふ文字は又此意味に用ひられるのである。

此の第二の意味に於ける民本主義は、主権者から見れば民意の尊重である。人民から見れば、国権の運用に参与せしめられん事の要求である。又之を客観的の制度といふ立場から見れば、参政権の賦与又は獲得によつて人民が結局に於て政治の方針を左右するといふ事である。今日の時勢に於て、主権者が此意味の民本主義に拠らずして経綸を行ふ事能《あた》はざるは、極めて明白の事実である。如何に忠君愛国の念に富むものでも、今日の自覚したる国民は、政治上常に受働的の地位に甘んずるものではない。斯くして今や民衆は政界に於ける一個の積極的勢力である。斯う云ふ時勢に於ては、何《ど》んな立派な経綸でも、思想としては全く無力であつて、民衆の力によつて裏附けらるゝにあらずんば決して政界の実際的勢力となる事は出来ない。国家の運命を指導し左右する精神は、如何なる場合に於ても、少数賢明の人の頭脳から出て来るといふに誤りはないが、そが少数賢人の思想たるに止る間は決して国家を動かすの力とはならない。此等の思想に実際的勢力を与ふるものは、過去に於ては所謂治者の個人的勢力であつたが、今日に於ては寧ろ一般被治者の勢力と謂はなければならぬ。而して此一般民衆の力を取つて之を我が力とするは、事甚だ面倒なやうであるけれども、遣り様によつては又案外六つかしい仕事ではない。何故なれば、凡《すべ》ての人は生れながらにして英雄を崇拝するの念を承《う》けて居るからである。初め少々遣り方を間違へば後ではどんなに努めても如何ともする事が出来ないが、初め其道宜しきを得れば、後では少し位の失敗が有つても如何様にも始末が着くといふのは、多数者を相手にする人々の常に経験する所である。されば主権者の立場より見て所謂民本主義は、必要でもあり、又之を採るに大した面倒も無いものと言はなければならない。併しながら従来の歴史上、主権者並に之を囲繞する所謂治者階級は、不明にして民本主義の採用に躊躇《ちゅうちょ》するを常とした。否、彼等は啻《ただ》に政権を壟断《ろうだん》して民衆の参与を拒んだのみならず、同時に又民衆の利害幸福を十分保護尊重しなかつた。故に欧洲近代の個人的覚醒は、遂に自由の主張と共に政権の獲得を彼等に迫るに至つたのである。是れ所謂民本主義は人民の側よりする参政権の要求として叫ばるゝに至つた所以である。

当初参政権要求の根拠は、所謂天賦人権論に在り、もと〳〵主権者たる人民の当然の要求なりとして主張された。今日は最早天賦人権論は其理論上の根拠を失つた。人民主権論も民主国以外に於ては其儘に通用しない。けれども参政権の要求は、此等の旧い根拠が崩れても、今尚之を主張する別個の根拠を見出して居る。そは、今日の国家思想が明かになつた時代になつても、国家は畢竟我々個人の集合体で、我々は即ち国家を経営する上に銘々積極的の責任を有つて居るといふ観念が明になつたから、参政権は、此等国家的責任の個人的分担といふ事に新しい根拠を見出したのである。故に理論上の根拠は昔と今と変つても、参政権を要求すべき理由は依然として残つて居る。尤も国民の中には、責任分担の観念を十分に有つてゐないものあることは疑ない。斯う云ふ無智なものには参政権を与へなくても可《い》いといふ議論もあるが、然し参政権を与ふる事によつて責任の観念を促し且つ刺戟すべしといふのが寧ろ正当の議論であらう。況んや時勢の進歩は益々責任の観念を明かにし、少くとも国民は益々国家の運命に就て無関心で居られなくなつて居るに於てをや。斯の如き今日の時勢に於て、所謂民本主義の採用に反対するのは、是れ明に時勢に逆行するものである。要するに参政権の要求は至当の要求である。此要求を容れる事が又、主権者をして其任務を最も確実有効に尽し得る所以である。之に依つて凡ての国民に国家的精神を起さしめ、凡ての分子が明瞭に目的を意識して、其上に国家が充実したる根柢のある発達を為す事が出来る訳になるから、民本主義の大に之を採用して些《いささ》かも遅疑する所なかるべきは明白の道理である。政治の目的は何にあれ、之を有効に達して国家を健全に発達せしむるには、此意味の民本主義に拠らざる可らざることは、今日の定論である。而して現今憲政の本義に関聯して称へらるゝ所謂民本主義は、専ら此意味に於て説かるゝものである。

（四）

以上述ぶるが如く、従来民本主義なる文字は、其専ら政治的に用ひらる丶場合に就て見るも、二つの異つた意味に用ひられたのである。唯之によつて表はさる丶二つの観念は、偶々《たまたま》同時に相混融して現はる丶を常とせしが故に、人多く其間の差別を見損ひ、漫然として等しく之を民本主義と呼び来つたけれども、少しく物事を精密に論ずる場合には、此両者の間に重大の区別ある事を明かにすることが必要である。而して又其相混融して用ひらるに当つても、時と場合とにより、其一方が或は強く或は弱く響いて居つた事も、亦見遁《みのが》してはならない。

此二つの観念は、相混融して用ひらる丶を常とせりとは言へ、従来学者が全く其間の区別を認めなかつたのではない。我国に於て最近表はれたる政治論に就て之を見るも、例へば大山郁夫氏の去年の秋『大学評論』に発表せられたる「デモクラシーの政治哲学的意義」と題する論文の中には、予の第一の意義に於ける民本主義をば特に「シヴイル・リバーテー」を重んずるの主義といひ、第二の意義の民本主義に対しては「ポリチカル・リバーテー」を主張するの主義と名付けて居られる。浮田博士が去年の暮「欧洲戦〔乱〕と民主政治の新傾向」と題して『太陽』に掲げられたる論文の中には、前者を自由主義といひ、後者を民主主義と唱へて居る。美濃部教授は之も去年の暮、『法学協会雑誌』に連載せられたる「帝国政体の基礎原則」の中にて、前者に自由主義の名を与へ、後者には民政主義の名称を付して居る。是れ皆諸氏の学術的研究の結果が、両者の間に根本的の差別を認めざるを得ざるに至つた事を語るものである。之に如何なる名称を与ふるやは主要の問題ではない。唯其間に実質上の差別ある事を認むるのが肝要である。

以上の如く、両者の間に明確なる区別を附する事は必要であるが、更に之を区別した結果として殊に力説するを必要とする点は、政治上の原則として両者は根本的に其価値を異にして居るといふ事である。即ち前者は相対的の原則であつて、後者は絶対的の原則である。少くとも今日の政治学界の通説は斯く認めて居ると信ずるのである。

茲に相対的といふ意味は、之のみが唯一の真理ではない、他にも之に相対する真理があり、此と彼と相並ぶか若《も》くは相交代する所に最後の絶対的真理が隠れて居るといふ意味である。抑《そもそ》も真理はもと一あつて二あるべからざるの理なるも、其唯一の絶対的真理の何たるかは、事実我々に分つてゐない場合が多い。社会的現象に関しては斯くの如きこと殊に多い。併し絶対的の真理が分らないからといふて、何等為す事無くして居ることは少くとも政界にては許されない。我々は、白い米が何故赤い血になるかといふ理論上の説明を納得し得ずとも、兎に角飯は喰はねばならぬ。国家を指導するに就ても、其最高絶対の真理が我々に分らないならば、第二次の真理——多くの場合に於ては複数の相対的原則の器械的の組み合せになる——を実行する事によつて満足しなければならない。此意味に於て予輩は、政治の目的に関しては、絶対的真理を立する事能はずといふ。而して第一の意味に於ける民本主義は、之に対する国家主義と相並んで、政治の目的に関する相対的の原則たるものと考ふるのである。尤も或特定の人が、国家の目的に関して唯一最高の真理を握つて居るといふ確信を有つて居るものはあらう。特定の人の主観的思想としては固より最高絶対の真理はあり得るならんも、今日迄未だ客観的に承認せられたる絶対の真理は無い。故に客観的科学者の立場から云へば、政治の目的に関しては、今日の所、相対的原理を立するの外は無いと謂はねばならぬ。従つて民本主義のみを取つて唯一の真理なりといふ事は出来ないのである。尤も此結論に達する迄には歴史上相当に長い時間を要した。初めは民本主義は久しく絶対的真理なりと信ぜられて居つた。今日でも前代の旧思想を無批判に遵奉して斯く信ずるものも無いではないが、其誤りなる事は茲に之を明白に指摘して置く必要がある。何故なれば今日民本主義を此意味に解し、且つ之を絶対的真理なりと主張するものと誤認して、見当違ひの批難を加ふるものが少く無いからである。民本主義を此の意味に誤解して之を一種の危険思想視するは、また民本主義と民主々義とを混同するものと、其誤妄の程度を等しうするものである。

次に第二の意味に於ける民本主義を絶対的原則なりといふは、之を以て唯一絶対の真理となし、人多く疑はざるをいふのである。此第二の意味に於ける民本主義を疑ふものも世間に全く無いではない。併し之を疑ふは、多くは重大なる誤解に由るか、若くは官僚主義の妄謬《もうびゅう》に溺れてゐるもので、冷静なる学界の定論は今日最早一に帰して動かない。故に前に述べた如く、政治の目的に関しては絶対の真理の客観的に一定せざるものあるも、政権運用の方法に関しては、今日民本主義を唱道するに、何等の異論が無いと言つて可い。若し異論がありとすれば、そは民本主義による政治組織即ち今日の立憲制度其ものに対する疑ではなくして、立憲制度の運用が未だ十分に民本主義の精神を貫かないといふ事に対する不満である。換言すれば民本主義其ものに対する疑ではなくして、民本主義を十分徹底せしめて居ない所から起る所の、「現状に対する不満」である。現状に対する不満が、一転して失望の声となり、従つて民本主義其ものを呪ふが如き極端に走る者もあるが、斯の如き例外の極端論は何事にも附纏《つきまと》ふもので、独り民本主義に限つた事ではない。

要するに今日の政界は、仮令《たとい》現在の制度に十分満足の意を表してゐないとしても、現在の制度以外に更によりよき制度あるべしと考へて居ない事は明である。民本主義の政治組織に絶望して、他に別個の良法を探さんとして居ない事も疑はない。而して今日此意味の民本主義の行はるゝ所では、自ら政治の目的に関しても所謂民本主義の主張が盛であるが、併し又両者は必然に相伴ふものではない。又事実上第一の意味の民本主義が著るしく眼に着いたからと言つて、之に対する国家主義の政治方針も決して忽諸《こつしょ》にされて居るのではない。而して此国家主義的政治方針と雖も、之を今日十分に貫徹せしむるには、矢張り第二の意味の民本主義に拠らねばならぬ事は明である。此意味の民本主義は、之を十分に貫かざる時に却つて種々の弊害を社会に与ふるものである。故に此意味の民本主義は、本来飽く迄之を徹底せしむる事が必要であつて、どんなに極端に之を押し拡めても、決して社会に危害を与ふるの憂はない。

(中) 憲政の発達と民本主義思想の変遷

(一)

現代の憲政は、もと其根源を個人の自覚に発し、従つて民本主義を其根柢とすることは言ふ迄もない。或意味に於て、憲政は民本主義の要求を実現せんが為めの形式である、民本主義は立憲の制度によつて其理想を実現せんとするものであると言つて可《い》い。

併し民本主義と言つても、それには種々の意味がある。然らば憲政と密接の関係を有する民本主義は、其の中何れの意義のものであるか。之を明かにするには、民本主義と憲政との相互に相依つて発達して来た沿革を概観することが必要である。民本主義其ものも種々の沿革を経て発達して来たと同じく、之に関聯して立憲政治の発達にも種々の沿革がある。

抑《そもそ》も今日の立憲政治は、能《よ》く人の云ふが如く、其形態を英吉利《イギリス》に取り、其思想を仏蘭西《フランス》に取つたものである。其意味は、仏国の人民が十八世紀末に於て先づ政治的に覚醒し、君主貴族の専横なる虐政に憤慨して、一般人民の幸福を本とする新しき政治に憧憬した。此時勢の要求に対しては、いろ〳〵の学者がいろ〳〵の研究を以て之に答へたが、其中最も当時の人心に影響を与へたものはモンテスキユーの研究である。彼の研究は、空論を避け、専ら古今東西諸国の実蹟に基いて政治の利害を比較研究し、遂に英吉利の政治が事実上一番よく人民の幸福を確保して居るといふ論結に達したのである。是に於て仏国の人は、新しい政治思想を満足するの方式として英国の制度を真似ることになつた。而して真似られた英国の制度其ものは、当時仏国人の抱いて居つたやうな思想の直接の産物でないから、仏蘭西に移植された後の英国式の制度は、最早英国固有の制度其儘ではない。且つ仏蘭西革命によつてまた著大な影響を受けた英国の人心は、今度は仏国を真似て仏国流の精神で自国の制度に一大変〔革〕を加ふる事になつたのであるが、之がまた更に大陸の方に影響する。斯くして漸次今日の憲政を確立するに至つたのであるが、要するに其最も旧き形に於ける憲政は、其形態を英国に借るも、之を動かす基礎的の思想としては飽く迄仏国のものを採つたのである。従つて当時の立憲政治の憑《よ》つて以つて立つ所の思想上の根柢は、之を当時の仏国の形勢に求めなければならない。

　然るに前にも述べた如く、当時の仏国人の政治思想は、先づ以て少数階級の専制圧迫に対する反抗として現はれた。そが極端に走つた結果は遂に大革命となつて少数階級の撲滅を断行するに至つたけれども、要するに、其根本は少数の虐政より多数者を解放する事に在る。多数者の自由幸福の保護尊重に存する。之が偶々《たまたま》当時また他の方面から盛に唱へられた天賦人権説と結んで、所謂「個人自由の保障」といふ事が政治の最高理想とせらるゝに至つた。所謂民本主義が、当初此意味に於ける「自由の保障」の謂《いい》であつた事は先にも述べたが、立憲政治とは畢竟《ひつきよう》自由を保障する為めの政治なりといふ旧時の思想も、亦源を此沿革に発するものである。而して当時の人が如何に此点に重きを置いたかは、仏国革命後革命市民の第一に発表したるものが、バスチール牢獄の襲撃の後約一ケ月にして公にせる「人権宣言」である事によつても明である。其後今日の形に於ける憲法が造らるゝに至つても、立法者は常に個人の自由の保障条款を其欠くべからざる要素として規定する事を忘れなかつた。今日我帝国憲法が其第二章に於て「臣民の権利義務」に関し、数ケ条の細かい規定を掲げてゐる所以《ゆえん》のものは、自ら時勢の変に促されて其中に義務の規定一二ケ条を併せ掲げてはあるけれども、畢竟は自由の保障を以て憲政の根本義とした旧時代の余習を踏襲したものに外ならぬ。尤も此当時と雖《いえど》も、自由の保障と共に人民参政の権利といふ考も全く無いではなかつた。従つて立法議会に関する規定はまた憲法の主要なる部分を成して居つたが、併し当時の人の之に附する価値は第二段であつて、自由保障が常に第一に置かれてある。立法議会は僅に其の為めの必要機関として重んぜられたに過ぎない。されば人民の参政権が現代の政治に於て一番重いものであるとする思想は、実は割合に新しき発達に属するものである。

(二)

立憲政治の根本義を自由の保障に置くの説は、今日でも往々にして之を信じて居る人を見る。此主義に基いて憲政を運用せざるべからずとする者もあれば、又憲政とは斯う云ふものであるが故に宜しくないと批難する者もある。

立憲政治を右の意味に解釈する時は、一部の論者の批難するが如く、立憲政治は畢竟個人主義的政治に陥らざるを得ない。何となれば、個人の自由を尊重するに過ぐるの結果は、国家的団体を第二次に置くに傾かざるを得ないからである。而して此種の思想は、たま〴〵人格の尊貴を説く基督《キリスト》教思想と合致するところあるの結果として、西洋に於ては、なか〳〵其誤りが悟られないやうだ。況《いわ》んや個人を尊重すべしとの議論はまた政治の方針として一面の道理あるに於てをや。何故なれば、個人をして完全に発達せしむることが又実に国家の目的の一つであるからである。併しながら、此思想が極端に走れば、前にも述べた如く、其落ち行く所は無政府主義である。政治上当然の結論として無政府主義に陥ることに感情上多大の不満を抱く実際的の英国人は、同じく此見地に立つて、久しく国家を「必要なる禍悪《ネセツサリー・エヴヰル》」とする妥協的態度に甘んじた。国家と云ふ強大なる強制的組織の中に生活するの事実を前提として、而かも個人の自由を絶対に尊重すべしとする思想を採れば、自ら斯くの如き不徹底なる態度に出づるのは怪むに足らない。恁《か》かる態度は単《ひと》り英国ばかりでなく大陸にもあつた。十九世紀中葉に於ける欧羅巴《ヨーロッパ》諸国の政治学が、国家の権力の個人の自由を侵し得べき正当の限界如何といふやうな問題の研究に全力を注いだのは其一つの証拠である。而して此種の態度は、其後個人の自由を個別的に着眼するの非を悟つて後も、精々最大多数の最大幸福と云ふ位に落ち着くの外はなかつたやうである。

此等の思想は素より最近の国家思想に合はない。国家は人民の為めに存在する事は一面に於て疑無き所なるも、国家の中に組織せられたる人民は、個人の器械的集合ではない。組織せられたる全体を離れて又個人の生存も考へられない。故に抽象的に個人的自由の保障を憲政の唯一の目的とするのは、明白に誤りである。併しながら又他の一面に於て、今日の国家は個人の堅実なる発達を基礎として夫れ自ら発展するものなるが故に、全然個人の自由を無視するものではない。故に我々の今日の団体生活の理想は、之を国家的組織と個人的自由との調和するところに求めなければならない。故に今日の国家思想は、個人の自由を絶対的に主張するものを排斥するけれども、又全然之を其中に包含せざるものと見ることは出来ない。是に於て我々の政治上の理想は、国家組織を強盛にすると同時に、又個人の健全なる発達を図るの原則を立するに在りと謂はなければならない。

抽象的の原則としては、右の理論に何人も異議はなからう。併しながら、此れ丈《だ》けでは只一個の内容の無い抽象的原則に過ぎない。抽象的原則は如何なる場合に於ても普遍的妥当性を有《も》ち得る。併しながら、之が現実に適用されて其目的とするところを貫くを得る為めには、時と処との制限を受けて、夫れ相当の内容を得なければならない。斯くして具体的の立場に原則を引き下すと、こゝにいろ〳〵の問題が起る。例へば政治の理想は善政を布《し》くに在りと言ふは可い。併しながら何うする事が善政を布く所以なりやに至つては、議論自ら別れざるを得ない。国家の為めに一臂《いっぴ》の力を尽すといふ考には何人も異議は無い。然れども如何にする事が国家の為めになる事かは、人に依つて其観るところを異にする。我々は民本主義を徹底的に行ふ事を以て国家の為めなりとするに反し、現内閣の諸公は官僚主義を採る事を以て国家の為めなりとするであらう。要するに主観的には其観るところに各々動かざるものありとするも、客観的にはいろ〳〵の説が有つて一定するところなしと言はなければならない。かういふやうな事は政界には頗《すこぶ》る多いのである。而して客観的の標準が定らずとすれば、自ら現状に対して是非の批評をなし得ざるの道理なるも、併し事実に於て、国民多数の常識は又何となしに現状に不満を抱くといふ事もある。之も亦政界に於て事実我々の経験する所である。現状に満足せず、而して如何に之を改革すべきかの最後の標準が明かならずとすれば、差当り我々は目前の欠陥を補正するの方法を講じて甘んずるの外に途《みち》は無い。是れ政治界に於ては、目前の利弊に対する功利的見解が常に主張せらるゝ所以である。而して功利的見地に立つ以上は、或時には甲の主義を採り、軈《やが》て其弊を見るや之を矯《た》むる為めに更に乙の主義に移るといふやうになるのは又当然である。無論現代の政界は、功利主義に依つてのみ動くのではない。国民多数の常識が何となく現状に不満を表するといふが如きは、是れ取りも直さず或一種の理想主義が国民を不知不識《しらずしらず》動かして居る一つの証拠である。不徹底ではあるけれども、理想主義に動き、又功利的立場に立つて目前の利弊を調節するといふ事は、今日の政界に於ける実状である。

之と同様の事は外にも其種類が多い。例へば租税に就いて之を見るに、所謂負担の公平といふ事は財政学上の第一原則である。併しながら如何にする事が負担の公平なりやは学説区々として一定しない。けれども国民の常識は課税組織の現状にそれとなく不満である。そこで所得税に累進率を用ひて見たり、或は相続税に同様の方法を用ひたり、其他いろ〳〵の方法を講じて上流階級より尚多くの租税を課徴せんとして居る。次ぎに又労働資本の間に於ける所得の分配、換言すれば労働条件の決定といふ事についても、之を公平ならしめざるべからずといふ点については何人も異議は無い。只所得の分配を何《ど》の点に定《き》める事が公平かといふ事については更に定論が無い。けれども国民多数の常識は、資本家が不当に余計の分配を取り過ぎて居るといふ点については一致して居るやうだ。こゝに於て労働者は社会主義を主張するに至るが、国家の方面からも、或は最低賃銀法の制定とか、或は労働者の各種の保護とか、いろ〳〵の、謂はゞ姑息的手段を講じて労働者の境遇の改善を計つて居る。今日の所謂各種の社会政策は、労働条件の公平といふ事に関する最高絶対の標準が発見されない為めに採用せらるゝ所の第二次の原則であると言はなければならない。国家全般の政治の方針についても亦同様の事は云へる。今日国際競争の激しき時勢に於ては、国家の強制組織を尚一層鞏固《きようこ》にする事は必要である。けれども国家の名に於て個人の自由の不当に蹂躙せられて居るのは又之を黙過し難い。所謂国家主義と所謂個人主義とを如何に調和すべきやの絶対的原則は、極めて必要であるけれども、不幸にして今日未だ発見し得られずとせば、相対的原則として国家本位の政策と個人本位の政策とを相並んで用ひよといふのは、亦已《や》むを得ないと言はなければならない。

(三)

斯くて予はこゝに序《ついで》を以て「国家中心主義と個人中心主義の対立・衝突・調和」(大正五年九月号本誌所載)の拙論に対する二三の批難に答へて置きたい。無論あの論文は思想の整つた会心の作とは思はない。けれども、所謂国家中心主義の跋扈《ばっこ》に対して個人中心主義的経営施設の必要を高調するには、相当に努めた積りであつた。而して之に対し世上の評論家より、国家主義と個人主義との二元的対立を容認するのが誤りであるの、もつと立ち入つた最高唯一のイズムに説き至らないのが間違ひだのといふ非難を蒙つたのは、予の些《いささ》か意外とするところであつた。成程日本国家を指導すべき根本原理の探究といふ見地から見れば、二元的対立の基礎に立つて議論するのは間違つて居るかも知れない。併しながら、斯《これ》は今日の科学的政治学を知らざる人の云ふ事である。

凡《およ》そ政治の研究に於ては、一面に於て吾人の団体生活の最高の目標を論及するの必要あるは、論を俟《ま》たない。政治的活動に対し絶対最高の指針を与ふる事は確かに政治学の主要なる任務の一つである。而して斯くの如き最高指針の一あつて二あるべからざるは、亦多く云ふを俟たない。或問題については真理は常に一つでなければならないからである。併しながら、真理の一あつて二あるべからざるは理論上の事にして、個人個人の主観に於ける斯かる唯一の最高真理は、古往今来客観的に決して一に帰した事はない。故に国家を客観的に取扱ふ科学者の立場から云へば、或特定の人の主観に於ける所謂唯一の真理のみに、国家の指導を托するは危険であると云はなければならない。故に一旦或真理に偏倚して、若し其結果に何等か不便乃至危険なるものあらん乎、我々は潔よく之を捨てゝ他に移るの必要がある。故に客観的に政治を観る科学者は、常に功利的の立場を離れず、利弊を按じて政策を変易するを怠る事は出来ない。而して斯かる科学的見地に立つて、政治の方針に関する真理を見る時、何うしても、個人主義とか国家主義とか、或は保存〔守〕主義とか自由主義とか云ふやうな、二元的対立の見地を取るのは、亦已むを得ざる数である。政治の方針に関するイズムは一元ならざるべからずと云ふのは、主観的に政治を観る人の立場である。之を研究するものを或は政治哲学と云つてよからう。之に反して二元的対立の基礎の上に政治の方針を定めんとするは、客観的に政治を取扱ふ人の立場である。之を研究するものを或は科学的政治学若《もし》くは単に政治学と云ふて差支あるまい。而して政治家は常に哲学者でなければならない。如何に国家を導くべきかの絶対的真理を主観的に確持する人でなければ、政治家たるの資格がない。プラトーが国運の指導を哲人の任務としたのも、蓋《けだ》し此意味であらう。けれども科学的政治学の立場より云へば、斯くの如き人に何時までも政治を托する事は好ましくない。さればと云ふて、初より主観的観念のない所謂オツポルチユニストに国政を托するは又更らに危険であるから、そこで我々は結局、思想上の二元的対立と共に、政治勢力の二元的対立を承認し、此間の諸勢力をして相交代せしむるの仕組が一番い丶といふ結論に達するのである。是れ亦二大政党の対立を主張する理論上の根拠でもある。

　客観的政治学の見地より観て、政治の方針が二元的ならざるべからずといふについては、多少の説明を要する。元来相対的意義に於ては、真理は必ずしも一つや二つに止まらない。併しながら、実際の政界に於ては、如何なる真理でも、思想としては夫自身無力である。之が実際の問題となつて勢力を主張し得る為めには、数量的の基礎と結び付かなければならない。蓋し結局に於て数が最も多く物を云ふのが現代の特徴である。さて数的基礎の上に立つて彼等が現実の勢力を得んが為めには、必ずや小異を捨て丶大同に合せなければならない。出来る丈け多くを包容すれば、それ丈け銘々の特色が聊《いささ》か鮮明を欠くに至るの嫌はあるも、亦他の一方に於ては現実の勢力はそれ丈け加はるのである。斯くして政界に於ける各種の主義主張は、全然其根本主義を没却せざる程度を限りとして、小異をすてて大同に合するの傾向を有するものである。而して一国の政治上の意見は、民族、宗教、其他特有の事情を外にしては、過去の歴史の成果を尊重し、出来る丈け現状に執着せんとする者と、理想に憧《あこが》れて現状に不満を抱き、現在を打破して新天地を将来に開んとする者との二つの傾向に分る丶ものである。故に他に其国特有の事情あるに非る限り、一国の政治思想は自ら相対立する二つの傾向に彙類《いるい》さる丶ものと云ふことが出来る。主観的には、過去を重んずるを以て国家の利益ありとするものあり、将来の目標に照らして国家を改造するを以て結局国家の利益ありとする者あり、各々其見るところに従つて譲らざるを当然とするも、冷静なる科学的見地よりすれば、今日のところ、此等の対立する思想は、実際上交互に行はれしむる事が、国家の進路を誤らざらしむる所以である。船を大洋に航行するに当り、針路を一定不動の方向に取れば、船は却つて目差す方向を外れるといふ。或は右に或は左に、宛《あたか》も時計の振子の如く、梶を絶えず動かす時に、初めて船は目差す方向を誤らない。国家の政治も亦当《まさ》に斯くの如くならざるべからずと云ふのが、科学的政治学の主張である。只其時〳〵に局に当るの政治家は、初めから一定不動の方針を取つて動かないものでなければならない。

之を要する〔に〕、二元的対立を難ずるの説は、政治哲学の見地に於てするものである。政治の哲学的研究によつて一元的真理の闡明《せんめい》をなすは、固より重要なる仕事に相違ないけれども、然し斯くの如き真理が古来全く一致する所なかりしの客観的事実を承認する以上、如何にして国家を指導するかと云へば、相対的真理を代る〴〵取るの外はないではないか。之が科学的政治学の我々に教ふる原則である。而して「自由の保障」といふ意味に於ての民本主義は、此意味に於ける相対的真理であることは先きにも述べた通りである。

（四）

併し今日憲政の本義として立つるところの民本主義は右の意味のものではない。政権運用上民意を尊重すべしといふ方の主義である。之を人民の側より云へば、自由を保障せよと要求する方にあらずして、参政権を与へよといふ方の主張である。昔は自由の保障を以て憲政の本義と見た。今日は参政権の獲得若くは賦与、並びに参政権の意義を憲法制度の運用上に徹底せしむることを以て憲政の本義とするに至つた。之を憲政の本義とする所が昔と今と変つたと見るも、又憲政の本義たる民本主義そのものが前後に於て其意味を変へたと観るも妨げない。要は唯、今日では、参政権の賦与によつて民意尊重の意義を徹底せしむる意味の民本主義が、憲政の本義である、といふ事を知れば足りる。

初め自由の保障を以て憲政の本義と認めて居つた時代にも、参政権と云ふ事が全く認められなかつたのではない。何故なれば、此時代でも立法議会は矢張り立憲制度の重要なる一要素と見られて居つたからである。けれども所謂立法議会は、自由の保障を得る為めの一つの手段に過ぎずとして、比較的重要視せられなかつたことは先にも述べた通りである。然るに此手段たる議会は、時の経験を積むと共に、段々と重要視せらるゝ度を増して来た。其一つの原因は、元来「自由の保障」なるものは専ら議会に於てのみ達せられるといふ事実に在る。民主主権論の徹底せる新大陸諸国に於ては固より言ふを俟たない。伝統的特権階級の暗に民論に反抗する旧大陸諸国に於ても、動《やゝ》もすれば蹂躙せられんとする自由を辛うじて保護防衛せるものは常に議会であつた。独り自由の保障のみならず、一旦議会といふ制度が開かれると、従来他に発表の機会を有たなかつた民論の希望要求は、議会を通じて盛に発表せられる事になる。従つて国法が議会に与ふる所の権限が如何に狭いものであつても、議会の実際に活動する範囲は非常に広くなるのを常とする。独り其活動範囲が広くなるばかりではない。議会の意志表示に認めらるゝ効力も亦段々に強くなる。斯くして議会は漸く政界に重きを為し、遂には議会制度そのものが立憲制度其ものであり、之さへ得れば立憲政治は完全に行はれ得るものと考らるゝやうになる。是に於て自由の保障を以て憲政の要義とするの考は、自ら変じて、議会制度による参政権の獲得を其根本義とするの考に進むやうになつた。

更に此考を一層強めたものに、一つは一八四八年仏蘭西二月革命の結果として現はれたる普通選挙制の採用があり、も一つは一八六〇年代よりフエルヂナンド・ラツサールの勧説の結果初めて独逸《ドイツ》に芽を発した労働者の政党組織がある。普通選挙の採用は、議会を完全に民本主義の基礎に置くの端緒を開き、従つて民衆の勢力を背景として更に一段と有力なる国家機関たらしめた。而してラツサールが一方には普通選挙を主張しつゝ、他方労働者の結束を絶叫し、国内最大多数を占むる労働者の結束は、普通選挙の採用と相俟つて、議会の大多数を我党の手に占領するを得べしの提説は、更に著しく民衆の参政権に対する慾望を刺戟したものである。尤も此等の説によつて刺戟されたる参政権の観念の中には、依つて以て特権階級に対抗して民衆の利益を強行し得べしとするの階級戦争的思想を含まないではない。が、要するに参政権の獲得が第一の必要だといふ思想を大に拡めた事だけは明かである。参政権さへ獲得すれば、我々の自由も達せられる。自由の保障は理論上終局の目的であるけれども、之を得るに必要なる唯一の手段を先づ確実に摑む事が実際上大事であるといふ見地である。

尤も此当時の思想には、階級戦争的の考を含んでゐる丈け、未だ多少不純な点があつた。而して此不純なる分子は、政党組織後に於ける労働者階級の経験に依つて、段々取り去らるゝやうになつた。一体ラツサールの考に拠れば、普通選挙制を実行し、労働者が結束して政党を組織すれば、直に天下は社会主義者の手に帰する筈であつた。併しながら実際の経験は此予想に裏切り、結局社会党はなか〳〵議会の過半数を占め得ない。其結果一部の矯激なる論者は、其罪を代表組織に帰し、国内に於ける過半数の勢力を過半数として効力あらしむる為めには、直接行動の手段に出づるの外無しとて、議会を呪詛し、遂に夫《か》のサンヂカリズムの流を汲むものを生じたが、然し仮令《たとい》国内に於ける過半数の実力が、代表組織の結果議会に於ては過半数として現はれずとするも、之によつて所謂民権の著るしく張つた事だけは事実疑を容れない。且つ又現に諸国に於ける社会党は年と共に其勢力を増し、民衆の勢力は今やラツサールの予想した如く、段々に議会の大勢を支配せんとするの傾向を示して居る。斯く彼等が実際的の勢力を加ふるに至ると、又漸く矯激の言論を慎んで着実な見地を取るやうにもなる。従つて階級闘争的の観念も亦段々に薄らいだ。此傾向は殊に少数階級が多数の勢力に譲歩した——其動機が多数の勢力を恐れたに在るにせよ、或は真に多数の勢力に譲るの可なるを悟つた結果に出るにせよ——国に著しい。多数を後援として立つたものが、階級的観念を棄てゝ少数者と妥協すれば、其落ち着く先が階級的区別を超越せる渾然たる全体を着眼の基点とするに在るは言ふを俟たない。而して此見地は亦実に少数階級の承認する所であつて、従つて初め階級的思想に立脚した参政権要求の声は、やがて渾然たる全体の利害休戚を主とするといふ正当穏健なる根拠に立つことにならざるを得ない。彼等は初め階級の利益を主張せんが為めに参政権を求めた。今は全体の利益幸福を計らんが為めに之を主張するのである。玆処に参政権といふ問題が現代憲政の根本義なりとするの意義が存在するのである。

今日憲政の根本義として主張せらるゝ民本主義は、専ら此意義に於てせらるゝものである。政治の目的に関する主義としての民本主義は、少くとも今日の憲政論の直接に問ふところではない。立憲政治の目的は善政を布くにありとか、或は民衆の自由を尊重するにありとかいふ説明は、今日の憲政の独り特色とするところではない。只立憲政治であらうが、専制政治であらうが、善政を布き、人民の自由を保護するを目的とするに変りはない。此等の目的を現代に於て最も有効に達するにはどうすればいゝか、と云へば、予の所謂第二の意味に於ける民本主義を採用するの外はない。之が現代立憲政治の主として主張するところであつて、又現代の立憲制度は此趣意を貫くように組み立てられ、又運用せられなければならないのである。所謂憲政が其創設の当初から純正に此根本義に立つたとは云はない。憲政の根本義と認められた思想には、時によつて変遷のある事は先きにも述べた通りである。けれども、今日我々が謂ふ所の憲政の根本義は、即ち上に述ぶるが如きものであつて、而して之と違つた旧いいろ〳〵の説明は、畢竟此新らしき主義に到達すべき道行であつたと認むべきものであらう。

（下）　現代憲政の根本義としての民本主義

（一）

予の所謂第二の意味に於ける民本主義は、今日如何なる理論上の根拠によつて主張さるゝや。又之を実際に行ふて何等の弊害を貽《のこ》す事なきや否や。此等の点は又民本主義を主張するに方《あた》つて先づ説き明かされねばならぬ問題である。

民本主義は第一に広く人民に参政権を賦与する事を要求する。広く参政権を賦与すべしといふ議論は、実は憲政創設の当初から主張された。而して此時代に於ける参政権賦与の理論上の根拠は、天賦人権説より発出したる主権在民論に在つた事は言ふまでもない。而して天賦人権論の廃《すた》つた今日に於ては、新たなる根拠を国家的経営の積極的責任の分担といふ事に見出した事は已《すで》に述べた通りである。各人は、其相倚《よ》り相待つて作るところの国家を経営すべき積極的の責任を負うて居る。之を公共の義務といふも、或は之を国民としての権利と観るも、其本義に於ては異なるところはない。権利として観ん乎、各人は其属する国家の運命の決定に、積極的に参与するを主張するのは当然である。故に特別の理由あるにあらずんば、此権利は漫《みだ》りに之を剝奪すべきではない。之を義務として見ん乎、国家経営の責任は須《すべか》らく凡ての人に之を頒《わか》つべく、責任観念の有無厚薄に依つて、不公平なる取扱を為すべきでない。責任観念の薄きものに之を与ふることは、却つて偶々《たまたま》責任の念を誘起する事にもなる。責任の観念の著しく欠乏して居るものに之を与ふるは、多少の弊害なきに非るべしと雖《いえど》も、其の薄さを理由として常に之を与へざるは、益々責任を忘れしむる所以《ゆえん》である。今日の文明国に於ては、大体に於て、凡ての人は皆相当に責任の観念を有して居り、少くとも責任の地位に置けば、之を相当に果たす者であると観なければならぬ。故を以て彼の選挙権制限論者の主張するが如く、相当の程度に発達したもののみに此貴重なる権能を与ふべしといふ説は理論上誤りである。官吏公吏の類の如く多少の専門的智識を必要とするものは固より別問題であるけれども、今日の代議制度に於ける所謂参政権は、之を広きに与ふるを原則とし、或特別の理由を有するもののみを除外するのが正当であらうと思ふ。

参政権は広きに亙つて之を与ふるを原則とする。例外として如何なる種類のものを除くべきやは、自ら功利的見地によつて之を定めざるを得ない。即ち之を与ふる事によつて実際の弊害を生ずる事を避くると云ふ趣意に基いて、初めて除外例を定むべきである。今日此見地から正当に除斥すべしとせらるゝものは、未成年者、心神耗弱者、或種の犯罪人等である。婦人は之を除斥すべきや否やに就ては、今日議論のある所である。最近の趨勢は、婦人の智識の進歩並に公共事業に対する婦人の興味の増進等の結果として、参政権要求の声が婦人自身の間に盛になり、社会の輿論としても漸次之を認めんとするに傾きつゝあるやうに思はるゝ。けれども、実際制度上の問題としては未だ之を与ふることが大勢となつてはゐない。此外に参政権を制限する標準として財産の有無乃至多寡を挙げるものがあるが、之は今日に於ては全く理論上の根拠は無い。何故なれば、財産の有無と多寡とは必ずしも参政能力の有無優劣と比例するものでないからである。況《いわ》んや教育の普及して国民一般の智識道徳の著しく向上せる現代に於てをや。尤も財産上の制限を設けたといふ事には歴史上の沿革がある。昔の議員は法律の制定に協賛し、租税の賦課に同意するが為めに召集されたものである。即ち租税納付の承諾といふ事が主なる任務の一であつたから、多額の租税を払ふもののみが専ら召集せられた事は怪むに足らない。併しながら議会並びに議員の任務は、今日は全く昔と其性質を一変した。故に財産の多少を標準とするのは、今日となつては何等理論上の根拠なき全然機械的の制限に外ならない。而して今日の選挙界の実験は、斯くの如き制限を設くる事が実に弊害の源である、功利的見地からしても斯かる制限を撤廃した方がいゝといふ事になつて居る。なぜなれば、選挙権を拡張すれば、買収、請託、脅迫等の行はるゝ余地がないといふ消極的の利益あるのみならず、此等の醜悪なる武器を封ぜられたる各候補者は、自ら人格と政見とのみを以て戦はざるべからず、従つて之によつて大に国民を啓発するといふの積極的利益もあるからである。かゝる明白なる根拠あるに拘《かかわ》らず、今日尚ほ参政〔権〕の拡張を喜ばざるの議論の盛行するは、参政権は出来る丈《だ》け之を制限するを以て功利的要求に合するとするの妄想に出づるか、又は参政権の普及によつて当然撲滅せらるべき官僚政治家の階級擁護の動機に基くものである。

（二）

憲政の根本義としての民本主義は、啻《ただ》に広く参政権を賦与するといふこと許《ばか》りではない。参政権によつて民意の終局的尊重の意義を徹底せしむる事も含まれて居る。一体参政権を制度の上に移す時に、遣方《やりかた》にはいろ〳〵ある。亜米利加《アメリカ》等では、大統領の選挙、司法官の選挙などを認めて、所謂司法並に行政の部門にも人民の参政を認容して居るが、併し之は寧ろ特例に属するもので、主としては議会制度によつて参政権を認むるのが通例である。而して此の議会による参政官〔権の〕を認め方にも、或は其議会の権限の範囲に於て、又は議会の決議の動力に於て、いろ〳〵異つた定め方がある。けれども茲に吾々の見逃してならぬ事は、此等の点が法律上如何に狭く又弱く定められてあつても、事実上議会の勢力は必ず其限界を打ち超え、極度まで広く且つ強く発展せずんば已《や》まざらんとするを常とすることである。議会の権限は立法の協賛並に予算の議定に限るなどといふのは一片の法律論である。

実際に於て議会は、いろ〳〵の意思表示をなして、而かも之が相当に認められ重んぜられて居るではないか。議会は君主の立法権に協賛する。立法権其物は君主にあつて、議会の決定を採納すると否とは主権者の自由なりと云ふはまた一片の法律論である。併しながら、事実上下両院の議決を経たものは、之を握り潰して法律としないといふ事は、最近何れの国に於ても其例を聞かない所である。政府に対する議会の不信任決議は、法律上君主の信任によつて存立する内閣を動かすものに非ずといふ法理論も、事実の者〔前〕には存外無勢力にして、歴代の政府は、不信任決議の結果を懼《おそ》れて、常に事茲〔前〕に議会を解散するの措置に出で丶居るのではないか。故に制度の上には如何に狭く弱く認められても、一旦認められたる参政権は、必ずや忽《たちま》ちにして政治上最高の勢力地位を望んで驀《まつしぐ》らに進むものである。参政権の機関たる議会は、制度上一個の諮詢機関に過ぎざるものであつても、事実上は必ず政界の最高権威たらずんば已まざるものである。斯の如きは参政権なり又議会なりの固有の性質といふべきものであつて、事の是非善悪は別問題として、一旦之を認めた以上は、之を中途半端の微温的状態に停滞せしむる事は極めて困難である。而して予輩の所謂民本主義は、参政権を認むる結果が遂に此極度に至る事を是認するものたるのみならず、又斯くの如くするの勢を助長促進すべきものなりと主張するものである。これ民本主義が民意の尊重を主張する当然の結論であるからである。

是に於てこの民本主義に対して世上に三つの反対論が現れた。第一は、斯くの如く所謂民意が結局の決定権を得るに至るとせば、そは君主国体の大義に背くに至らざるやといふ議論である。第二は、所謂民意が終局の勝利を占むるといふ事は、衆愚の平均的智識をして国家の運命を左右せしむる事になりはしないかといふ議論である。第三は、衆愚の低級なる議論が議会を通して政府を牽制するの結果、為めに政務の円滑なる進行を妨げ、今日の如き国際競争の激烈なる時勢に於て著しく国務の進捗《しんちよく》を阻害する事なきかといふ議論である。此等の議論を徹底せしむれば、結局参政権の絶対否定論即ち絶対的議会廃止論にならざるを得ない。併しながら、彼等は事実の前には其説を徹底的に主張するの勇気を欠き、参政権は或程度まで之を認めざるを得ず、議会も今更ら之を廃止する訳には行かぬといふ前提の上に立つが故に、参政権乃至議会は之を認むるには認むるも、然し是が十分に活動しないやうに、好い加減の程度に停滞せしめやうといふ風に、自然と彼等の考は傾いて来る。斯ういふ不徹底の態度で憲政を運用すると、こゝに政界にいろ〳〵の弊害が発生し来るのである。何故なれば、彼等の態度は恰度《ちようど》、時勢の要求の背くべからざるものあるに迫られて、子弟を高等の学校に入れるには入れたが、教育を受けると兎角生意気になつて年寄りの言ふ事を聴かないといふ懸念から、出来る丈け本当の勉強をしないやうにと導くの類にして、謂《い》はゞ物を飛瀑の上に投じて而かも其落下せざらんことを希望するに均しいからである。人力を以て強ひて事物自然の進行を妨げんとする時に、茲に多くの弊害の生ずるのは世の中の常である。

民本主義が君主国体と相容れずとするの議論は、寧ろ感情論にして、学問上から之を論争するのは余りに大人気ない。最後の決定を民意に採るとか、或は人民が参政権を要求するとかいふので、時に偏狭なる忠君愛国者の感情を唆《そそ》る事はあるも、之を他の一面から、国君の政治的経綸を一番有効に行はれしむるの方法は、之を十分に民意に徹底せしむるに在りと云ふたならば、わが民本主義が即ち君主国に於ても最良の政治形式でなければならぬ事が分るではないか。此等の点に関して、予は去年の秋一度『大学評論』誌上に於て論じた事があるから(「民本主義と国体問題」一九一七年一〇月)茲に再び繰返さない。唯民本主義を目して愚論の跋扈《ばつこ》を誘致するものなりと罵《ののし》り、又国務の進捗を阻むものなりと誣《し》ふるの説に対しては、聊《いささ》か茲に弁明するの必要を認める。

（三）

現代憲政の政治組織を予の所謂民本主義の要求に従つて運用せしむれば、大体に於て、政治の実際の局に当る政府を議会が監督し、而して其議会を人民が監督すると云ふ事になる。代議士が選挙によつて全く人民に左右せられることは言ふを俟《ま》たない。政府も亦議会多数の意嚮《いこう》によつて進退せざる可らずとするは、所謂責任内閣主義の要求である。か丶る運用の下にあつては、最終の監督権は即ち人民にあるので、所謂民間の輿論なるものが政界に於ける最終の権威たる訳になる。而して之に対して難ずるものは曰《いわ》く、憲政の運用当《まさ》に斯くの如くならざるべからずとせば、之れ畢竟《ひつきよう》愚論をして天下の運命を支配せしむるものである。何となれば、一般人民の智識の平均は、今日のところ畢竟愚論の域を脱する事が出来ないからであると。

此批難には固より一面の真理はある。何故なれば、所謂輿論は常に必ずしも国内最上の賢明なる智識たるを期し得ないからである。けれども民間の輿論は常に必ず愚論なりとする議論も亦決して正当の見解ではない。此事は今日の時勢に於て所謂輿論なるものが如何にして構成せらる丶かを考ふれば明瞭になる。

輿論といふ問題に就ての学問上の細かい説明をするのは、今予の仕事ではない。輿論なるものは果して実在するものか、或は何を以て或時代の輿論と観るべきか等の議論も、今は姑《しばら》く之を略さう。唯予輩は茲に今日の所謂輿論なるものは、特殊の問題に於て、何等専門的知識無き一般平均人が、他と何等の交渉なしに独りでに頭の中に浮んだ考の総平均ではないといふ事を指摘したい。我々一個人の経験に徴しても、或る特殊の問題に就て自らの頭の裡《うち》に何等かの意見が定まつたといふ場合に、其意見が如何にして構成せられたかを反省して見ると、或は一部分新聞雑誌に表はれたる専門識者の議論によつたとか、或は当該問題に対する専門家の講演に刺戟されたと云ふが如く、多少の根拠ありて作られたことを悟るではないか。今日教育の普及して居る時代に於ては、極端な専門的事項に亘らざる以上は、一通り識者の説明を聴いて其意味を諒解する丈けの受働的基礎は何人にも出来て居る。而して新聞雑誌其他各種の公共的教育機関が整つて居るから、我々は常に公共の問題に就ては、日夕不知不識《しらずしらず》相当の智識を与へられつ丶あるのである。して見れば我々の智識及び是等が集つて自然と出来上る所の輿論の構成には、所謂少数賢明の識者の智識が全く無干渉で居るのではない。故に今日の文明国に於ては、其程度に厚薄の差はあらうが、何れの国に於ても、少数賢明の意見は必ず輿論の構成乃至指導に必ず相当の関係を有するものである。故に輿論を以て愚論なりとするの説は、其絶対の意味に於ては断じて今日の時勢に当らない。尤も最上の智識が輿論の構成に及ぼす影響に厚薄の別はある。けれども、之れとても世の中の進むと共に、段々密接の関係を増すべきは当然であるから、輿論其物がまた漸次其質を改善して、遂には国内最上の意見を其内容とするに至るは、亦自然の傾向であると謂はなければならない。

この自然の傾向はまた我々の努力によつて之を助長促進する事も出来る。健全なる輿論の発達する第一の基礎は、常に国民の円満なる教養にあるから、出来る丈け高き広き教育を与ふる事が必須の要件である。併し大体に於て日本人今日の教養の程度は、健全なる輿論の発生の基礎として決して不足はないと思ふ。日本は古来最も教育を重んじた国であつて、今より百年二百年の前、中欧の諸国民が未だ一般に蒙昧《もうまい》の域にあつた時代でも、日本には文字を知らざる人間は極めて少かつた。此素養あればこそ、五十年の短日月に斯くまでの進歩を遂げて卓然東洋に傑出するの国家を造つたのではないか。固より之を以て満足するのではない。けれども、今日実際健全なる輿論の発生せざるに就き人動《やや》もすればその責任を専ら人民に嫁せんとするが、予はそれ程人民の程度が低いものとは思はない。如何に教育の程度が高くなつても、凡そ人は従来経験しなかつた新事物に遭遇すると、其初め動もすれば適当な措置を誤るものである。外国人との取引に商業道徳を重んじなかつたり、選挙と云ふ新しき事物に対して道徳の要求を顧みなかつたりするのは、一つには之が為めであつて、之によつて直に日本人の道徳心を批議するのは酷である。新事物に就て新道徳の社会的に確立するまでには、何れの国に於ても、相当の年月を要する。要するに健全なる輿論の発生せざるに就ての責任は、第一に之を人民に糺《ただ》すのは正当でないと信ずる。然らば此外に何が実際に妨げとなつて居るかといへば、予の観る所では、一つは言論自由の圧迫であり、一つは少数識者と多数民衆との精神的交渉の欠点〔如〕であると思ふ。

一体輿論発生の理想的境地は少数識者の議論が自由に発表するを許され、之れが国民の良心の上に激しき生存競争をなし、自然淘汰の理法によつて其の最も優良なるものが残つて輿論の内容となるといふことである。之には第一に言論の自由が十分に許されて居なければならない。而して先覚者を以て任ずるものは絶えず国論指導の任務を感じて民衆啓発の為めに其意見を発表するに熱心でなければならない。之れ実に国家の渥《あつ》き恩寵に浴する上流階級の社会に対する道徳的任務である。彼等が此任務を尽し、而して政府並びに社会が言論の自由を十分に許すならば、健全なる輿論の発生すべきは固より疑ない。況んや今日の民衆の強き智識慾は、少数賢者の専門的説明を聴くを欲すること渇するが如きに於ておや。

然るに不幸にして今日の一部偏狭なる先輩は、如何にして健全なる輿論の構成せらるゝかを思はず、自己の主観的意見に執着して国論統一の名の下に言論の自由を許さうとしない。言論の自由を許す事によつて生ずる目前多少の弊害を恐るゝの余り、之を圧迫する事によつて国家の蒙る永遠の精神的損害の如何に大なるかを思はないのは、我々の平素甚だ遺憾とする所である。而かも言論の自由に乗じて生ずるの弊害は、もと決してしかく恐るべきものではない。何となれば、同じく言論の自由は、他に健全なる思想の来つて之と戦ふものを発生せしむべきを以てゞある。啻に之れのみではない。輿論を愚論なりとする彼等の態度は、自ら民衆の間に伍して彼等を啓発するの任務を怠らしめ、自ら高く標致して民衆一般と何等の精神的交渉を営まざらしむるが故に、彼等自身亦自ら固陋偏狭の見に陥ると共に、民衆をして亦穏健中正の説に接するの機会を有せしめない。是に於て常に指導者を要するところの民衆は、往々にしてデマゴーグの煽動に乗ぜらるゝことになる。群衆心理の研究は多数民衆の動もすれば極めて低級の見識に堕して軽挙盲動するを我々に教ゆるも、而かも斯くの如きは、上流階級の精神的指導を欠く国に於てのみ見るの現象である。一般民衆は本来英雄崇拝の念に富むるものにして、上流階級の心《こころ》懸《がけ》如何によつては、之れ程率ゐ易いものはない。が、また指導者一度其道を謬れば、之れほど扱ひにくいものはない。歴代の君主皆賢明にして徳化四方に洽《あまね》き我国の如きに於ては、忠君愛国の念盤石の堅きものあるも、国君が貴族と共に政権の運用を誤ること支那露西亜《ロシア》の如くなれば、其帰する所は我等の眼前に示さるゝ通りである。斯くの如き両極の差別を生ずる所以は、畢竟するに国民指導の任にある少数識者の心掛の為によるものと云はなければならない。此点になると、英米の政治家などはなか〳〵敬服に値するものがある。国家の重大問題であれば、彼等は新聞雑誌に寄書し、或は公開の講演に進んで其意見を発表する。況《ま》して、来つて其説を聞く者に対しては、更に其煩労を厭はないのである。然るに、我国に於ては、元老其他の先輩にして、嘗《かつ》て進んで言論文章に其意見を発表した事があるか。新聞雑誌記者の訪問に対して快く之を引見したものがあるか。国家の重大問題に関して国民の最も与り聴かんとするところの元老諸公の意見は、少数の昵近《じつきん》者の間には分たれるかは知らないが、我々国民に向つては常に厳しく封ぜられて居るではないか。上下の間に精神的疎通を欠くこと我国の如きは蓋《けだ》し容易に其例を見ない。斯くの如くにして、健全なる輿論の発生せざるを責めるのは責める者の罪であつて、決して国民の罪ではない。識者が其当然尽くすべき義務を怠つて、而かも輿論を愚論なりとなし、以て民本主義の実行を阻まんとするは、本末を顚倒するも亦甚しい。

それでも、今日我国の輿論は多く茫漠の嫌はあれ、多少不純の分子の混在するはあれ、要するに、矢張り少数識者の賢明なる意見の影響を受けて居ることは明である。故に大体の傾向から言へば、今日の日本は世界の総ての文明国と同じく、矢張り精神的関係に於ては少数哲人の指導する所なりと云つて差支はない。国家の運命は少数哲人の指導とするところ、又少数哲人の指導に任ぜねばならぬところたるは、古往今来確定不抜の原則である。只古《いにしえ》にあつては、少数の哲人は夫自身に於て国民を指導するの実力を有し、或は少くとも現に実力を有する少数階級の手を通うして指導の任務を尽くしたのであつた。今日の時勢に於ては、実際に国家を動かすの力は常に民衆にある。哲人の思想は如何に卓抜なものでも、哲人の脳中に孤立しては全然無力である。之が国家指導の実際的原理となるには、民衆の力によつて裏附けられねばならない。民衆の力も亦賢明なる哲人の思想によつて内容を充たされなければならない。形より見れば、民衆の力が国家を動かすのである。民衆の力を尊重する民本主義は、決して精神的貴族主義と相容れざるものではない。否、少数哲人の卓抜なる思想を、今日の時勢に於て最も有効に行はしむるが為めに、民本主義は存在すると云つていい。而して此理想に達せしむる為めには、言論の自由と上下階級間の完全なる精神的疏通が必要である事は云ふを俟たない。

以上の条件を具へて輿論が最も健全に発達したときに、民本主義の政治が最もよく行はるゝことは申すまでもない。従つて輿論の構成が理想の域より遠ければ遠い丈け、民本主義の政治は完全に行はれないのである。されば一部の論者が難ずるが如く、時として所謂最も賢明卓抜なる意見が、所謂輿論なるものによつて抑圧せらるゝ事も実際にあり得る。此事は事実として民本主義者も承諾せざるを得ない。然らば此の場合に我々は如何なる態度に出づべきであるか。茲に民本主義者と、他の例へば、官僚政治家との意見が分れる。官僚政治家の方は、所謂卓抜賢明なる意見によりて政治をする事に急にして、輿論の批評に厳酷なる圧迫を加へ、従つて輿論の発達を阻礙する。之によつて目前の奇功を奏し得べけんも彼等は見えざる損害を国民の進歩発達の上に加へつゝあるを省みない。之に反して民本主義者の方は暫く当面の欠陥によりて多少の損害を受くるを忍びつゝ、結局国民を向上発達せしめ、輿論を健全に導く事によつて最初の解決をつけようとする。政治家は兎角目前の事功を収むるに急ぐものである。然し乍《なが》ら結局国民を愚にするの手段を取る事によつてのみ成功するの途を取るか、又は国民を向上発達せしむる事によつてのみ成功するの途を取るかは、国家百年の大計を慮《おもんぱか》る者に取つては、自ら明瞭なる問題であらねばならない。

（四）

民本主義の政治は、政府に対する議会の監督権を非常に重んずるの結果、議会が動もすれば此監督権を濫用して政府の国務進行を妨ぐるの弊に陥り易い。国際競争の激甚にして敏快なる行動を政府に要求するの時に当り、議会が斯かる無用の拘束を加ふる事は決して国家の利益ではない。此の論拠に立つて民本主義を難じ、議会を制して政府の権を重しと為し、以て今日の代議制度を民本主義的に運用せんとする事に反対する者もある。然しながら、此の説も極端に行けば、昔の専制政治に復《か》へるの外はない。なぜなれば、今日の立憲政治は、政府の専制を抑ふる為めに起つたもので、従つて議会は初めから政府の自由を拘束するを任務とするものであるからである。制限拘束其物は実に憲政の特色である。之を苦にする以上は、全く憲政を廃止するの外はない。然らば憲政の下に於ては、何時でも制限に甘んじ自由の行動が不当に縛られねばならぬかといふに、必ずしもさうではない。何となれば、制限其物がわるいのではない。之を適法に用ひて不当の濫用を慎めば、国務の進行はそれ程妨げられるものではないからである。現に我国でも、或は枢密院とか、或は外交調査会とか、所謂屋上屋を架して、政府が進んで各種の制限機関を設けて居るではないか。独り議会の制限のみを取つて之を苦慮する所以のものは、議会は動もすれば其制限を濫用するが故に外ならぬ。

議会が制限を濫用して国務の進行を阻むことあるの事実は吾人之を認めねばならぬけれども、然し議会といふ制限監督の機関ある事によつて国家の受くる利益の大なるも亦之を認めなければならない。如何に議会の権限が濫用されても、今日之れを廃するは得策でない。又事実として恐らく可能ではなからう。然らば、今日吾人の取るべき途は議会は議会として之を据え置き、而かも其制限監督の権能は之を適度に活用せしむることである。抑《そもそも》制限監督の権能は、之を設けて而かも之を無用ならしむるを本来の理想とする。法を設けて法を無用ならしむるが法の理想である。全く之を設けないではよろしくないが、之を設けて而かも之を設けざると同様の結果を来たさしむるのである。而して議会をして斯くの如き任務を尽くさしむるには、健全なる輿論を振興して、議会そのものを健全なるものたらしめ、議会が又其自然に備はる権威を以て、政府をして非違を行ふを得ざらしむるためにある。斯くの如く人民が議会を監督し、議会が政府を監督するの実を十分に挙げしむるが、立憲政治の下に在つて国務を自由ならしめる所以であつて、又実に民本主義の要求するところである。然るに此関係は動もすれば逆転し、政府議員を操縦し、議員が人民を欺むくに至り易いのである。民本主義はかゝる憲政の逆転的運用には絶対に反対すると共に、又動もすれば斯くの如き逆転を可能ならしめ容易ならしむる所の選挙法上の諸制度をも否認する。是れ民本主義者が、選挙界に於ける腐敗を根拠として選挙権の拡張を主張し、選挙法の取締を改革改善せん事を高調する所以である。如何に之を拡張し、如何に之を取締る事が、腐敗手段を用ふるの余地なからしむる所以であるかは、先の論文に於て稍々《やや》詳細に之を述べたから、玆には云はぬ。只玆に一言せねばならぬ事は、現今選挙界の各種の弊害は主として立憲政治の組織並びに運用に未だ十分に民本主義の精神の徹底せざるものあるに基因することである。之等は決して民本主義其物に固有する弊習ではないのである。而かる〔に〕今日之を人民の智識道徳の低きに帰するものあるは、是れ政治家が己の罪を人民に嫁するの妄論と云はなければならない。蓋し、利を以て誘へば、之に陥るは人情の常で、若し彼等が之等腐敗手段を武器とせず、全然人格と政見とのみを以て逐鹿場裏《ちくろくじょうり》に立つならば、今日の程度の日本国民は確かに其信任すべき人の選択に於て誤るなかるべきを以てゞある。利慾の誘惑に陥るの点を挙げていふならば、今日の代議士は固より、大臣宰相と雖も、大きな顔をして人を責むるの資格はあるまい。

要するに、今日我国の憲政の組織は、まだ甚だ不完全である。運用も亦決して其宜しきを得てゐない。為めに人民は其鋭敏なる良心の判断によつて自由に選挙権を行使するの習慣を欠き動もすれば利慾に迷ふて候補者の籠絡するところとなる。人民議員を監督するの実の挙らざるも怪むに足らない。従つて、議員も亦其職責を尽くすに忠ならず、或は政府の操縦するところとなり、或は感情に走つて無用の争を是れ事にするに到る。憲政の実の挙らざること、今日の立憲国中我国の如きはない。国政を指導する地位に在る者、願くは深く此点に猛省せられんことを。

然るに斯かる今日の形勢に対して一部先輩の政治家の取るところの態度に、我々は甚だ慊《あきた》らざるものを発見する。それは何かと云へば、即ち民本主義の徹底的遂行に反対するの考である。彼等は動もすれば日本の国際的地位の窮迫を説く。甚だしきに至つては、外勢の圧迫を援《ひ》いて来る。斯くして挙国一致国事に尽すべきの名義の下に、反対論に寛厳両様の圧迫を加へ、懇切に国家の立場を国民に訴ふるの煩労を避けんとする。其結果として彼等の執るところの手段は、或は買収であり、或は脅迫である。今日の時勢に於ては如何なる賢明卓抜の意見と雖も、国民の多数に徹底せしむることなくしては、何等実際の力となり得ないといふ事は先にも述べた。而して多数の国民に徹底せしめ、其堅実なる基礎の上に立つて政権を運用すべしといふのが即ち民本主義の主張である。固より之には多大の努力が要る。けれども憲法政治に於て最も忌むべきは、一時の疏通を計るに急いで、不正の捷径《しようけい》を辿《たど》る事である。官僚政治家の民本主義者と異るところは此煩労を厭ふと否との点にある。彼等はもと民論を愚論なりとする根本的立場を取るから、民衆に接触して懇切に其立場を説明せんとするの気分になれないのは又已むを得ない。けれども、実際政界に於て、国民少くとも其代表者たる議会と、或程〔度〕の疏通をつけずしては、何人も政治の局に当る事は出来ないのである。而して民本主義は、廻りくどいが又一番堅実な方法を取り、即ち精神的の疏通を作らん事を主張し且つ要求するが、官僚政治家は、此根本的手段に出づるを煩しとなして、一時的姑息の機械的疏通を図る。而して其為めに執るところの手段と云へば、官権の濫用による脅迫であるか、或は利益の提供による買収若くは請托である。之によつて一時目前の功を樹《た》つるに成功すべしと雖も、為めに政治道徳を腐敗し、国家の風教を壊乱するの罪は頗《すこぶ》る大なるものがある。無論官僚政治家の多くは、誠意を以て此手段を取るものには相違なからう。併し誠意悪意を問はず、官僚政治の主義を以て立つ以上は、今日の時勢に於ては、到底此等の腐敗手段を取るにあらざれば、成功する事は出来ないものである。此点が実に国家百年の大計を慮る者の大に注意せねばならぬところである。今日の不完全なる時代に於て、国家の目的を完全に達するいろ〳〵の障礙ある事は争はれないが、只其障礙を排して国政を円満に進行せしめんが為めに、我々は国民の道徳を蹂躙《じゆうりん》する事によつてのみ成功するの途を取るか、又国民の道徳を刺戟し開発する事によつてのみ成功するの途を取るかは、少しく冷静に反省すれば、決して判断を誤るべき問題ではない。

予が事新らしく云ふまでもなく、今日の政界は実に腐敗に充ちて居る。此点に於ては歴代の政府といへども決して潔白ではないが、又各派の政党も断じて無罪ではない。併しながら、民本主義の徹底を措《お》いて、此等の腐敗手段を改善する事は絶対に不可能なる事を知らねばならぬ。民本主義の要求が徹底するまでは、政界の行動は決して道徳的に行はれ得ない。之れ従来我国に於て、政治家になると云へば如何にも道徳的品性を下劣にするものと考へられた所以である。現に又高潔なる品性を有する人が、政界に身を投じた事によつて腐敗堕落した例も決して少くはない。此点は西洋に於ても同様である。我々はよく、独仏諸国に於て、自分の孫が政治に志したと聞いて其道徳的生活の前途に多大の不安と疑惧とを抱いた篤信の老媼に接した事が屢々《しばしば》ある。一方に於ては、政治は国家の運命を左右する高尚な仕事だといふ。従つて政治は最も高尚なる人格が携はるべき高尚なる仕事だといふ。職業としても亦之が最も高尚なる部類に属すべき筈のものであるにも拘はらず、従来の経験に於て、之に身を投ずる者が動もすれば其道徳的品性を壊《やぶ》るに至るのは、是れ民本主義の精神の徹底せざる以上、政界に於ける活動は畢竟腐敗手段を弄《ろう》する事なくして決して成功し得るものではないからである。其証拠には、品性の高潔を以て一貫した政治家は、多くの場合に於て決して政治家として成功してゐないではないか。世の中には、悪い事を為すに善い手段の用ひらるゝものもあれば、善い事を為すに悪い手段の用ひらるゝ事もある。従来の政治は正に後者の例であつた。而して民本主義が徹底的に行はるゝに至つて、初めて政治的活動は倫理的になり得るものである。何故なれば、民本主義の徹底的に行はるゝ場合に於ては、政治的活動の唯一の武器は、人格と政見とのみであるからである。啻に政界に活動する個人的行動が倫理的になるばかりではない。政治的活動の最大要素たる政党の活動の如きも亦自ら倫理的にならざるを得ない。何故なれば腐敗手段を用ゆるの余地なきに至るの結果、政党が政権の争奪に勝利を占むるの唯一の途は、矢張り知識上道徳上国民多数の信任を得ると云ふ外に途は無いからである。是に至つて政党はまた平素より国民を教育するといふ社会的任務を尽す事にもなり、人民も亦政党によつて大に教育されつゝ、選挙に於ては全然良心の自由の判断によつて去就を決するの習慣に従ふ事になる。意識して斯くなるにあらずとするも、勢が遂に斯くの如くならざるを得ざらしむる所に、民本主義政治の道徳的価値があるのである。

斯く論ずれば、所謂民本主義が現代憲政の自然の帰趨であり、又其根本の目標であることは明である。而して其発達が実に国民の道徳上知識上の進歩と密接に相待ち相伴ふものなることも亦明了であらう。

〔『中央公論』一九一八年一月〕

民本主義・社会主義・過激主義

政界の主力が最近特に著しく国民生活の安固充実を如何にして計るべきやの問題に集中され来つた事は言ふまでもない。斯《かか》る現象が社会主義の興隆に促され、又同時に社会主義の流行を促がして居る事も明白なる事実である。而して此問題が資本的支配階級よりも叫ばるゝが、併し本当に真面目に之を問題として居るのがプロリタリアートであることも疑ひない。社会主義の起つたのも歴史的に見ればプロリタリアート発生の結果に外ならない。是に一言プロリタリアートの説明を附け加へておく必要がある。プロリタリアートとは子供の多い人と云ふ意味で、児女を持つてするの外国家に捧ぐべき何物をも持たない貧民と云ふ意味である。して見れば本来の意味は貧民と云ふに過ぎないのだけれども、今日言ふプロリタリアートは単純なる貧民ではない。貧民と云ふ社会的に固定した階級を意味するのである。

貧乏人と金持は如何なる世の中にもあるが、併し昔は此両者は固定的社会階級ではない。貧乏人でも勉強すれば金持になれる。然るに今日では一旦貧乏人の子と生れたものは、永久に金持ちになれない。如何に正直に骨身を砕いて勉強しても子々孫々貧乏人でなければならない。別に法律で定つた訳ではないけれども、貧乏人の金持の階級に移り得ざるは恰《あたか》も平民が士族になり得ざると同様である。何故貧民が斯く一階級として固定したかと言へば、云ふまでもなく近代産業革命の結果である。昔の貧民問題は勤倹貯蓄を説けば或点まで解決が出来る。今日は如何に勤倹しても貯蓄の余裕が与へられないのだから、其処で社会組織の根柢に疑が挟まれ、貧民階級も亦猛然として斯る不都合なる社会組織に反抗の声を挙ぐるのである。

斯う云ふ所から国民生活の安固充実の問題は社会主義の主張と共に当初主としてプロリタリアートの問題であつた。今でも動《やや》もすれば斯くなり易い。

併しながら吾々は此問題を何処までも国内の或特殊階級の問題としたくない。斯くの如き社会組織を其儘に放任することが正しいか正しくないかは本質上国民全体の問題でなければならない。社会の現状は或は特に資本家階級に利益であらう。併し正義の要求の何であるかを尋ね、之に合するやうに社会を改造すると云ふ事は国民の一人として、又資本家の問題でなければならない。之を階級の問題とするか或は社会全体の問題とするかは我々の議論の出発点である。


国民生活の安固充実を如何にして計るべきやの問題は畢竟《ひつきよう》如何にして「貧」を社会より絶滅すべきやの問題である。而して此問題は実は大昔から常に政治家を悩ましたものである。古来の政治家は必ず此問題に触れたのであるが、彼等は何処に其解決案を見出したかと云へば殆んど期せずして一種の共産主義を取つて居る。希臘《ギリシア》の哲学者の説を見ても、支那の昔の経書を見ても、歴々として之を指摘する事が出来る。尤《もつと》も此点を明白に主張したものは言ふまでもなく英国のトーマス・モーアである。日本でも鼠小僧を義賊などゝ称して富者の財を盗んで之を貧民に頒《わか》つことに一種の正義を認めたのも、突き詰めて見れば又共産主義的思想に起因すると言はなければならない。只此等の昔の共産主義にはまだ何等科学上の根拠が与へられてない。漠然と何となく斯く考へられたまでゞある。我輩は之に素朴共産主義の名を与へて居る。

十九世紀になつて、プロリタリアートの発生と共に貧困問題の解決が緊急を告ぐるや、之に関する科学的研究が俄《にわ》かに盛んになつた。斯くして科学的根拠に立つ所の、或は立たんとする所の幾多の解決案が我々に提供されて居る。人を馬鹿にした所謂《いわゆる》温情主義も其一つである。社会改良主義も其一つである。而して昔からあつた共産的思想は又新たなる合理的根拠に基礎づけられて、社会主義と云ふ名称を以て我々の前に顕れて来た。共産主義に科学的根拠を与へた最大の功労者がマルクスであることは言ふを俟《ま》たない。彼は社会主義の名を嫌つて――レーボーによつて創唱されたソーシアリズムなる言葉は当時実は社会改良主義の謂《いい》であつたから――共産主義の名称を固執したけれども、彼の所謂共産主義は今日社会主義の名を以て呼ばれ、従つて彼も亦社会主義中興の祖と言はれて居る。

斯くして社会主義の主張は共産主義である。其理想は社会の共産的改造である。併しながら此理想は如何にして実現する事が出来るか。其実現の為めに彼等の執つた最初の実行方法はプロパガンダであり、又小規模に於ける試験的実行であつた。併しながら斯んな迂遠な方法では社会改造の大目的は到底達せらるゝの見込みはない。是に於て彼等は遂にプロリタリアート執政を主張するに至つた。今日社会主義が実際政界に於て著しき特色をなすのは之が為めである。故に今日社会主義を論ずる場合には共産主義と云ふ単純な理想のみを着眼する事は出来ない。更に之に加へて労働者執政と云ふ事を併せ考へなければならない。従つて実際問題としては共産主義を是認するからと言うて、総て社会主義者と云ふ事は出来ない。自ら社会主義者を以て居らざるものゝ間にも共産主義の是認者はある。此点に就いて世上多く誤解するものあるが故に特に読者の注意を乞ひたい。

社会主義がプロリタリアート執政を以て理想実現の最も捷径の、否唯一の方策と認むるに到つたに就いては近来民本主義の影響を度外視する事は出来ない。プロパガンダや小規模の試験的実行では駄目だ、プロリタリアートが天下を取らなければ目的は達せられないと云ふ事は、詰り仏蘭西《フランス》革命後のデモクラシーの運動によつて教へられたのである。斯う云ふ関係から最初社会主義の実際運動は民本主義の政治運動と相並んで進んで居つたのである。仏蘭西の二月革命の如きは此両者の提携の最も著しい適例である。

茲に我輩は民本主義の主張に変遷のあつた事を一言しなければならない。主観的に言へば民本主義の精神は仏蘭西革命以前から今日に至るまで一貫して同一の根柢に立ち、時勢と共に益々其真義を発揮して来たと言へる。が、客観的に言へば其主張並びに其実際運動の形式は時と共に変遷したと言はなければならない。此点から言へば彼等の最初の主張並びに実際運動はブールジョアジーのアリストクラシーに対する反抗であつた。後者の権力を前者に奪回する事であつた。但し此際ブールジョアジーは政権奪取の表面の口実を国民全体の名に於てした事は言ふまでもない。只其実際上の結果はどうなつたかと言へばアリストクラシーの政権がブールジョアジーに移つたまでの事である。之でも一つの大いなる進歩には相違ない。けれども之れ丈《だ》けでは民本主義の本来の要求を去ること甚だ遠い。其処で考は一転して、更に此ブールジョアジーの権力政権を如何にしてプロリタリアートの手に移すべきやの問題になる。十九世紀中葉の民本主義は動もするとプロリタリアートの為めに働いた。併しながら今日の民本主義は更に此階級的偏見に立つべからざるを主張して居る。無論国民の多数を占むるプロリタリアートが其優越の地位を占むべきは勿論であるけれども、只之は各種の階級を包括する全体の有機的組織中に於ける優越でなければならない。

之と同じやうな思想の変遷は、同じく社会主義其物の中にも之を見ることが出来る。社会主義が其理想実現の殆んど唯一の手段としてプロリタリアート執政を唱へた事は前にも述べた通りである。而して唯一の手段は動もすれば第二次の目的となる。実際的見地よりすれば此方が大事で根本の目的は往々忘れられる事もある。其処で社会主義の実際運動は更に進んで如何にしてプロリタリアート執政を実現すべきやと云ふ事を矢釜《やかま》しく論ずることになる。

此問題に関して今日の社会主義は二つの解答を与へて居る。従つて又実行手段に就いて今日の社会主義者は二派に分れて居ると云ふ事も出来る。一方の立場は立憲主義(パーラメンタリズム)で他は革命主義(レヴオリユーシヨニズム)である。

革命主義はプロリタリアートの絶対支配を主張するものであり、而して之を実現するには資本的支配階級を全然撲滅せなければならぬとする。而して今日の政治組織は此階級の作る所、又拠《よ》つて立つ所なるが故に現在の政治組織を是認しつゝ、自家の希望を達する事は不可能でありとする点に革命的特色を示して居る。之に反して立憲主義は議会万能の根柢に立つ現在の立憲制の下に於てプロリタリアートの希望を達することは不可能にあらずとする。何故なれば彼等は国民中の最大多数を占むるものであるからである。只之には普通選挙が布《し》かれて居ると云ふ事と労働者が結束して政党を作ると云ふ二つの条件が要《い》る。此等の条件を充たして議会に多数を制するまでの順序として資本家階級と喧嘩することも必要であらう。けれども彼等の資本家階級に対する態度は絶対撲滅にあらずして征服である。撲滅でも征服でも結果は同じ事にならう。只同じ結果に到る過程に於て革命的手段を認むるや否や、事実上大いなる径庭がある。尚又此点の差から更に延《ひ》いて実際上両者の間には尚いろいろの点に於て差別あることは今茲に委《くゎ》しく述ぶる暇《いとま》がない。

扨《さて》此両主義の歴史上の関係を見るに従来の各国の社会党は、概して議論としては何れかと云へば革命主義的であつた。けれども実際の行動の上から言へば立憲主義であつた。何故なれば現に政党を作り、議会に議員を送つて兎に角資本家階級と国務の討議を共にして居つたからである。其癖毎年の年会に於て決議する所などによつて見ると何時でも立憲主義などとは相容れない議論を吐くのは常であつた。而して大体の傾向より言へば資本家撲滅主義より、資本家征服主義に移りつゝあつたので、此点は正に民本主義の変遷と相応ずるものである。

余輩は玆に社会主義の実際的政治運動の変遷を示す一例として、独逸《ドイツ》の社会民主党の事を一言して置きたい。独逸の社会民主党は一八七五年に出来たと云はれて居るが、併し社会主義の政治組織はもつと古く一八六三年にある。之は専ら立憲主義に拠つたものであるが、之と相前後して革命主義の団体もあつた。革命主義と立憲主義とは本来実際運動に於て提携し得ざるものであるけれども、資本的支配階級を共同の敵とするといふ点から、合併した方がよからうといふやうな説が勝を占めて結局合併が実現した。実際の運動は理論の要求通りには行かぬものである。唯此際に注意せねばならぬのは、革命主義に最も忠実であつた極端理想派は此合併に加はらなかつた。斯くして社会主義者が皆一大政党を組織し、此政党の形で大に活躍するといふ際に、謂はゞ日蔭者になつて実際社会の表面から取残された若干の少数者が有るといふ事を看遁《みのが》してはならない。之は独逸に限るのではないのである。

もと〳〵理論上両立の難しい二派が合併したのであるから、其後社会党の間には何かと云へば両主義の反目抗論を見る事を免かれなかつた。独逸の社会党に所謂正統派と修正派との二翼があり、仏蘭西の社会党に幹部派とサンヂカリストとの二翼を生ぜるが如きは、即ち之が為めである。英国の労働党中に於ても彼の有名なケーアハルデイの如きは絶えず幹部の妥協的態度を非難して熄《や》まなかつた。要するに此等の現象は、大体に於ては立憲主義で行動して居たけれども、革命主義の暗流も亦相当に強かつた事を語るものである。而して社会党内の最も過激なる革命主義者が斯くの如き幹部の行動に慊《あきた》らず、党外の過激派と共に鬱勃《うつぼつ》たる不平を抱いて居つた事は言ふまでもない。而して彼等は斯くの如き微温的妥協的態度が実に主義実現の最大障礙《しょうがい》なりとなし、禍は寧《むし》ろ敵にあらずして吾と主義を同じうすると称する者の中にありと唱へ、斯くてだんだん猛烈なる反感を社会主義の政党運動に抱くやうになつて居つた。之が即ち過激思想の由て起る所以《ゆえん》である。過激思想が唯に資本家階級の最も横暴を逞《たくま》しうする所に於てのみならず、社会主義の相当に勢力を振ふ所に於ても起つて居るのは之が為めである。

今度の戦争はいろ〳〵の事情から多年鬱屈して居つた過激派に、勃然として社会の表面に乗出すの機会を与へた。而して各国に共通なる社会的欠陥は此思想に蔓延の機会を与へて、今や過激思想は全世界を風靡《ふうび》せんとするの概がある。従て今更のやうに世人は兎や角之を批判するのであるが、然し吾輩の見地からすれば、之は到底特別なる時勢の産んだ特別なる産物に過ぎない。

蓋《けだ》し彼等の立場はプロリタリアート執政の即時実現によつてのみ彼等の希望は達せらるるとするにある。従て彼等は現在の政治組織に全然信用を置かない。此点に於て彼等の政治観には根本的の謬《あやま》りがある。

彼等は政治を如何に観て居るか。彼等は政治を以て資本的支配階級間の遊戯と観て居る。普通選挙が何うの、責任内閣が何うのと云つた所が、畢竟それは昔の源平争奪のやうなもので、プロリタリアートの利害休戚には何の係りもない。こんな政治によつてプロリタリアートの利益幸福を図り得べしとするは根本的の謬りである。此謬りより先づ我々は醒めなければならぬ。我々は政治に頼つてはいけない、之が彼等の政治観である。成程此考は十九世紀前半の政治には当嵌《あては》まるだらう。又西洋よりも数十年遅れて居る我国の政治的実際運動の外観上の形式には、此説の如きものが無いではない。併し乍《なが》ら現代の政治は余程変つて居る。殊に徹底的民本主義を根軸として廻転して居る所謂現代政治は、決して或る階級の遊戯ではない。にも拘《かかわ》らず彼等は旧時代の政治観が先入主となつて居るに加へて、最近までの社会党の妥協的態度に対する反感が手伝つて、何うしても政治に対する極端な侮蔑と不信から脱却する事が出来ない。而して此等の説に感染《かぶ》れ、深く省慮する所なく、漫然と普通選挙や責任内閣論では国民的緊急問題が解決されないとか、或は政治的民主主義の時代は去つて今や産業的民主主義の時代と成つたなどと説く者を、最近我国の論壇に少《すくな》からず見るのは、我輩の私《ひそ》かに苦々しく思ふ所である。

されぱと云つて我輩は所謂国民的緊急問題が、現代の政治組織を無視した革命的手段によつて達せられないと即断せんとするものではない。如何なる方法に拠る事が最も適当であるかは自ら議論の岐《わか》るる所であらうが、唯政治的民本主義の徹底によつて此目的の断じて達せられないといふ証拠は無いと確信する者である。況《いわ》んや政治的民本主義の徹底は、国民生活の安固充実を図るといふ目的を達する為めの手段として意義あるのみならず、国民各自の政治的人格を確立するといふ積極的意義を夫自身に於て有するに於てをや。

現在の政治組織に対する不信侮蔑の声は、近来又過激思想とはまるで極端の反対の側からも主張さるる。此点に於て好箇の代表者たるものは、四月下旬大阪毎日新聞に見えた田中萃一郎博士の「民主政治の限界」と題する論文である。之は英吉利《イギリス》のマロックの近著の紹介であるとの事であるが、予は田中博士の如くマロックを以て信用すべき学者と考へて居ないから、初めから此書に深き注意を払はなかつた。而して田中博士の紹介する所に拠つて見ると、彼の思想は国民生活の安固充実といふ近代政治の目的を本当に達し得るものは純然たる民主主義乃至《ないし》民衆政治ではなくして寡頭政治であると云ふにあるやうだ。広く政権を国民に分配するといふ事が政治的人格の確立といふ夫自身の目的を有するといふ点を閑却したのは根本の謬りであるが、縦令《よし》んば民衆政治を所謂近代政治の目的を達する為めの手段に外ならずと観るにしても、民衆政治を貶《けな》して寡頭政治を主張する議論の進め方は全然謬つて居る。彼は曰《い》ふ、今日の民衆政治は之を民主主義の政治と観るが謬りで、実は寡頭政治である。何故なれば少数の賢明なものが一定の計画を立て多数者をして之に賛同せしめて行くからである。少数者の指導といふ事実は純粋なる民衆政治と相容るるものではない。多数者が未熟な意見を述べて之を少数者に強ふるといふ事は実際不可能である。即ち純粋なる民衆政治の行はれざる所以で、今日の政治は外観民主主義に近くして其実寡頭政治が行はれて居るのであると云ふのである。斯くして彼は今日の民衆政治を実は寡頭政治なりと観る点に於て、更に本当の寡頭政治を讃美するが如き論調を進める点に於て、二重の謬を重ねて居る。少数者の指導は今日の民衆政治に於て何の障げがない、否、少数者と多数者と精神的の聯絡ある点に於て民本主義が文化発展の上に微妙なる意義を有する事は、今日デモクラシーを論ずる者の何人も認むる所である。所謂寡頭政治は多数と少数との精神的聯絡を欠く少数政治を言ふのであつて、その排斥すべきは亦深く説くの必要はない。人間が単純に理知によつてのみ、行動するものならば、賢明なる少数者の政治が一番理想的のものであり得る事もあらう。併し乍ら人類活動の源泉は理知よりも寧ろ本能である。本能は固より理知によつて純化さるるものではあるけれども、併し乍ら国民全体の利福を図るべき公人としての活動を過らざらしむる為めには、彼が本能的に多数者の代表として活動するやうな地位に置く事が必要である。要するにマロツクの説は多数者と少数者との精神的交互関係を無視し、以て現在の政治組織に不信反感を表示する点に於て、過激主義と其行き方を同じうするものである。

現今我々の主張する民本主義は右のやうな次第で極端の急進派と保守的反動派との双方から攻撃されて居る。

マロックなどは理義の観察を謬つて民本主義を難じたものであるけれども、保守的思想家の間には殊更らに同じやうな見地から議会に対する不信の念を拡布せんとする者もある。而して前にも述べたやうに実際社会は理窟通りには行かぬもので、此両極端の連中は時として同じく民本主義を敵とする点に於て相結ぶ事がある。我国でも高畠素之君の一派が堀内佐藤両中将等と携提したといふ心理的基礎は、こんな所にあるのではないかと思はるる。要するに民本主義乃至政治其物に対する非難の声は相当に高い。殊に過激思想の勃興に動かされて、政治問題を飛越えて経済問題に突進すべしとの俗論が横行するけれども、我々は断じて此説に迷はされてはならない。真理はその何れの側にも無い事を確信して疑はざる者である。

民本主義の過激主義と相容れざるは前述の通りであるが、社会主義とは如何と云ふに、少くとも共に立憲主義を根拠に有《も》つ点に於ては両立し得る。而して社会主義は其理想実現の手段として普通選挙を主張するが、此点も民本主義と両立する。但し民本主義は普通選挙の施行並に政権の普及に伴ふ其他の種々の政治的形式の整頓を或る目的の手段と見ず、夫自身の目的とする点に於て社会主義と異なる。而して民本主義は単に政治的形式の整頓——予輩は之を民本主義の純政治的要求と名付けて居る——のみならず、国民生活の実質の整頓に関する要求——予輩は之を民本主義の社会的要求と名付けて居る——をも掲げて居る。之れ予輩が常に民本主義の主張には二種の内容を有すと云ふ所以である。而して国民生活の実質に関する方面では、主として精神生活に関するものと、主として物質生活に関するものとの二種あるが、其一方の要求に応ずるものが即ち広義の文化政策——言論の自由とか、信教の自由とか、又は教育制度を如何にすべきかの如き——であり、他方の要求に応ずるものが広義の社会政策である。而して此広義の社会政策の方面に於て、人によつて或は所謂社会改良主義でいゝと云ふ人もあらうし、又は共産主義的社会改良まで行かなければならぬと云ふ人もあらう。此点に於て所謂社会主義は民本主義の政治的勢力に於て、広義の社会政策の項目の中に当然の地位を占むるものである。

斯くの如く民本主義者は必ず社会主義者であるとは限らないが、然し社会主義者であつても妨げはない。けれども断じて過激主義者たる事を得ざるものである。

然らば茲に問題となるのは同じく社会問題の解決に熱中する者で、何故に一方は社会主義者となり、他方は過激主義者となつて両立せざる両極端に立つか。其根本は畢竟プロリタリアートの相手方たる資本家を自家の同類と見るか否かに帰着する。資本家といふ者は全然労働者に同情の無い者、如何に説いても訓《おし》へても、公益の為めに私益を犠牲にするを肯《がえ》んぜ〔ざ〕る者と見る以上は、之を撲滅する外にプロリタリアートの執政を実現するの途は無い、けれども若し従来の資本家が如何に貪欲であつたとは云へ、彼等も我々と同じ人類である。彼等と我等との間には何処かに血脈相通ずる者があつて、説き且つ訓ふれば何時かは解る時があるだらうといふ精神主義の確信を有する者に取つては、何うしても相手方の撲滅といふ過激手段には出で得ない。詰り人間は全然其物質的境遇の支配を受くるものとする唯物的人生観を取るか否かの最初の出発点の相違が遂に両者の間に千里の差を生ずる所以である。而して我々が何うしても過激主義に賛同し得ざる所以も亦実に茲に存する。

されぱとて従来の資本家階級の頑冥《がんめい》なる態度、彼等が殆んど救ふべからざる程度に階級的利益の擁護に齷齪《あくせく》して居つた事実は、我々の過激主義者と共に之を認めない訳には行かない。過激主義も畢竟其為めに起つたのではないか。故に我々は過激主義に反対すればとて、彼等の指摘した社会的欠陥其物に眼を蔽《おお》ふものではない。況《ま》して其欠陥を一刻も早く取去るの必要を強いて認めざらんとする者では毛頭無い。併し乍ら我々は如何に相手方が極端に頑冥だからと云つて、我々の態度も亦不当に極端になるを寛仮《かんか》してはならない。「百里を行く者は九十九里を以て半とす」と云つたのは封建時代に無智の愚民を動す為めの標語である。我々は百里の半分は何処までも五十里であるといふ明白なる計算の上に自ら止る所を知らなければならない。止る所を知る者にして初めて其進むべき途に本当の勇気を出し得る。

之を要するに昨今世界を風靡するの概ある過激主義は、社会進化の当然の順序として起つたものでなくして、一時の反動的産物である。例を露西亜《ロシア》に取つて観ても、我々は露西亜の社会的欠陥の産んだ天才として、一方の極端に立つレーニンの外に、他方の極にトルストイある事を忘れてはならない。露西亜に於て永久の生命を握る者はトルストイかレーニンかは、少しく現代の文化史に精密なる考察を加へた者の容易に判断し得る所であらう。

〔『中央公論』一九一九年六月〕

普通選挙主張の理論的根拠に関する一考察

一

予は先年『普通選挙論』を公にし、其の第二章に於て「選挙権の理論的根拠」〔第三巻所収〕を説き、中に普通選挙主張の理由をも述べた。只其の説明が簡略に過ぎ又可なり粗雑なので吾ながら物足らぬ感をして居つたが、其後いろ〳〵考究の結果大に之を補正するの必要を感じた。併し未だ之を詳述するの遑《いとま》を有《も》たないので、差当り今の自分の考の大綱だけでも書いて置かうとて早卒に筆〔を〕取つたのが即ちこの一篇である。先輩学友の叱正を得ば幸甚である。猶ほ本篇は予の著『普通選挙論』の補足なるが故に、初めから其の積りで読まれんことを希望する。

二

説述の順序として先づ普通選挙の意義から述べ始める。今日我国の実際政界に於て普通選挙といふ文字は盛に使はれて居るが、之に附せらるゝ常識的意義は選挙権享有の資格として現行法に定むる所の財産的制限を撤廃しやうと云ふ事である。以前は十円以上の直接国税を納むる者でなければ選挙権が与へられなかつたが、昨年二月の改正で三円に低下された。之は一見非常な拡張であるが、之にも満足せず納税上の条件を全く廃さうといふのが普通選挙の主張である。而して我国の所謂《いわゆる》普通選挙論者の説につき詳《つまびら》かに其の細目の点を調べて見ると、又其の中にいろ〳〵の差違がある。例へば納税資格を廃しても他に何等かの制限を置いて選挙権者の急激なる増加を阻まんとする考の様なのも尠《すくな》くは無い。そこで茲に斯かる種類の考も普通選挙と云へるかと云ふ問題が起る。此問題は更に一転して普通選挙とは只単に納税資格と云ふ法定の条件を廃《や》めさへすればいゝのか、又は之を廃めると云ふのは其の奥に潜む或る思想の実現の為めに主張さるゝのかと云ふ形に提起され得る。若《も》し前者だとすれば三円といふ制限を廃めさへすれば普通選挙の主意が通つたので、之と伴うて新に設けられた条件の如きは普通選挙に何の係はりもないことになる。若し之が善いとか悪いとかの問題が起るなら、之は別の見地から論ぜらるべきものと謂《い》ふべきである。けれども之に反し右の第二の見解を取るとすれば或る思想の実現の妨げとなるといふ所から納税資格を撤廃したのだから、又此の為にわざ〳〵普通選挙といふ八釜《やかま》しい問題を持ち出したのだから、一旦普通選挙にすると決めた以上は、其の本来の主意の貫徹を妨ぐる様な新な条項は断じて之を附け加へてはならないといふ事になる。従つて納税資格を廃めたといふ外観上の改正だけでは未だ以て普通選挙の完全なる実施といふことが出来ぬのである。斯う云ふ見地から論ずると、我国実際政界に行はるゝ各種の所謂普通選挙論の中には、本物もあれば又偽物もあると云ふことが出来るやうに思ふ。

選挙権の附与の条件として何等かの制限を置くの必要ありや否やの問題は暫《しばら》く別として、若し制限を置くといふなら、そは必ず能力を標準とするものたらざる可らざるは明白一点の疑を容れない。能力を外にして他に何の標準をも想定することが出来ないではないか。そこで此標準を以て財産的制限を観ると、少くとも今日は全然意味を為さないといふのが、其の撤廃要求の重な理由である。昔英国の議会が租税承諾といふ事に始つたといふ特別の沿革が、この財産的制限なるものゝ発生の基だといふことは今更説くの必要はない（拙著『普通選挙論』第九頁参照）。議会の意味が丸で変つた今日に、昔ながらの制限を其儘維持するのは告朔《こくさく》の餼羊《きよう》に過ぎぬ嫌はあるが、夫れでも財産の有無多少が教養の有無多少と大体正比例して居つた昔なら未だ可《い》いが、今日は此両者は丸で関係が無いものとなつた。今日の有権者にだつて随分ひどいのがある。有権者と無権者との間に何処に著しい能力の差ありと断ずることが出来るか。是れ今日に於ては普通選挙論者といはず何人も財産的制限の無意義を信ぜざる者なきに至つた所以《ゆえん》である。

但し選挙権は漫《みだ》りに無能力者にやつてはいけない。無能力者に拡がる恐ある以上茲処《ここ》に何等か適当な標準を設けて相当の制限をすることは必要である。そこで問題は如何なる標準を以てするが適当かといふことになる。これが中々六《む》つかしい。容易に発見することが出来ないと、人は動《やや》もすれば不適当と信じつゝ、兎に角有り合せのもので間に合はせて置けといふ事になる。今日財産的制限の撤廃に反対する人の心理状態は丁度斯れであるまいか。併し之で行くと、無能力者を排斥すると同時に過つて有能者をも除外するの結果を生ずる。謂はゞ角を矯《た》めんとして牛を殺すの類に堕するの嫌があると思ふ。財産的制限を撤廃することによりて選挙権の不当に拡がるといふ弊害は、此処までの大犠牲を払つてまで避けねばならぬ程に大きいか。是れは頗《すこぶ》る大きな疑問であると思ふ。

普通選挙を採つてゐると否とに拘《かかわ》らず、能力といふ標準で近代立憲諸国の選挙法は、一般に特に選挙権を与ふ可らずとする種類の人々を列挙して居る。之には大別して二つの種類がある。一は事実上参政の能力を欠缺《けんけつ》すと認むべきものである。未成年者、浮浪人、犯罪人、剥奪公権者、停止公権者、禁治産者、準禁治産者、破産者の如き是れである。二は法律が参政能力を公正忠実に行使し得ずと認めたるものである。之は其者の職務なり地位なりが選挙権行使によりて傷けらるゝといふ方面から規定せられて居ることもある。軍人及び学生が之に属する。以上両者を通じて、列挙せらるゝ細目は固より国によりて多少の相違はあるが、大体の輪廓は同一と見ていゝ。要するに右述べた様な種類の者は、各国に於て斉《ひと》しく無能力者として選挙圏外に除外せられて居る。之れ丈《だけ》の者が除斥せられて居ると云ふ事は、普通選挙たるに何の妨げもない事になつて居る。そこで問題は進んで能力の標準から此の以上の制限を設くる必要があるかといふことになる。

　この問題に対して依然財産的制限の有用を説く者もある。恒産なき者は恒心なしと云ふ古人の句が引合に出されるが、其の取るに足らざるは論ずるまでもない。其外一寸最もらしく聞へるのは、教育的制限の説である。例へば中学校卒業以上の者とか若くは国民教育終了の者とかいふのである。之には多少の理窟がないではない。が、之に対しては斯う云ふ弁駁《べんばく》がある。曰く此説は、(一)、現代開明の世の中に於て最早学校が国民教養の唯一の機関でないと云ふ事実を看却してゐるのみならず又、(二)、選挙権行使に必要なる能力といふ観念につき非常に高い程度の素養を予想して居ると。斯くして今日の普通選挙論者は一定学校の修了を標準とするのは、財産的標準と同じく、今日ではもはや能力の有無を分つべき目標にはならない、少くとも、誤て之に拘泥すれば、徒《いたずら》に多数の有能者を圏外に斥け去るの恐れありと唱へて居るのである。

　もう一つ問題になるのは性別である。今日西洋諸国の大勢は、選挙権の附与は性別に拘はる可らずと云ふに一定してる様だ。昔は婦人は其の生理的並に心理的の素質の上から政治などの問題には無能力なものとせられて居つた。近世に至り此説の漸く支持す可らざるに至ると、婦人の天分は寧《むし》ろ政治以外に在りとする本分論から婦人の除外を論ずるやうになつたが、這《こ》の二様の議論は、今日仍《な》ほ我が国の通説となつて居る。予輩自身は、何時如何にしての問題については多少の異見を留保しつゝ、世上の婦人参政権論者と大体其の観る所を一にするものであるが、此の方の攻究は婦人参政権の問題として特別の分野を与へられて居るから予輩も玆処には之に触れずして普通選挙の議論を進める事にしやう。

　斯う考へて来ると、普通選挙の主張は頗る鮮明となつた。即ち此提説は、現行法上の問題としては財産的制限を全然撤廃することである。其上更に之に代つて何等新なる制限を附す可らざることを要求する点に特色がある。

尤《もつと》も先にも述べた様な各国共通の無能力者除外例は之を認むる。此の以外に於ては総べての国民に無制限に選挙権を与ふべしと云ふのである。而して斯く主張する所以の根柢には少くとも次の二つの前提が予定されてゐると見ねばならぬ。曰く、㈠、各国共通の除外例の外に於ては現代の国民はすべて選挙権の誤りなき行使に堪へ得る能力を具備すと認めて可なること、㈡、選挙権は本来何人にも之を与ふるを本則とすべきものなるに依り、無能力の明白なる推定の成り立たざる限り漫《みだ》りに之を奪ふべきに非ること、是れ。

国家が公務に与《あずか》る者を選任するに方《あた》りては二つの方法に依るを常とする。官吏の任命の如き特別の智識と技能とを必要とする者は、或は経歴を調べたり、或は、試験をしたり、十分慎重の検査を経ることを必要とする。けれども選挙権の如きは、臣民といふ特別の地位に着眼するものであるから、明白に無能力の事実の分つてゐない限り、何人にも之を認むべきものである。斯くて前者は特に有能の証明ある者の中より選任すといふ原則に依り、後者は特に無能力の証明なき限り何人にも之を認めるといふ原則によるといふ事になつて居る。官吏に任命せらるゝは、所定の資格を具備するに依つて始めて生じ得るものであるが、選挙権の方は謂はゞ国民の身分に伴ふ当然の権利であつて特別の条件を具ふる時にのみ奪はるゝ事あるものなのである。普通選挙は選挙権の本質に関する如上の観念の上に立つものでなければならない。

故に普通選挙は所謂選挙権拡張の一種ではない。外形の上から論ずれば、選挙権を極度に拡張すれば普通選挙になる。併し何んなに拡張しても、拡張の方式は所要の資格要件を寛大にするといふのでは、「何人にも之を与ふべし」といふのとは原則が違ふ。何人にも之を与ふといふ原則の許《もと》に於ても、所謂除外例は許さるゝ。個々の除外例の数が増した結果は、可なり広く拡張された場合の有権者より却つて少くなる事があるかも知れぬ。それでも本当の普通選挙論者は、後の場合よりも前の場合を取るであらう。何となれば、彼等の専ら念とする所は、有権者の数の増加に非ずして、実は「選挙権は国民の身分に伴ふ固有の権利なり」との原則の確立にあるからである。此点に於て、今春原総理大臣が吾々も選挙権の拡張には心を砕いて居るというて普通選挙論者に抗弁されたのは、菽麦《しゅくばく》を混同した議論であつた。又「戸主に限る」とか「独立の生計を営む者に限る」とかの議論も一部の政客の間にあつた様だが、斯る制限を立することの利害得失は別論として、普通選挙の立場から論ずれば之等は皆羊頭を掲げて狗肉を売るの類に外ならないのである。

三

以上を以て普通選挙の意義を明にした。之より予輩は斯の如き意義を有する普通選挙は近代国家の政治組織に於て主張され又支持さるべき如何なる理論上の根拠ありやを明にし様と思ふ。此の証明は積極消極両面から之を為すを便とする。即ち先づ吾人は普通選挙の実施に伴つて或は起るべしと予期さるゝ所謂二三の根本弊害なるものに就き、其が果して此制度に必然伴はざる可らざるものなりや否やを論じ、更に進んで近代国家の政治的目的の達成より観て是非とも普通選挙にならざるを得ざる所以を述べやうと思ふのである。

普通選挙の実施に伴ふ根本的弊害として通常挙げらるゝものは二つある。一は所謂選挙犯罪が為めに非常に多くなるだらうといふ事で、他は天下の政治は遂に愚民の感情に依つて支配さるゝに至るだらうといふ事である。

此の両者を通じて予め《あらかじ》一言して置くの必要あるは、世人は普通選挙制度の実施と其の道徳的効果との必然関係を妄信し過ぎて居ると云ふ事である。所謂普通選挙論者は、普通選挙制にさへすれば政界の革新は一挙にして成るもの、様に説く。是れ大なる誤りである。本当の政界の革新は、一般智識道徳の進歩に待たなければならぬ。政治以外の他方面の努力と相待つて始めて政界の進歩開発は期せらるゝ。又普通選挙反対論者は、普通選挙の実施のために却つて悪徳の盛になるべきを説く。之も熟《つくづ》く考へて見ると、悪徳の横行は普通選挙制そのものの責任に非ずして、之と共に努力すべき他方面の用意を怠つた結果なることが多い。偶然に相伴ふものと必然に相伴ふものとの区別を明にすることが必要である。吾人は普通選挙の実施に或る意味の道徳的効果あるを信ずるものであるけれども、一般智識道徳の開発を怠るの結果この方面の十分に発揮せざることあるべきは、初より覚悟せねばならないと考へる。

政界の革正は畢竟《ひつきよう》智識道徳の進歩の反映でなければならぬ。制度の改革は直接に此方面に貢献する所決して多くない。そこで問題は、普通選挙の制度は制限選挙の制度に比して政治道徳の進歩に如何なる間接の効果を与ふるかの点に移る。かうなると予輩は敢て断言する、制限選挙制の方は寧ろ悪徳の横行に便利であると。

之より前記の二つの非難について普通選挙の立場を弁護して置かう。

第一の非難を向ける者は曰ふ。選挙犯罪は今でも非常に多い。之が普通選挙になつたら、犯罪の件数も選挙権者の数の増加に正比例して多くなるだらうと。此の批難は次の二つの点の誤解に基いて居る。一は選挙犯罪の性質を誤解せることであつて、二は選挙犯罪は普通選挙の許に於ては寧ろ行はれにくゝなるものたるに気付かざることである。

一体選挙犯罪は普通刑法上の犯罪とは余程性質が違ふ。普通の犯罪は犯す罪であつて選挙法上の犯罪は犯させらるゝ罪である。前者は概して犯人に罪人たるの素質を固有するに依つて起るのであるが、後者は普通の良民が運動者や候補者やより無理に陥られて識《し》らず〳〵犯す場合が多い。而して斯かる良民を促して遂に罪を犯さしむる者に往々時の大臣顕官等をさへ見る事があるではないか。一般人民があらゆる誘惑に対して独立不羈《ふき》の態度を取り得る程に良心が鋭敏になつて居ない以上、過つて罪を犯す者あるは已《や》むを得ない。斯う云ふ特質を考量に入れて居る時、吾人は選挙犯なるものは之を撲滅するに決して困難なものでないことを思はざるを得ない。何故なれば、犯させる者をさへ厳重に取締れば、犯す者は自然無くなるに極つて居るからである。若し選挙犯罪が普通犯罪の様なものであつたら、人類の増加に正比例して犯人も増加するだらうが、選挙犯罪が右の如く特別の性質を有するものだとすると、選挙権者の数の多少増減に拘らず、取締規則の方針の立て方如何によりては相当に之を抑へ得るものなのである。此の方を十二分に注意すれば、普通選挙になつたとて、選挙犯の激増することを心配する必要はない。否、普通選挙になつた結果として、吾人は他面益々取締の必要を感ぜしめらるゝ。之を感じて選挙犯撲滅に新なる決意を堅めるなら之れだけでも普通選挙の実施は、兼ねて政界風紀の進歩に貢献する所大なるものありと謂はざるを得ぬ。

若し夫れ選挙犯罪の最も普通の形たる買収脅迫等の弊害に至つては、寧ろ選挙権の狭く限られて居る程行はれ易《やす》きは明白である。普通選挙の許に於ては、人民が極度に低級なる場合に非る限り、右の様な悪徳は決して万遍なく行はれ得るものではない。此点に於ても難者の説は一種の幻想に過ぎないことが分る。加之《しかのみならず》買収脅迫又は請托等の手段の段々効を奏せざるに至れるの結果、選挙は何の武器に依つて争はるゝに至るかと云へば、人格と識見とであることは歴史の明示する所である。事茲に到れば啻《ただ》に政界の風紀が革《あらた》まる斗《ばか》りでない。之に依て国民の知識的に道徳的に開発さるゝこと亦頗る著大なるものがある。是の如きは普通選挙の許に在つては、吾人の些細なる精神的努力を加ふることに依つて優に成し遂げ得る所、而かも制限選挙の許に於ては、余程の努力を傾けても容易に実現は見られない。普通選挙の実施によりて選挙界の弊風は一層甚しくなるべしと云ふのは畢竟一の幻想である。歴史上また之が実施に由つて弊害の増大に苦んだ国はない。

次に第二の非難を向ける者は曰ふ。普通選挙になれば一国の政治は比較的低級な民衆に迎合し、否な其の平均的見識が即ち天下の大勢を左右することになるから、所謂愚民政治に堕するに相違ないと。此の説は今日の選挙の手段を余りに機械的に見過ぎ、其の微妙なる有機的作用を全然看却したる議論である。選挙の手段を機械的に観れば選挙権者たる一般民衆が其代表者を決定する、従つて代表者は常に民衆の意思に迎合し、其感情を尊重せざるを得ぬといふ事になる。すると所謂愚民の意思感情が結局に於て国家の政策を決定する根源になる道理である。併し之は今日の政界の実際には合はない。今日の実際政界に於て政策決定の終局的根源となるものは、所謂政治家と称する有識階級の見識である。民衆日常の意思感情は決して直接の効果を及ぼすものではない。民衆の意思感情の現実に且つ直接に働くのは只選挙の場合のみである。従つて民衆は代議士選出の場合に、能《よ》く其の信任するに足る人材の選択を誤らずんば夫れでい丶のである。之れ丈が国家が選挙民に要求する所なのである。従つて選挙権享有の必要とする能力の如きは、もとさう高きを要しない。高い能力を具ふる者のみが選挙権を有し得べしとせば一般国民に之を与へないがよい。普通選挙反対論者中、此の「能力」の程度につき誤解を抱く者多きは予の平素甚だ遺憾とする所であつた。要するに、選挙権者は選挙の際信任するに足る者の選択を誤らなければい丶。而して今日の選挙界に於ては、幸に各候補者は多くの政友を誘うて国民の前に自己を紹介する。又当面の争点についても懇切に説明して呉れる。換言すれば、人格を明にし政見を披瀝することが選挙戦の最要の武器となつて居る。而して是亦同時に選挙民を教育するの効あるは之を看遁《みのが》してはならぬ。斯くして選挙民は為めに大に教育さる丶。各候補者の意見を併せ聴いて比較するの機会も与へられる。之等の材料によりて何人が能く自分達の信頼に価するやを決めることは、決して困難でない。今日の開明の世の中に於ては、此位の能力は各人に之を認めなければならぬ。且つ選挙戦の結果、彼等は亦大に教育さる丶ことを看却してはならない。候補者としては一人でも多くの味方を得るが必要だから、大に運動に骨折る。それだけ教育的効果も頗る大なるものがある。

否、政党の発達した国に於ては、斯かる教育的効果は、独り選挙の場合のみならず、平素の諸般の活動に於ても挙げられて居る。之等の結果として、選挙の瞬間に於ける民衆の智的道徳的能力の程度は、決して論者の思ふ程低級なものではない。只此際他方面の用意の不備より、選挙民の自由決定を阻害する原因が働けば、結果は、滅茶苦茶になる。従来我国の選挙界は可なり腐敗して居つたので、人往々普通選挙の実施は猶一層之を甚しからしむるだらうなどと云ふ風に速断するけれども、腐敗の事実あるは選挙権の増減の問題とは直接の関係はない。寧ろ普通選挙の実施は、之等腐敗の事実を少からしむるの傾向あるものである。要するに、此第二の非難は、民衆の意思感情が常に実際政治の衝に当るものを現実に左右するものなりと観る点に於て第一の誤に陥り、又其民衆の見識が識者の高尚なる思想と全然没交渉に常に低劣なるものとする点に於て第二の誤に陥つて居る。尤も民衆が実際政界を常に現実に左右しないと云うたのは前者が後者を機械的に左右する場合を意味する者であつて、其道徳的影響のことは別問題である。而して道徳的影響の点になれば、選挙権者の数が限らるれば限らるゝ程純正を保てないものだといふことは、又他の機会に於て述ぶることにしやう。

〔以上、『国家学会雑誌』一九二〇年一一月〕

四

次に普通選挙主張の理論上の根拠の中、積極的方面に属すと認むべきものについて述べよう。予輩の考では之には次の三つのものがあると思ふ。曰く心理的根拠、曰く社会的又は政治的根拠、曰く道徳的根拠、即ち是れ。

普通選挙は時として「現代人の熱烈なる要求だ従つて又世界の大勢だ」といふ理由で主張される。此種の議論は我国の政界に於ても可なり強い。曰く凡そ人には自分の事を自ら治めんと欲するの本能がある。仮令《たとい》其の結果が宜いとしても他人からの干渉は好まない。殊に政治方面に於て近代人の神経は此点に於て著しく鋭敏になつた。故に今日に於て仍《な》ほ選挙権を制限するが如きは、人心をして益〻不平険悪ならしめる所以であると。斯くて或はカメル・バンナマンの有名なる句 Self government is better than good government を援《ひ》き、又或は普通選挙は革命予防の安全弁だなどゝ云ふ。此の考は普通選挙其自身の政治的道徳的乃至《ないし》文化的意義は姑《しばら》く問はず、之を認めてやらなければ収りが付かないから遣れといふので、着眼の主点は現代人の熱烈なる参政要求といふ心理的事実にある。斯う云ふ心理的根拠からする普通選挙の主張にも一応の理由あることは言ふを俟《ま》たない。

併し之れ丈《だ》けでは十分でない。如何に心理的事実を無視すべからずとしても、其事自身が悪い事なら寧ろ之を阻止する工夫をするのが政治家の任務たるべきを以てである。故に普通選挙の実行を積極的に主張するためには、其外にも相当の理由あることを示さなければならない。是に於て第二に来るものは社会的又は政治的根拠である。之れは近代国家の特質殊に社会的並に政治的特質の闡明《せんめい》に依りて、国家の経営に対する各分子の積極的分担の意義を明にし、参政権を以て凡て臣民たる身分に伴ふ固有の権利たることを主張するのである。昔は国家は王侯の私領であつたこともある。政事は其の一家の私事であつたこともある。然し乍《なが》ら今日の公法観念では、天下は即ち天下の天下であつて、其国体なり政体なりが如何様であるにしろ、総べての人が皆夫れ〴〵の積極的の分担を負ふ事に依つて、国家が協同的に経営せられるものたることは極めて明白である。所謂国家的精神とは、どんな些細な仕事でも、それは皆国家全体の運命に何等かの拘はりあることを意識して事に当ることを意味するのではないか。近代国家の斯う云ふ社会的性質に着眼し、又従つて近代人が今日の国家構成の上に政治的独立人格を認められるに至つた点を着眼して吾人は参政権を以て国民の身分に伴ふ当然固有の権利なりと云ふのである。之が普通選挙主張の最も重要なる根拠を為すは何人も疑はぬ所であらう。

右の第二の根拠に立つて普通選挙を主張するときは其結論として性別・年齢別等に拘らず総べての人々に選挙権を附与せざる可からずと云ふ事になる。併し先にも述べた如く、どんなに範囲を広く認めてゐる普通選挙制の下に於ても若干の除外例は之を立てぬ訳には行かぬ。是れ人智の発達には色々の段階あり、之を顧慮せざるときはまた之より色々の弊害を生ずることがあるからである。故に第二の根拠より主張せられる議論も、自ら道徳的理由によりて多少の制限を附せられるを免れない。未開の国などに於ては這《こ》の理由から普通選挙を実行す可からずと云ふ論定を下されるに相違ない。そこで吾人が、斯くても猶ほ普通選挙を主張せんとならば、更に進んで所謂近代国家に在つては之を行ふも道徳上(国民の精神的開発の上に)毫も差支なき所以を明にせねばならぬ。是れ第三に道徳的根拠の挙げられる所以である。而して此方面で今日多くの人の説く所を綜合するに次の三点に帰着する様に思ふ。第一は近代国家を構成する近代人は、概して参政権の誠実なる行使に堪へる丈けの能力を有して居るといふ事である。之に関連して、前にも述べた「此場合の能力といふものを非常に高く考へては不可《いけな》い」といふ説明は茲処にも当て篏《は》まる。第二に選挙権の極度の普及は政界に於ける階級的偏見を打破すると云ふ事である。政界に於て最も忌むべきは階級的に物を考へるといふことである。資本家は資本家的に物事を考へ、労働者は労働者的に物事を考へると云ふのでは、天下国家の大問題の公正なる解決は附かない。階級的利害を論ずる場所は外にある。少くとも議会に於ては階級的偏見を超越して一個の国民として公平不偏の見識を把持して貰ひたい。ミラボーの謂《い》つたといふ「議会は社会各階級其儘の縮図なり」との辞に依つて今猶ほ誤られてゐる学者も多い様だが、議会は各種の階級的意見の討論場であつてはならない。但し人は主観的に如何に公平な積りでも客観的には必ずや境遇に左右されてゐる痕跡が必ずあるものであるから、最も公正な意見の創成のためには、各種の階級の人を普《あまね》く網羅するといふことは必要である。併し乍ら、始めから階級的利益を代表せしめようとするのは、議会の本質に悖《もと》つて居る。之等の点はまた他日別の機会に於て論ずることにしよう。要するに議会の本質から云つて、之が構成に与る人々は、階級的に物事を考へる様では不可い。一人々々は階級的に物を考へても、全体としては階級的色彩がつかない様にしなければならない。此意味に於て普通選挙は最も理想的の制度といへる。同じ主意に依りて吾人は、普通選挙制と附随して往々主張せられることある複数投票論にも反対するものであるが、之も『普通選挙論』に多少論明して置いたから茲には略する（七二—七六頁参照）。終りに第三に普通選挙の施行は、今日の代議制の許《もと》に於て国民に対し教育的の効果を奏すると云ふことである。之は総べての国民に参政権を与へる事に依て国民を政治的に訓練するを得ると云ふ意味ばかりではない。今日の代議制の組み立の許に於て、参政権の行使は選挙競争と云ふ径路を経て行はれ、而して普通選挙制の下に於ては、前にも述べた如く、政争の武器は政見と人格とに限られる様になる傾向があり、斯くして国民は選挙といふ行程に於て飛躍的に教育されることゝなるからである。此点に就て吾々は、尚詳しく普通選挙と政争の道徳化との関係を考へて見る必要があるが、之も今は問題外として触れずに置く。要するに、普通選挙が徹底的に行はれれば、一方には政治家をして階級的に物事を考へぬ様に自然と国民的監督の実《じつ》が挙り、他方には有識の士が国民と密切に触接することによりて前者の高級の見識が後者の輿論の内容となり、精神的アリストクラシーと一般民衆との実着的融和統合を見ることが出来る。否少くとも、斯の如き理想的現象は、普通選挙制の許に非ざれば容易に之を見ることが出来ない。此事だけは疑を容れない。以上挙げる所の三点より、吾人は普通選挙の施行に道徳上の根拠もあると云ふのである。

終りに一つ注意して置きたい事は、近時次の様な点から普通選挙に反対の声を挙げるものがあると云ふ事である。曰く普通選挙になつても結局政治の実権を握る者は、選ばれたる少数者であるから、民衆の意思と感情とは如実に現はれないと。併し此論を押しつめて行けば、代議政体を一般的に否認し、之に代ふるに民衆の直接政治を以てせんとする議論になる。之れが果して近代民主政治の本体であるか否かは大なる根本問題である。之についても予輩には大に議論があるが、他日の機会に譲らう。今は暫く代議制を与へられた不可動の原則として議論を進めよう。さうすると、何《ど》の道選ばれたる少数者が所謂実権を握る事になるのは致し方がない。即ち政権を掌《つかさど》るものは常に少数の精神的貴族階級である。此点を着眼してマロックなどは近代民主々義は其実寡頭政治に外ならないと説いて居るが、之は或る意味に於て正しく或る意味に於て正しくない。形の上に少数者が実際の政機に与ると云ふ意味に於て近代民主政治は寡頭政治である。けれども昔の政治の様に少数者が一般民衆と何等の意味に於ても全然没交渉に独断専行したといふ意味の寡頭政治ではない。所謂寡頭政治なりや否やは単に形の上で少数者が政権を乗《と》つて居るか否かに依つて決まるのではあるまい。少数者と一般民衆との間に相互信認ありや精神的の恒久連絡ありやの点で決まる概念であらう。右の相互連繫がある限り、代議制は近代民主政治の完全なる実行を妨げるものと謂ふことが出来ぬ。若《も》し夫れ代議制の今日の運用が、少数者と多数民衆との精神的交渉を十分に且醇正に保ち得ざるの難ありと云ふ批評に至つては、吾人も之を尤もと思はぬではないが、併し之は代議制其者の本質的欠点に非ずして他方面の改革によりて矯正せらるべきものであると思ふ。偶然に伴随する欠陥を固有必然の附随物と誤解して是非得失を論ぜられること、政治界に於ては他にも頗《すこぶ》る多い。注意すべき事である。

五

以上を以て不完全ながら普通選挙を主張する理論上の根拠を説き了《おわ》つた。終りに附け加へて普通選挙制の一般民主政治の完成に於ける地位を明にして本論を結ぶ事にしよう。

世間には普通選挙制の実際的価値を誇大に説き、之さへ実行されれば黄金時代が来る様に考へたり、又は少くとも民主政治の要諦は一に此制の実施に在りなどと説くものもある。鹿を追ふ者は山を見ず。普通選挙に熱心なるの余り往々他の問題との権衡をも顧みぬ様になるのは致方《いたしかた》が無いとして、多少此種の問題を学術的に取扱ふものまでが、往々同様の誤に陥るのは慎むべき事である。普通選挙は決して万能ではない。之れの実施だけに依つて政界に飛躍的の進歩を期待するのは誤りである。去ればと云つて一部の保守思想家の云ふ様に、普通選挙などは之を実施しても格別政界の進歩に貢献しないなど丶云ふのも正当の見ではない。而して之等各般の謬見《びゅうけん》の由て生ずる源は、要するに普通選挙制実行が一般政治的進化の過程に於て占める当然の地位を明にせざるところに存するのであると思ふ。凡て物は其位に配して観ることが必要だ。そこで予輩は近代国家の政治的進歩の目標の何であり、普通選挙は此の理想目標の到達の上に何種の貢献をなすものなりや、従つて又普通選挙は他の何種の施設と相俟つて政治的理想の達成実現を期し得るものであるかを考究することを必要と考へるのである。

近代国家に於ける政治的理想の民主々義的精神の実現に在ることは、極めて偏狭固陋《ころう》の見を固守する者に非ざる限り、今日最早何人も異論を挿まぬ所であらう。政治的理想としての民主々義の何たるかは今茲処に詳説するの限りでないが、只人格の自由活動に基く協同経営といふ事が眼目である事を一言するに止めて置く。協同経営の拠《よ》り所として制度があり、其制度運用の方針として人格的自由の尊重と云ふ事がある。而して現代の政治は、協同経営の制度組織をして、国家構成の各分子の開発したる良心の自由監督の許に置くを理想とするものなるが故に各分子は、与へられたる監督権に洩れなく参与し且之を行使するに他より何等の拘束掣肘《せいちゅう》を受けざる様になつて居なければならない。此点から政治的自由の問題が起る。

近代人は政治的理想の達成に与る為に、所謂政治的自由が与へられなければならぬが、さて其の政治的自由と云ふ事は之を二つの方面から考へることが出来る。一は此自由が或る人に与へられ或る人に拒まれては不可いといふ事であり、他の一は与へられたる自由は外部よりの牽制に左右されず、良心の命ずるが儘に行はれなければならぬと云ふ事である。若し前者を分量的意義の自由と云ふ可くんば、後者は之を性質的意義の自由と謂つて可《い》い。我が普通選挙は即ち分量的意義の政治的自由の謂《いい》に外ならぬ。

して見ると、普通選挙になつたからとて政治的自由が未だ完了せられないと云ふ事は明白であらう。権利は悉《ことごと》く与へられた。与へらる可くして拒まれて居るものは一人もなくなつた。併し折角与へられても、選挙民が之を彼等の良心が命ずる通りに真に自由に行使し得るのでなければ何にもならぬ。此制度が社会文運の進歩に何等かの貢献をなし得ると云ふためには、形の上の自由たるに止らず、真の実質的の自由でなければならぬ。そこで普通選挙制の達せんとする目的即ち政治的自由の完全なる達成を期するならば各選挙民が真に自由なる判断を為す様に、換言すれば選挙民の自由判断を多少でも枉《ま》げる様な原因があれば極力之を除去してやる様にせなければならぬ。是に於て吾々は、普通選挙制をして真に文化的に意義あらしむる為には、之と附随して幾多の施設すべき事ありと云ふのである。独逸《ドイツ》では従来普通選挙といはず、普通・平等・直接・秘密投票権と呼び倣《ならわ》して、選挙権は普通なることの外、平等・直接・秘密ならざる可からざるを説いて居つた。之等の点については拙著『普通選挙論』第六章に詳論してあるから参照せられんことを希望する。其以外に於て更に大に吾人の注意を要するは、選挙犯罪の取締と政党の地盤政策の排斥とである。選挙犯罪は犯す者よりも犯させる者を厳罰に処すべきは前にも述べた。取締の方針を誤り腐敗的手段の横行を許すは、国家の道徳的生命を傷くること大なるものあるのみならず、選挙に於ける国民の自由を蹂躙《じゅうりん》すること頗る甚しきものがある。若し夫れ政党の地盤政策に至つては、各政党の政見等の是非善悪を比較判断して何れに味方すべきかを決すべき国民をば初めから一味徒党とするものにして、恰《あた》かも競技家が審判官を買収し、御用商人が会計官と結托するの類である。各政党に対しては、国民は常に公平なる審判官でなければならぬ。斯くてこそ各政党は互に切磋《せつさ》琢磨《たくま》して善事を競ふ様になるなれ。今日の我国の政党の様に悪辣醜穢《あくらつしゅうわい》なる手段に依つて所謂地盤なるものを作るのは、其事自身一種の不徳行為たるのみならず、又政治的自由を侮蔑するの悪行として大に之を排斥せねばならぬ。要するに近代の理想の要求する所は、凡ての人の普く参政権を得んことであり、又其参政権は各人の完全なる良心の自由に基いて行使せられんことである。此両面に於て政治的自由は完うせられなければならぬ。普通選挙の形式的制度を確立したゞけでは足りぬのである。

更にも一歩進めて考へて観ると、所謂政治的自由は、吾人々類の尊貴なる「自由」の僅かに形式的の一面に過ぎない。吾人は普く我々の事を自ら処理するの自由を与へられた。且つ此自由も空名で終らず他より強制されることなく自分の可《よ》しと思ふ通りに処理するを許されること、なつた。併し夫れ丈けでは本質的の自由と云ふことは出来ぬ。其処まで自由を与へられても、其人は果して人の人たる所以の道を十分に体認し、境遇や因襲や其他あらゆる偏僻から解放されて真実の精神的自由を得て居るかどうか分らない。是に於て政治的自由を得た上で、更に吾人は人格としての本質的自由を得なければならぬといふ問題が起る。茲処まで往かなければ近代政治の理想は完全に到達されたのではない。斯くしてこゝに本質的自由の問題は起るのである。

人類の本質的自由の発展を妨げるものに二種ある。一は不十分なる物質的生活であつて、二は広義の教育の欠《けん》缺《けつ》である。物質的生活の如何が吾人の本質的自由に影響するの大なるは、唯物史観の説明を聞くまでもなく、今日は極めて明白である。社会問題は斯くして近代政治の一大要目となつた。先づ生活の保障を与へよ。而して後純精神問題に入れ。社会問題に続いてやがて広義の教育問題に入り、人類を其最も根本的な精神生活の方面に於て、短刀直入開発を図ることにする。綱目はいろ〳〵あるが之を総称して文化問題と云つてよからう。

斯く考へて観ると、近代政治の理想たる民主々義の政治学上の体系は、政治的自由の問題と本質的自由の問題とに分れ、後者は更に社会政策(広義の)と文化政策とに分れるが前者は分量的自由と性質的自由とに問題が分れ、普通選挙は即ち分量的意義の政治的自由の要求に応ずるものである。此意義に於て普通選挙は無意義ではない。又之れ以上の価値を要求すべきものでもない。従つて普通選挙の施行は、更に他の如何なる施設と相俟つて其本来の目的を達成することが出来るかも自ら明白であらう。

〔以上、『国家学会雑誌』一九二〇年一一月〕

選挙理論の二三

一

小野塚教授の「消極投票」の提唱（本誌一月号参照）に対し、僕と並んで意見を述べられた蠟山助教授の論文（本誌二月号参照）は、消極投票其者に関する見解の外、選挙制度の根本理論に触れて同君の造詣の片鱗を諸所に示すものがあつた。之等の点に関する同君の纏《まとま》つた説述は別の機会に与《あずか》り聴くを得んことを冀望《きぼう》するが、僕も亦かねぐ〳〵同君に依て暗示せられた之等諸問題に付ては多少考ふる所があつたので、今急に之を略述して読者の教を乞ふことにした。この小篇の論述せんとする主題は必しも「消極投票」の提唱と直接関繫する所はないが、前掲諸篇と併せ読まれたならば一層論旨が明とならうかと考へる。

二

現行選挙制度は個人的人格主義と地縁的代表主義を二大支柱とすると蠟山助教授は云つて居る。僕も此点に於ては同君と其の観る所を異にしない。而して僕はこゝに其の二大支柱の一たる所謂《いわゆる》個人的人格主義に就ても少し立ち入つて考へて見たい。地縁主義のことはまた後に論ずる。

個人的人格主義とは、原則上総ての個人に対し――社会構成員の総てに対し――政権発動に参与するの自主的権能――政治的人格――を認むるといふ主義である。蠟山助教授も多分僕のこの解釈と同じ意味にこの文字を使はれたものと察する。さて個人的人格主義が右の如きものとせば、之に拠《よっ》て立つ選挙制度の帰趨は、必ずや普通選挙制でなければならない。此事は何人も口にする所であるが、玆に我々は所謂普通選挙は単純なる選挙権拡張ではないと云ふ点を明白にして置く必要があると思ふ。学問を職とする者の間には這般《しゃはん》の惑はないが、世上の論客の間には往々二者を混同する者あるが故に、特に此事を注意したいのである。

世人動《やや》もすれば云ふ。選挙権の拡張は漸を以て進み、やがて徹底的普通選挙に到るべしと。之が単に普通選挙実施の政治方策の論ならば、是非の判断は別として、議論の形式に誤はない。けれども若《も》し論者が一転して斯く自分は選挙権拡張論者なるが故にまた普通選挙論者たるを失はずなどと主張するならば、そは大なる誤である。仮令《たとい》彼の主張する漸進的拡張の結果は遂に事実上所謂徹底的普通選挙論者の要求と全然同一となるにしても、彼の主張と所謂普通選挙論とはもと概念上全く別種の見解に立つものなのである。学理の問題としては、事実上の結果の同じきに眩惑して其根拠たる理義の異別を無視するを許さない。

就ては両者の理論的根拠の差は何処に在るか。普通選挙制は、所謂個人的人格主義の基礎に立つが故に、総ての個人に選挙権を認むるが原則である。幼童や精神喪失者等を或る理由(その理由の何たるやは今姑《しばら》く論じない)に由て除くのは例外になる。之に反して選挙権拡張の方は初めから選挙権は総ての個人に与ふべきでないと云ふ根拠に立つもので、或る標準(之が時代に依て変遷せることに付ても論ずべき点は多いが他日の詳論に譲つて今は説かない)に由て資格を限定し之に合格する者にのみ例外的に選挙権を与ふるものである。されば此制の下に在ては、どんなに広く拡張されても、詰り或一定の標準に依て資格ありと認められた者のみに賦与さるゝので、本来の原則としては何処までも誰れにも彼れにも与ふべきものではないとするに在る。選挙権の歴史的発生原因が租税の承諾にあつた事と照し合して観れば、一層よく其の趣義は分るだらう。要するに、普通選挙に在ては権利を認むるのである、選挙権拡張に在ては権利を与ふるのである。彼に在ては権利の有るのが本則で、例外として特殊の人々が除外さるゝのだが、此に在ては本則としては無条件に権利をやらないのだが、特に所定の資格を具ふる者に限り特に之を与ふると云ふのである。近来選挙権は個人的人格主義の要求に迫られて頗《すこぶ》る広汎な拡張を見たけれども、普通選挙になり切らぬ限り、其の拠て以て立つ所の主義は、「権利を認めざるを本則とする」考を離れないものと謂はなければならぬ。従て普通選挙論の要求は、単純なる権利の拡張(而かもその部分的拡張)に依て満足せらるゝのではないのである。但し実際の政治論として普通選挙の実施が段階的漸進を可とするや否やは、自らまた別の問題に属する。

なほ終りに、個人的人格主義なる名辞が其の内容を十分言ひ現はすものか否かに付ては、判断を留保して置く。内容さへ明にして置けば命名はどうでもいゝと考へて、姑く蠟山助教授の用例を其儘踏襲して置くのである。

三

次に選挙の目的に関する代理・代表の両説に付て考へて見やう。選挙は代理人を挙ぐるのが目的か又は代表者を選定するのが目的か。選挙人と代議士との関係は代理であるべきや代表であるべきや。之は蠟山助教授も云はれて居る通り、最近の政治学界に於ける最も八釜しい問題である。

代議士は選挙人の単純なる代理人ではない、彼は一旦挙げられた以上は其独自の意思を以て行動して可《い》い、挙げられんが為に彼は事実如何なることを選挙区民と約束したにしろ、彼が其任務をつくすに方《あた》り一々選挙民の訓令を仰ぐべき義務はないと云ふは従来の通説であつた。少くとも我国に於ては、政界の実際に於ては勿論、法理の論究に於ても、此説が一般に認められて居ると謂ていゝ。然るに最近西洋の新説が入つて来ると共に、一部の人の間に之と丸で反対の説が行はれる様になつた。そは挙げられた代議士は徹頭徹尾選挙民の決意の従順なる遵奉者でなければならぬ、少しでも独自の意思を働かせるのは僣越だ、一々指揮訓令を仰いで選挙民の要求を過まりなく執行する底《てい》の人を選ぶのが選挙の目的だといふのである。この論点から観て現今の選挙制度の極めて不完全なるは云ふまでもない。この見解を執る多くの論者が寧《むし》ろ今日の選挙制度に絶望して居ることは亦読者の既に知らるゝ所であらう。

右の両説の選挙理論としての是非を判断する前に、僕は先づ選挙の目的に関する新説の発生を促せる政治史的原因を説いて置きたい。議論の岐路に紛れ込むを恐れて簡略に一言すると斯うだ。代議制度の一般的創設の当初、選挙の目的を「代表」といふことに置いて、民衆の要求を政治の実際に反映せしむるといふ趣旨は一応は達せられた。初め所謂民衆の要求なるものは比較的に単純なものであつたからである。然るに段々と時が経つとさうは行かなくなつた。代議士は漸次政治家といふ特殊の階級を作り、其の階級的要求を達成するに急にして一般民衆のそれを余り顧みなくなつた。時としては前者を以て後者を圧倒することさへある。選挙民がもと代議士に許すに独自の意思による自由行動を以てしたのは、よく民衆の要求を顧念するといふ暗黙当然の条件の下に於てゞあつたのだ。故に代議士が、特殊の階級と結び其階級的要求の達成に狂奔するを見るは、其の意外とする所であつた。茲に不平が起る。この不平はやがて現制度改革の熱烈なる要求となつて現はれ来るのである。

右の如き事情の下に新に鋭敏になつた批判的精神は、先づ第一に現今通有の代議制度は本来完全に民衆の要求を実際に反映せしめ得ぬものと決めて仕舞つた。そは代議士に自由活動を許せば彼はやがて自家の要求を最先に考へ、従て又同類相結んで特殊階級を作るに自然の勢だと観たからである。之は疑もない事実で、我々も無条件に承認する。さすればどうすれば本来の目的を達することが出来るか、といふ問題になつて始めて代理主義に選挙制度を立て直すといふ論が起つて来るのである。茲で一寸断つておくが、代表主義の選挙制度を非とするの論者は、悉《ことごと》く代理主義論者ではないことである。中には政治は必ず民衆が支配する所たらざるべからず、而して人の意思は本来他人をして代らしめ得べきものでないから——即ち代理といふは本質的に不可能であり、代理だと思つてやればそは必然に代表に堕するものだから——民衆の直接政治が唯一の好ましき政治形式で代議制度はそが代理主義によるとするも又代表主義によるとするも畢竟《ひつきよう》政治の理想を満足するものでないと考ふる者もある。代議制度を——従て又選挙制度を——根本的に否認する此種の論も最近我国の論壇に相当に紹介されて居ることは、特に読者の注意を惹《ひ》いておきたい。

併し民衆の直接政治が唯一の理想的形式だとしても、之は文字通り行はれ得るものかどうか。斯く考へて見れば、議論として此説が良いとしても、実際問題としては矢張り代理主義の選挙制度を認めずばなるまい。故に実際問題としては、選挙は終《つい》に政治と離るゝことを得ず、選挙制度の問題としては代理主義と代表主義と相対立することになる。而して従来の代議士選挙の制度は概して後者に依るものであり、前者に依るものとしては新に労農ロシアのソヴィエット制度が挙げらるゝが、併し之は儼密なる理論の批判に照して果して誤りなしといひ得るだらうか。

僕の観る所に依れば、制度の組み立て方の問題としては、選挙の目的を代表主義におくか代理主義におくかと云ふ様な事は考へ得るけれども、選挙理論の問題として選挙は一体何を挙ぐるのかといふ段に当ると、唯一つの代表主義あるのみと答へざるを得ぬと信ずる。其故は政治は固より民衆の仕事には相違ないけれども、民衆の現に有する見識に依て取扱はるゝといふは其の要件とする所ではない。否寧ろ其の最も高き出来る丈洗湅純化されたる見識に基いて取扱はれんことを要求するものである。従て民衆に代つて政治参与の任務を托さるゝ人に期待する所は、啻《ただ》に民衆現有の要求を最もよく代弁発表するばかりでなく、他の一面には民衆を指導し彼等に更によりよき何ものを望むべきかを教へ得る能力を有することである。現実の選挙はこの理想通りに行はるゝか否かは別として、少くとも選挙は這般の理想に根柢せぬ限り、我々人類の生活の向上と何のかゝはりもないものとなる。単純なる代理でいゝものなら、政治は夫れこそ衆愚の跋扈《ばつこ》で、尊貴なる人類生活の一面を動物性の支配の下に置くものに外ならない。我々の生活を理性の支配より堕落さしたくないと熱心に希望する限り、而してまた人性の不断の進歩を信ずる限り、我々は最も賢良と信頼する仲間の一人を挙げて、彼に代弁の任務を托しつゝ又彼に指導されて行くのは、至当の途であると謂はねばならぬ。故に曰《い》ふ。選挙制度は本来の理想に照していへば必ず代表主義に根拠せねばならぬと。

そんなら従来の選挙制度で満足していゝのかといへば決してさうではない。従来の選挙制度は、代表主義に根拠して組み立てられ、而かも其の要求を殆んど充たし得ざる様に堕落してしまつた。何がこの堕落を来した原因かといふに、代議士即ち政治家の階級結成に在る。詳しく云へば彼等が特殊の階級を結成して民衆の要求以外の特殊要求に動き、民衆の信頼に裏切つて却つて民衆を欺瞞し、其地位を維持するが為にはあらゆる手段を取つて顧みぬといふ点にある。故に今日の問題はこの点をどう始末するかに存すべきだ。即ち制度改革論の勢力を集中して攻撃すべき主眼点は、政治家の階級結成の徹底的打破に在るべきだ。而して階級結成の打破といふことだけを引き離して独立に考へると、之は最もよく代議制の否認に依て達せられ又最もよく選挙制度の代理主義的改革に依ても遂げられる。是れ今日この両説が相当の勢力を以て唱導せらるゝ所以《ゆえん》、就中《なかんずく》代理主義が代表主義と相並んで選挙理論上一地位を占むるを許さるゝ所以である。併し乍《なが》ら一方の極端を制するに他方の極端を以てするは実際上の便宜とする所ではあらうが、理論上の問題としては何処までも代理主義の認容す可らざる所以を了得して置かなければならないと思ふ。夫《か》のソヴィエット制度の如き、之を支持する学理的説明は何であれ、其の相当に今日に持て囃《はや》さるゝ所以は、政治家の階級打破に貢献すべしと予想さるゝ点に在る。又此点に使命を有《も》つと許さるべきであらう。若し之が代理主義の徹底的実行にまで突進すべきものとするなら、或は恐る、角を矯《た》めんとして牛を殺すに至らんことを。

要するに、政治家は例へば医師の様なものであり、民衆は病人の様なものである。何処が痛いかは病人自身に聴かねば分らない。併し其苦痛を如何にして除去すべきかは医者に相談して始めて分るのだ。近来不幸にして医者は病人に無相談で勝手に薬を盛りたがる。斯んな乱暴な医者には頼めぬとて病人の怒り出すのも尤《もっと》もだが、其結果今後医者は一切不用だときめて仕舞ふなら大変な誤りだ。表面の言ひ分は何であれ、当今の新運動の結果として、民衆も眼を開いて本当の良医を択ぶやうになり、医者も亦反省して親切に民衆の要求に耳傾くる様になれば夫れでいゝのだ。選挙に関する代理代表の二異説あるは這般の弊根に目ざめた事実を語るものとして大に意味のあること、思ふが、純粋の理論として両者は夫れ〴〵相対立して同一価値線上に横はると考ふるは大なる誤だと思ふのである。

四

前段に僕は選挙の目的といふことを述べたが、こは実はやゝ不正確な言ひ方であつた。選挙は何を挙ぐるを目的とするかといふ問題に対しての答案には元来二た通りあり得る。一つは挙げらるゝ人は挙ぐる人を代表するのか代理するのかといふ形式的地位如何の点で、他は前者は後者の如何の意思又は要求を代弁するのかの実質的任務の点である。前者を仮りに選挙の形式的目的といひ得べくんば(是れ即ち前段に述べたところ)、後者は之を選挙の実質的目的と謂てもよからう。本段に於ては主として此の後者を論じて見よう。

選挙の実質的目的に関して最近の学界は二つの相対立する説明を争はしめて居る。一つは選挙民の職能的意思又は要求を代弁せしむべしとするもので、他は職能的条件に捉へられず之を超越したる市民的立場を代弁すべきものだといふのである。換言すれば、被選挙人の代弁すべきは選挙民の階級的立場か又は全般的立場かといふのである。

議会は社会の縮図ならざる可らずと或る西洋の政治家の云つた言葉を援用して、社会に於ける各種の利益を普《あま》ねく議会に代表せしむべしと説く憲法学者もあるが、他方には一旦代議士に挙げられた以上、彼は選挙民の局部的利害に左右されず、専ら全国的利害に顧念して行動せねばならぬと説く者もある。併し大体に於て従来の通説は所謂市民的立場を執るものであつたが、最近社会主義的政治観の勃興するに連れて、職能的立場を主張するの論も中々盛になつて来た。此点に於ても吾々は十分慎重の工夫を以て吾々の見識を定めて置くの必要がある。

階級主義論者の拠て以て立つ所の理論は、市民的立場なるものは本質上あり得ないものだとするに在る。唯物史観を文字通りに固執する限り此説は正しい。何となれば雇ひ主は雇ひ主といふ地位に基いて思想がきまり、雇はれ人亦其特殊の地位に依て限定された思想のみを抱き得るにきまつて居るとすれば、両者の関係をより高い立場から適当に規律するといふことは、彼等自身には到底望めぬ筈だからである。併し之はたゞ唯物的人生観を根拠としての話だ。人生観に他の立場を取る者に在ては、所謂市民的立場は決して不可能事ではない。但し従来の通説が市民的立場の確立を余りに安価に肯定したり、階級的利害の実際上の影響を不当に無視したり、又は其の価値を軽んじ過ぎたりした弊の多かつたことは、否《いな》むことは出来ない。

選挙の実質的目的は孰《いず》れに在るべきかと云ふに対し、市民的立場の成立の本質的不可能を以て答へ得ぬことは前陳の通りである。又此問題は選挙の形式的目的の如何と直接の連繫なきことも多言を要せぬ。代理主義と階級主義と相関連し易きは之を認むるも、そは本質的の関係ではない。して見れば選挙の実質的目的は、独立に選挙制度の基本たる「政治といふ仕事」の本来の性質より定められなければならない。而して政治は云ふまでもなく其の及ぶ所階級的でなくして全般的である。例へば労働問題にした所で、苟《いやし》くも其が政治的料理の俎上《そじょう》に上つた以上、解決の要訣は雇主の側のみより立てられず又雇はれ人の利害からのみ割り出されてもならず、二者を超越して全社会的立場より与へられなければならぬ。故に曰ふ、選挙の実質的目的は市民的立場の代表だと。

斯くいふと、最近階級的立場の主張の盛なのが如何にも無意義の様に見える。成る程この主張が選挙目的の一理論としての容認を要求するのなら我々は断乎として之を排斥する。が併し、表面の理窟は別論として、斯かる主張の起れる政治的因縁に付ては僕と雖《いえど》も大に其の理由あるを認むるものである。発表の形式に非学理的な嫌はないではないが、所謂階級的立場をもつと〳〵顧慮して貰ひたいといふことは、現代に於て大に呼号するの必要ありと信ずるからである。

そも〳〵市民的立場を主張するは階級的立場に偏してはいけないといふ意味である。之を誤解して或る階級的立場を全然無視していゝとする議論だと考ふるは以ての外の曲事である。斯く考へてさて当今の政治家を見ると、彼等は果してよくこの市民的立場を代表してゐると言へるだらうか。最近の階級闘争の現象と照し考ふれば蓋《けだ》し思ひ半《なかば》に過ぐるものがあらう。要するに政治家の代表すべきは市民的立場である。而してこの市民的立場の意思構成には、十二分に階級的立場の利害が顧みられなければならない。階級的立場の十二分に顧みられない市民的立場は、本当の市民的立場ではない。市民的立場は、階級的立場を離れての超越であつてはいけない、階級的立場を通つた上での超越でなければならぬ。只之を誤解して、だから階級的立場は其儘直に政界に代弁さるべきものと思つてはいけない。階級的立場の代弁を要請し得るは、市民的立場の意思即ち輿論の社会的構成の過程に於てだけである。故に労働組合も必要だ、小作人組合も大に之を助長すべきだ。之等の階級的意思乃至要求は、社会的に大に其の存在を保護し、其発達を助長すべきだが、其がそのまゝ政治的単位となるのではない。よし之が便宜上政治的単位に類する地位を認められたとしても、そは全く別個の理由に基くものだから其の挙ぐる人をば自家の階級的代弁者と観てはならぬ。挙げられた人も亦飽くまで市民的立場といふ全般的観点から其見識を伸べることを忘れてはならないのである。

五

最後に選挙団体のことを論ずる。之が恰度《ちょうど》蠟山助教授の所謂地縁的代表主義——現行選挙制度の二大支柱の一たる——の考察に当り、而して同時にまた前段末項に一寸触れた「特殊の職能的階級に政治的単位に類する地位の認めらるゝ」と云ふ問題の攻明にもなるのである。

従来普通に行はれた説明に依ると、選挙は元来全国的利害を代表すべき者を選むのだから、全国を単一の選挙区とするのが理論上当然の要求だ、けれども残念ながら之は事実不可能だから、そこで已《やむ》を得ず行政区劃に基いて全国を数多き選挙団体に分つのだと云ふ。して見ると、選挙団体の区分は全く便宜に依るもので、其間何等積極的意義のないものになる。選挙区に関してはなほ大選挙区制小選挙区制の利害得失の争論あるが、こは論点の標準を少数代表の必要と云ふ処に置くので、之にも論ずべき事どもは沢山あるが今は問題外だから略しておく。茲に主として考へて見たいと思ふのは、選挙団体区分の意義如何といふ点である。

選挙制度の実際的運用の便宜から観て其区劃の余り大きくないのがいゝことは言ふまでもない。比例代表主義を加味する為にとて大選挙区制を主張する人は近頃可なり多いが、僕は少くとも純粋な選挙理論としては此説を採らぬ(拙著『普通選挙論』第六の乙及丙参照)。但し之を我国の今日に行ふて可なりや否やはまた自ら別論に属するが今詳しくは論じない。兎に角区劃の大なるを不便とする事だけは如何に熱心な大選挙区制論者も認めざるを得ない所だ。斯くして区劃の定め方に付ては、実際取扱上の便宜といふことも重要な一要素たるは疑ないが、併し之が唯一の要素かといふに決してさうではない、否そは決して主たる要素でもないと僕は信ずるのである。然らば区劃の定め方に就て何が一番慎密に顧慮されねばならぬのかといふに、僕の考では、如何することが最もよく賢良が挙げられ得るかといふ点に外ならぬと思ふ。詳しく云へば、選挙の目的――即ち選挙民の爾《しか》あるべきヨリ良き要求意向を適当に代表し得べき人材を間違なく挙げること――の為には、第一に彼等同士が大体類似の境遇に在り又大体相互の意向要求をよく知り合つて居なければならない。例へば九州の大工と北海道の百姓とを寄せて適当の代表者を選べといふが如きは――仮令階級的利害を超越した人を選ぶのだとしても――事実不可能だ。故に同一の人に依て代表せらるべき選挙団体に在ては其構成員間に何よりも先づ密接なる生活上の連鎖の存することが必要だ。行政区劃に依て選挙団体を定めることは、元来這般の要求を相当に充たすものなるが故に採用せられたのであつた。否斯く認められてこの組み立て方に永く異議は挿まれなかつたのであつた。

之れ丈けの前提を許して、さて選挙団体に関する最近の争点を吟味して見ると、其意味はよく分る。最近の争点とは外でもない、行政区劃に依る地縁的選挙団体を非とし、又は少くとも之を不十分として、新に職能的組合にも独立の選挙団体たるの地位を認むべしと云ふのである。約言すれば、労働組合とか小作人組合とかいふ特殊階級からも議員を出させよと主張するのである。尤も斯かる主張の理論的根拠として普通に挙げらるゝ説明には、僕は必しも一々賛成はしない。就中選挙権の享有を純然たる経済上の特殊階級に限り之を認むべしとする思想の如きは、唯物主義的人生観に毒せられた一謬見《びゅうけん》と認むるに躊躇《ちゅうちょ》しない。玆にも僕は近時の新説の中に洗煉を欠く不純の思索の一例を認むるが、併し斯かる要求を促した所以の実際的動因に付ては、僕固より眼を掩ふものではない。僕も矢張り右の論者と同じく、地縁的代表主義一点張りの選挙制度は今日最早到底維持し得なくなつたと信ずるものである。

抑《そもそ》も地縁主義が選挙団体を定むる唯一の標準たりし所以は、往時に在て土地が殆んど社会生活上の唯一の連鎖であつたからである。且つ其連鎖たる所以の関係は、深くもあれば又永続的なものであつたのだ。農業に就ては云はずもがな工商と云つても、要するに一定の地域を劃して行はるゝものに過ぎなかつた。故に土地に着眼して選挙団体を定むるは、精神的にも物質的にも渾然纏つた社会を発見する所以であつて、従つてまた所謂人材を挙ぐるに適当な地盤であつたのだ。然るに今日はどうかと云ふに、最早事情は一変した。第一に交通機関の発達に依つて吾々人類の生活の物質的基底は非常に拡大した。其他色々の理由に依つて土地と吾人の生活との関係は極めて不定なものとなつた。移住は頻繁に行はれる。若し夫れ経済関係に着眼せん乎《か》、吾人の生活の連鎖としての土地的要素は更に一層稀薄になる。例へば我々は隣人とは殆んど何等の生活上の連繋を感じない、けれども同じ学校に出入するといふ関係で飛んでもない処から集り来る人々との間に寧ろ多くの利害の共通を感ずるではないか。斯うなると、土地に縁る区劃は漸《ようや》く昔日の意義を失ふことになり、寧ろ職能的連鎖が新に之へ代ることゝならざるを得ない。従てまた行政区劃に依るよりも職能的階級に依て選挙団体を作つた方がより多く選挙の目的を達し得ると云ふことにもなる。斯う云ふ見地から僕は、最近の新提説たる職能的代表説にも相当の理由あるを認むるものである。

僕の職能的代表説に賛する所以は、之が本質的に政治的単位として認めらるべき絶対的特性を具有するからと云ふのではない。之と同じくまた地縁的代表主義一点張りでは駄目だと説く所以は、之に本質的の誤謬を包有すと認むるからではない。両者の是非得失を判断する標準は、常に孰れか能《よ》く選挙の目的を達するに適するやに存し、而して昔は地縁主義でよかつたが、今日は職能主義に代られんとしつゝあると考ふるのである。時勢と共に変遷する実際の事情に基くのだから、単に抽象的に一を可とし他を否と断ずることは出来ない。只今日の傾向をいへば漸を以て地縁主義から職能主義に移りつゝあると云ふに間違はない。又選挙制度改革の実際論としては、暫く変遷の過程に頓着せず、或は旧制の保守又は新制の急速的採用の一方に偏する〔の〕已むを得ざることもあらうが、理論としては何処までも地縁主義を捨て難しとする事情と職能主義に移らざる可らずとする必要と相交錯するものあるを〔も〕認容せないわけには行かないのである。

六

以上僕は蠟山助教授の暗示せられた問題を機縁として、選挙理論に関しかねがね考へて居る見解の一端を述べた。而して私《ひそ》かに期する所は、実は最近社会主義的政治観の齎《もたら》せる流行的謬想の二三を挫《くじ》かんとするにある。僕は最近の新傾向乃至新運動に対して固より反動的態度を執るものではないが、新傾向乃至新運動の伴ひ易き過失に対しては、飽くまで儼正なる理論的批判を加ふるの必要を認むる。此点に於て此小篇の幸にして識者の叱正を得んことは、亦僕の至願とする所である。

〔『国家学会雑誌』一九二三年五月〕

我が国無産政党の辿るべき途

無産政党の簇出……私の立場……無産政党提唱の動機……階級主義的立場……国民的監督の必要……無産階級政治闘争論……自由主義の政党観……所謂代議士中心の政党……我国政弊の根源……教育的見地……教育的見地に対する反対……現実主義と急進主義……政治の現実的性質……代議制度……政党在来の運動形式の無意識的模倣……単一政党主義の僻見……政綱政策の列挙

無産政党の簇出

昨年の暮、一時に二つの無産政党が出来た。曰く社会民衆党、曰く日本労農党。之に春の三月に出来た労働農民党と秋の十月に出来た日本農民党とを加へると四つになる。更に地方々々に出来たもの又之から出来るものを算へたら総数幾つになるだらう。いづれにしても無産階級の政治運動は之からの政界の興味の中心になる。否、単に興味を以て之を注視するばかりではない、心ある国民の多数は、一つにはその前途を祝し、一つには之に多大の嘱望を寄せて居る様だ。知らず、以上の諸政党は果してよくその祝福に値しその嘱望に孤負する所なきを得るや。

無産政党の結成は第一に既成政党を脅かす意味に於て国民の歓迎する所となつて居る。既成政党の罪悪は今更数へ立てるまでもない。新に有権者となつた無産階級を背景として茲に生気ある対陣の張らるるのは、何と云ても既成政党の心胆を寒からしむるに足る。之に依て既成政党を撲滅し得ば結構此上もないが、そこまで往かなくとも、彼等を牽制し深刻に従来の非を反省せしむるの効は十分にある。既成政党を絶対の敵とするものに取ても、又はその改過遷善を期望するに止まるものに取ても、この点に於て無産政党の結成はその斉《ひと》しく歓迎する所でなければならぬ。

無産政党の結成は第二にまた恰《あたか》も新有権者の希望に副ふものと謂《い》ふことが出来る。彼等は既成政党の流す弊害には多年愛想をつかして来た。今度新に権利を得て之を有効に使はんが為に何等か別個の組織あれかしと祈つて居た。そこへ丁度無産大衆の利福と新社会の建設とを叫んで所謂《いわゆる》無産政党が起る。即ち彼等はこゝに始めてその拠《よ》りどころを見出し得るわけである。客観的に見ても、新有権者の政治的活動が斯くして有効な組織に統轄せらるることは、大に喜ばしいことに相違ない。而してこの同じ希望を以て新組織に来り投ぜんことを欲するものが旧有権者中にも尠《すくな》からずあるべきは、また云ふまでもない。

斯くの如く無産政党の出現は、新有権者の歓迎する所であり又心ある多数国民の歓迎する所である。而して之を歓迎する所以《ゆえん》が、政治的に無視せらる可からざる無産階級の新に権利を与へられたるに際し、之を最も有効に行使せしむるの機会が斯くして作られたといふに在るは無論のことだが、次に斯くして作られた機会を善用し新なる権利を最も有効に行使せしむる所以の方法如何に関しては、必しも万人が其の観る所を一にしない。無産政党の出現は例へば永年子供のなかつた結婚生活にやつと後嗣《あとつ》ぎが生れたやうなものだ。待ち焦れた誕生に喜ぶのあまり、之を将来如何に教育すべきやを一寸忘れたと云ふ嫌がないでもない。その上一時に三つも四つも生れたので其間また嫡庶の争ひも相当に烈しいやうだ。当事者に取つては之も固より大事な問題であらうが、併し我々国民の超越的立場からすれば、彼等が今後どんなに育つて行くかが何よりも大切な問題なのである。誕生の根元に遡《さかのぼ》つて嫡庶の別を糺《ただ》すが如きはそれ程の大事ではあるまい。無産政党としての本当の使命を完《まつと》うするは寧《むし》ろ彼等が今後辿るべき途の如何にあるものと私は考へる。

私の立場

この議論を進める前に、私はこゝに一寸自分の立場を明にしておく必要を認める。私は去年十一月安部磯雄堀江帰一の両君と共に右翼無産政党結成の産婆役をつとめた。従て私が所謂左翼の立場とは根本的に反対の見地に在るは云ふをまたない。而して何を以て右翼とし何を以て左翼とするかは、従来色々の機会に於て説いたから玆に再び繰り返さぬ。さて私は無産政党結成の産婆役をつとむるに当り、初めから次の二点を念頭に置いてゐた。(1)私の所謂右翼の系統内に入るものでも、種々の理由に依て直に参加し得ぬものもあらう。故に自分達の斡旋に依て出来た政党以外に更に種々の政党の出現するは免れない状勢である。(2)それでも苟《いやし》くも政治行動を標榜する以上、之等の諸政党はいつまでも異を樹《た》て通さねばならぬ理由はない。従て早晩何等かの形に於て共同提携するの日あるべきを予想して掛る必要がある。以上二つの考は今日でも持つてゐる。故に私は玆に無産政党を論ずるに当ても、自分達の斡旋に由て出来た政党を特に偏愛するの考は毛頭ない。国民の一人として最も公平なる立場から卒直な批評を試みんと期するものである。

*

特にこの際一言しておきたいのは、社会民衆党と日本労農党との不幸なる確執に就てである。後者は前者の結成の基礎に疑をおいてその不純を攻撃して居る様だ。けれどもその発企者の一人たる麻生久君がその初め最も熱心に私に産婆役たらんことを勧め、私が従来の立場の許し難きを忍んで起つたのも主としては同君の熱情に動かされた結果たるの事実に照合しても、少くとも麻生君だけはしか考へて居られぬことを私は確信する。麻生君は私との会見に於て、左翼と絶縁せる無産大衆を此際単一の政党に結束するの困難なる事情を述べ、新党組織と共に之に参加せざるものを未組織の儘に放置するの危険を説き、自分は寧ろその方の結束に尽力するを得策とすべき旨を告白せられたのであつた。新政党に麻生君の如きを網羅し得ぬは遺憾至極の次第だけれども、大局の上から之を諒とすべき理由あるを思ふて、私はひそかに他日の提携を心中に誓つたのであつた。だから私から観れば、麻生君の日本労農党の旗上げは不思議でも何でもなかつたのである。或る意味に於ては、社会民衆党の外に日本労農党の出来たことに依て、政党組織以外に取り残される無産者のそれ丈《だ》け少くて済むことを心中大に喜んだのである。尤《もつと》も麻生君の旗上げは時期と方法とに於ては多少議すべき余地はあらう。が、同君をして外見多年の僚友に裏切りたるの暴挙を断行せしめたに付ては、同君と現に相軋《きし》るの立場に在る者の側にも全く責任なしと云ひ得まいと思ふ。私も一友人としては麻生君に文句を云ふべき理由を相当に有《も》つて居る積りだ。併し公人としては同君の行動を諒とするに吝《やぶさか》ならず、寧ろ感謝を以てその素志の達成を祝し他日心から社会の為め大衆のため協力するの日あるべきを確信して疑はない。但し這個《しやこ》の事情に関し、既に出来上つた社会民衆党は必しも私の期待するが如く動くと限らず、又日本労農党とても今となつては最早麻生君一人の意思でどうすることも出来まいから、私と麻生君との内面的関係は表裏ともに社会民衆党と日本労農党との関係ではない。併し成立当初の動機に於てこの両者は決して今日の様に醜い争をなすべき筈のものでなかつたことは疑ない。さうなつたに付ては本質的ならぬ幾多の行掛りや又感情の阻隔やが手伝つて居ぬだらうか。当事者の間にはそれ〴〵人をして首肯《うなず》かしむるだけの弁明はあらう。併し私は私の自由な判断として、この両者は争へば争ふ丈けそこに不純な要素の動いて居るを想像せずには居れない旨を附言しておく。

*

モ一つ弁明しておきたいのは、私の最近の新政党結成の斡旋は従来の立場と一見相容れぬことである。私が最初に無産政党問題に関する意見を発したのは一昨年の秋である。永い病気から恢復しやつと筆執ることを許されて最初に書いたのが、実に「無産政党問題に対する吾人の態度」〔第一〇巻所収〕（本誌大正十四年十月号及び拙著『現代政治講話』第三五三頁参照）と題するものであつた。この中で私は（一）無産政党の出現とその健全なる発達とは大に希望する所なるも、（二）一般の公民は漫《みだ》りに之に加入すべきものでない、（三）本来政党は政治家の仕事であり従て之は政治家に委《まか》していゝ、（四）只民衆は十分に之を監督することを要する、之に由て政党は亦始めて正しく進むものであるといふ様なことを述べた。其後私はまた政治教育運動と政党運動との外観的矛盾を説き、一般公民は須《すべか》らく政党の圏外に在て間接にその発達を援《たす》くべき旨を説いたこともある（近く公刊すべき『古い政治の新しい観方』参照）。そは政党運動としては一人でも多くの味方を得んことに努めなければならぬのだが、政治教育者としては、一生懸命に政党と腐れ縁をつないではならぬと民衆に説き勧める必要があるからだ。一見矛盾のやうではあるが、民衆が斯く超然的態度を執るが為に、各政党は始めて善事を競うて民心を獲んことに骨折るものなるを思ふとき、結局に於て同一の目的に協動するものなるを覚ることが出来る。蓋《けだ》し政治の堕落は政党の怠慢に始まる。政党の怠慢を促す最大の――殆んど唯一の――原因は安全なる地盤を有することである。故に民衆が甘んじて政党の地盤となることは、取りも直さず政党の悪を助け併せて自ら傷く結果を招ぐに外ならない。斯く云ふ立場から私は、自ら政党に参加せざるのみならず又人をして参加せしめず、而も之に由て政党を健全に発達せしめんと期して居つたのだ。この考は今以て変らない。今後無産政党の行動を監視し批判するに付ても、之が実にその重要なる基礎的標準なるべきは申す迄もない。然らば斯うした年来の立場は如何にして私を今日新政党結成の産婆役たることを許したのか。

　この質問に対する一つの答は、無産政党の結成に主動的の役目を勤むべき地位にある人々の多くが幸にして私の多年の友人であるといふことである。第二には労働農民党の分裂に依て右翼結成の機運が熟して居つたといふことである。終りに第三には切迫した特殊の政情は新有権者の政治的結束を必要ならしめたことである。この第三点に付ては、前号の本誌に於て私は「既成政党の関心事」なる論文をかゝげてやゝ詳細の説明を与へて置いた。右翼無産政党の起るべき必然性は実に私共の斡旋を待たなくとも動き始めてゐたのではあるが、特殊の事情から本来政党に対して超越的態度を取るべき筈の無産大衆が何等かの形で其の結成に包括さるべき形勢にありとせば、やり様に依ては飛んでもない弊害を後世に残さぬとも限らない。この辺の事に関する私の所見を聞いて貰ひたいと云ふのが私の敢て斡旋の労を取るに至つた一つの理由である。之等の点に関する私の考は追て本論を進めて行く中に一再ならず現れることと思ふから改めては述べぬ。茲には只私共の周旋に依て出来た新政党が構成単位を団体に取らず個人本位としたことは、私をして著しくこの点に関する懸念を減ぜしめたことを特記しておく。

　猶ほ私が新政党の出現と共に直に之と絶縁し再び元の超越的立場に復したのは、私の年来の主張を忠実に貫かんが為に外ならぬことは言ふまでもない。政党の側が私共の援助を欲するや否やは分らないが、私一己としては今後どの政党でもいゝ一番正しい道を歩むものを助けることにする意図である。且つ又之を広く国民の多数に諮《はか》り、私と同じ立場を取る様その自由なる聡明を開かんことを説き廻るであらう。最早私共は何党の地盤でもない。我々の投票を欲しいなら善い事をする競争に勝つて来い。之が政党の健全なる発達に対しての最も親切な立場でなければならぬと私は考へるのである。

私が無産政党の辿るべき道につき茲に蕪言《ぶげん》をならべるのも、畢竟《ひっきょう》この立場からするものに外ならぬ。

無産政党提唱の動機

さて之よりいよ〳〵無産政党の辿るべき途如何を論ずるのであるが、之を説くに当り第一にきめて置かねばならぬのは、政党結成提唱の動機如何の問題である。之を何処に見出すかに依り今後の行く道は自ら単一であり得ないからである。今日現に無産政党の結成を提唱する人々に就きその真実の動機を察するに、凡そ二種類あるやうに思ふ。一は新に得たる権利の行使につきその正当なる運用を誤らぬ様にと新有権者に呼びかける立場であり、他は新有権者自身の全般的綜合活動として新政党を築き上げんとする立場である。前者は新有権者をば在来の政弊に染ましたくない何とかして政界今後の向上発展に貢献せしめたいとの動機に発足し、後者は権利の獲得と共に無産階級をして真にその当然の地位たる主動的勢力を占めさせようとの考に基礎をおく。つまり民衆を受動的地位におくか能動的地位におくかの相違である。斯の立場の相違は自らまた無産政党の本質に関する見解の相違に関連するものとも観られる。無産政党は無産大衆そのものの政治行動の組織であるとするのが即ち第二のもので、無産政党は無産階級の利益を伸張擁護しその意思希望を表明する政治的機関だとするのが第一のものである。而して私は一方を自由主義的政党観と云ひ、他方を階級主義的政党観と云つておかうと思ふ。さういへば略《ほ》ぼ当今評論家の用語例にも合するだらうと思ふからである。

さてこの意義に於ける自由主義と階級主義との立場の争は、日本労農党をして社会民衆党と相容れずと考へしめた一つの論点であるやうだ。私の解する所にして誤らずんば、この点に関し、前者の後者に対する不満は二つあるらしい。一は純階級的でないといふことで、二は仮りに階級的立場を取るとしても純無産者に非るものを混入せしめたのがわるいといふのである。社会民衆党の包含せんとする新有権者中、筋肉労働者に非る勤労階級を純無産者にあらずとする見地の正しきか否かは別として、自由主義的立場を取る限り、所謂純無産者に非る者の来り投ずるは必ずしも一概に拒むべきではあるまい。純無産者に非る者の来投を放漫に取扱つた為に斯く〳〵の弊害ありと責めるのはいゝ。単に斯種の者の混入その事を咎めるのは無条件に是認し難いと考へる。若し夫《も そ》れ政党の本来当《まさ》に階級的なるべきものなりや否やに関してはまた大に議論の余地がある。我国最近の評論界に、階級的立場が自由主義の立場より一歩進んだものだなど云ふ漠然たる考が可なり跋扈《ばつこ》して居るのを見るだけ、この点は最も慎重に吟味するの必要があると思ふ。

階級主義的立場

「自由主義は階級主義に取て代らるべきものだ」。之を無産階級の経済行動に付て云ふのは或は正しいかも知れぬ。経済行動に在て、自由主義の横行は時として労資協調に堕するの嫌なしとせず、而も本人の痛苦は本人でなくてはよく分らぬからである。是れ経済行動が階級主義で行かなければならぬとせらるる所以である。併し繰り返してことわつて置くが、之は経済行動についての話なのだ。無産階級の政治行動に至ては、その政治行動の本質に基いて自ら全く別個の見地から論歩が進められなければならぬのである。彼に在て斯く〳〵だからとて、此に在ても一から十までその通りと速断するのは誤りだ。

序《ついで》に注意しておきたいのは、経済行動に於ける自由主義より類推して、政治行動に於ける自由主義又階級主義の意味を軽々に定めてはいけないことである。言葉の意味を窮窟に解せず、虚心に私の云はんと欲する所をよく呑み込んで貰ひたい。私がこゝに政治行動に於ける階級主義といふのは、無産大衆それ自身に直に政権の主動的地位に立てとの主張を意味するので、之に反し、大衆自身は受動的地位を守り、自家階級中特に政治的能力に秀でた者を実際行動の主動者たらしめよと云ふのを自由主義と云ふのである。自由主義と云つたからとて、経済行動に於ける労資協調のやうに、既成政党と謂《いわ》れなき妥協を容認するといふ意味を含むのではない。政党組織の根本を何処に置くかの点で——即ち大衆主義的で行くか代表主義的で行くかの点で——二つの立場の対立を認めようといふのである。

斯く解して観ると、一体政治行動に在て所謂階級主義的立場など云ふものは本来成立し得るものかどうか、又成立してもそが果して無産階級の利福に資するものかどうか、此点少しく疑なきを得ぬ。蓋し、(1)大衆はもと自ら政治行動の首動者たり得る程に発達して居ぬを常とし、(2)経済方面の事なら、直接痛苦を感ずる所だけに相当の意見もあり無関心で居れぬ所でもあるが、政治の事になると、事柄が専門の智識に待つ所から、概して格別に現実の興味を感ぜぬやうである、(3)従て政治の事は自然特にその方面に優れた他の人々に託するといふことになる。この三つの理由だけを挙げても、所謂階級的立場なるものの本来容易に成立せざるものなる所以は明であらう。現に階級的政党を標榜するものに付て見ても、之に属する大衆の大部分は事実西も東も分らず、一に幹部を信頼してその指揮に盲従して居る有様ではないか。表面の申分は何であれ、今日の無産政党の中に、無産大衆自身が直に自ら立案し真に自ら運動するものは一つもないではないか。近き将来に於て之を見るを得べきの見込も無論ない。一切の御膳立は悉《ことごと》く少数の幹部がやる。此点既成政党と少しも異る所はない。只異るは、之を自分の意見と正直に告白して大衆に協賛を求むるか、又は之は諸君の意見だなどと僭称して巧に大衆の盲目的服従を強ゐるかの差に過ぎぬ。大衆の真の自由は決して斯うした階級的立場に安全なるを得る〔ママ〕ものではない。

加之《しかのみならず》現代に在ては政治は決して国民の常識を以て処理し得べきものではなくなつた。世の中が複雑になるに従つて政治の問題も頗《すこぶ》る複雑になる。之を適当に処理するには専門の智識と特殊の経験とを必要とする。之を国民の誰でもが処理し得ると思ふのは間違だ。私はこの関係をよく病気の治療に譬《たと》へて説明したことがある。病気の有無は固より国民自身でなければ分らぬ。併しそれが何んな性質の疾患であり又如何にして治療すべきかは彼のよく判じ得る所ではない。自分の事は自分が一番よく識《し》つてゐるといふ諺《ことわざ》は、この際には全然適用しないのである。無理に適用すれば、所謂生兵法大疵《おおきず》の基となるを免れぬ。この意味に於て医者は欠くべからざる必要だ。而して之と同じ意味に於て、政界に政治家といふ特殊部落の存在する理由があるのである。政治の段々専門化するに連れ、或る理由から、特に狭い範囲に国民自身の常識に委し得べき領域を劃して、自治制といふものを布《し》いてみた。その自治制に於てさへ、最近は段々特殊の専門家に托する様になつてゐるではないか。亜米利加《アメリカ》などでは、営利会社の経営を一専務取締役に托すると同じ様に、市政を一マネージヤーに托するを便とする風が段々流行《はや》つて居るとか。自治制にして猶且つ斯の如し。国政処理の専門的事項たる所以は之を推しても益々明白であらう。故に政治行動の問題につき所謂階級主義を説くが如きは、全く政治の本質を知らざるものの空言に過ぎぬのである。

国民的監督の必要

階級的政党なるものの本質的に不可能だといふことは、固より、政治は之を専門の政治家に托し大衆は拱手《きようしゆ》傍観していゝと云ふ意味ではない。政治家の方策の当れりや否やは、もと民衆の直接に受くる所の痛痒に依てのみ判ぜらるべきものだ。客観的に云へば民衆は即ち政治家の施設の当否を判ずべき実験台だからである。そこで主観的にいふと、民衆はその直接に影響さるる利害関係に基いて政治家の反省を要求するの権利があるといへる。

政治の取扱ふ相手は云ふまでもなく大衆の利福だ。大衆自ら痛い痒《かゆ》いを訴へなければ、医者にはどうとも手の下しようがない。大衆自らはその痛苦を医するの方法を識らないのだけれども、医者の措置の果して肯綮《こうけい》に中《あた》れりや否やは、処置の効果につき大衆が遠慮なき感想を発表するによりてわかる。同時に之に依りて医者はまた反省に反省を重ねて益々その智能をみがくことになる。医者が屢々《しばしば》失策を重ねるからとて、大衆が自分で薬を盛るは危険此上もない。が、さりとて全然拙《つたな》い医者を頼り過ぎて効果の挙らぬをその儘黙過するのも宜しくない。於是《ここにおいて》大衆は政治の問題につき、主動的地位を取るの僭越を冒してはならないが、政治家の施設につき常に鋭意監督の任務に励まねばならぬのである。政治家の専門的材能と国民大衆の無遠慮な監督と、両々相待つて始めて政治は本当に国民のもの又国民の為めのものとなるのである。

思ふに階級主義的政党観は、国民的監督の必要を極度に痛感する所より起つた已《や》むを得ざる謬論《びゅうろん》ではあるまいか。どの医者もどの医者もあんまり再々失策を繰り返しては病気を益々深みに陥れる。そこで民衆はこれに愛想をつかして一つ自分で療治して見ようと云ふ気になる。之も実は尤もの話だ。政治に於てこの類の事実殊に多いのを見るとき、我々は大衆が政治を全然自分達の手に奪還せんと憤るのに、限りなき同情を寄せずには居れない。

先年私が北陸地方に旅行しての帰途、途中俄《にわか》に汽車が不通になり、数十名の一隊と共に、数里の山道を徒歩し幾つ目かの駅に辿り着き、臨時列車を仕立てて我々を東京に送つて貰ひたいと談判したことがある。それは寒い冬の真夜中であつた。談判委員の役をつとめたのは相当年配の立派な紳士である。中々要求に応ぜぬ駅長を説き伏せて、兎も角も貨車の中に立ち乍《なが》ら東京に向つたのは、主として彼れのお蔭であつた。車が動き出してから、誰かの発議で彼れに感謝の意を表さうと云ふ段になつて、不思議に思つたことは、彼れの顔が一向其附近に見へぬことであつた。勿論灯火もないのですぐには分らなかつたが、段々探してもとう〳〵見付からぬ。乗り損つたのなら気の毒な次第と、一同期せずして心を痛め乍らやがて明け方東京に着いた。その時始めて一同は、彼一人駅員と共にランプもあり火鉢もあり腰掛けもある別仕立の一室に悠然と治まり返つて居るのを見た。是に於て先きの心配は俄に期せずして侮辱に変り、中には後から高声に彼れの不徳を罵《ののし》るものもあつた。別に悪い事をしたのではないが、人の為に謀つて人と己れとを区別した其態度は、成程あまり感心した話ではない。而して斯うした類の人は、民衆の代表と称する政治家輩の中に頗る多いことは云ふまでもない。

単に之だけ位ならいゝ。更に進んで之を私利を営む機会に濫用するものも尠《すくな》くないのである。寧ろその方が、我国政治家の常態だと謂てもいゝ。而してその結果一番困《くる》しむのは無産大衆だ。そこで彼等が憤然として起つのは尤もの次第であり又頗る好もしいことでもある。無産大衆が起たねば政治家の眼は醒めぬからだ。然り無産大衆が起て彼等の眼を醒ますことは目下の急務である。併し眼を醒ます以上更に進んで彼等を撲滅するの必要ありやは自ら別問題だ。勢の赴く所多少極端に失するの事実は恕《ゆる》すべきも、理論の説明としては、兎に角何処までも角を矯《た》めんとして牛を殺さぬ用慎が肝要だと謂はねばならぬ。

有産階級を代表する今の政治家は本質的に無産大衆の利害を代表し得ぬものだとする説に対しても、私に多少文句を云ひたい点はあるが、それは姑《しばら》く許すとして、無産階級内部の事に付ても、代表者に事を託するといふ組織に兎角間違の起るのは、一体この組織に根本的欠陥がある為なのか、又は大衆的監督が十分に行き届かなかつた為なのかは、慎重に考ふる必要があると思ふ。但しこの事は、前々から述べ来れる所でも十分明了だと思ふから、諄々《くどくど》しくは説かぬ。只呉々も健全なる政治運行の上に民衆的監督の如何に必要なものであるかを知つて貰へばいゝ。孰《いず》れにしても民衆を政治的に覚醒し、緊張させ、場合に依ては多少昂奮させることは大に必要である。但しそれは政治の主動者たらしめる為ではない、監督者としての任務を十分に尽さしめる為であることを忘れてはならない。

無産階級政治闘争論

以上述ぶる所の私の立場は、何等先入の偏見なく虚心にこの問題を考へて呉れる人には、一点の曇りもなく明了に分る筈だ。けれども昨今の世上には、到底斯の立場を承認出来ぬと考ふる人の尠らずあることを、私は知つて居る。そはマルクス正系と称する唯物主義的政治思想が消化されずにそこゝに沢山ころがつて居るからである。私はあらゆる政弊の根元は民衆の政治的開発が等閑に附せられ併せてその自由判断が妨げらるる所に在りと説く。之に対して否さうではない、ブルジョア階級の支配者たることがその唯一の原因だと主張する者を見る。搾取する者と搾取さるる者と、自ら別個の階級を為し、其間利害の異り従てまた思想感情の同じからざるは之を認める。従てブルジョア支配といふこと其自身に弊根の伏することも、私は認める。併しそれかと云ふて、甲に代ゆるに乙を以てし依て以て直に十全の理想世界をもたらすことが出来るだらうか。蓋《けだ》しこの期待は、人は全然物質的環境に依てのみその何であるかがきまるとする唯物的人生観の下に於てのみ成り立ち得るものである。この考方の正否はいま茲で争ふ問題ではない。唯斯かる考方よりして来る当然の結論が、ブルジョア階級よりの単純なる支配権の奪還に最高の価値をおくに在ることを注意すればいゝ。こゝから所謂無産階級の政治闘争論なるものが生れる。従来の様に経済行動に齷齪《あくせく》するだけでは無産階級の生命は伸びぬ、一挙に政治的支配権を獲得せねば駄目だと云ふのである。斯くて所謂政治的方向転換が決定せられ、遮二無二《しやにむに》支配権の奪還に邁進するのである。この事の正否如何の問題も重要なことではあるが、今こゝに詳説するの必要はない。唯この種の論者は、新に樹てたその目的を達する為に有効だとあれば何んな方法でも厭はないと云ふことを注意しておきたい。

そこで彼等はこの目標を達成する為に最も有効な方法を択んだ。そは何ぞと云ふに、大衆の力を結束して敵に当らしむること是れである。於是彼等は叫ぶ、大衆自ら起てと。起て有産階級より支配権を奪還せよと。斯う云ふのが無産階級の政治闘争論でありその議論に基いて無産政党が作らるるのなら、成る程無産政党は立派な階級的政党であり、又さうであらねばならぬことも明白だ。併し傍から観れば、是亦好餌を以て大衆を誘ふ少数策士の煽動的仕事に外ならぬ。現に今日見る所の所謂階級的政党論の如き、かのナポレオンの平民主義と何の択ぶ所もないではないか。尤も熱心に斡旋して居る当人から観れば、親が子供の為にはかる如く、相手方になり代つて真に自分を没却して居るに相違ないのであらう。併し己れを忘れると忘れざるとに拘《かかわ》らず、自己の所見を以て大衆を率ゐんとする客観的態度に至ては果して自由主義者と何の異る所があるか。その事の善悪は別として、今日無産大衆本位を説き階級主義の立場を強調するものを見るに、その主張に熱心なもの程最も専制的であり且つ最も非妥協的であるは疑もなき事実である。無産階級運動の圏内に於て、少数幹部の専制に依て最も烈しく自由を奪はれて居る者の何なりやは、多言を要せずして明であらう。

そこで階級的政党論の主張は、その実中央集権的な少数幹部の専制主義の強行に外ならぬことが分る。従て専制主義に伴ふ有らゆる弊害は、またこの論の負はねばならぬ所である。更にモ一つ憂ふべきは、之は単純なるムツソリニ式専制に非ずして、大衆の後援支持を背景とする変装的専制なるが故に、大衆は一方に知らず識らず自由の不当な抑圧を加へられつゝも、他方内容なき大衆自主の観念的虚傲に謬《あやま》られて、節制謙抑の徳を損ふことである。この方の弊害が昂じると、仏国大革命当時に見た様なモッブの横暴を許さねばならぬ恐れがある。斯んなことはアリストートル以来説き古されたことだから、此上冗言を必要とせまい。が、孰れにしても、此種の政治思想が動《やや》もすれば民衆の教養を蔑《ないがしろ》にするの弊を伴ふことだけは、大に警戒するの必要があると考へる。

自由主義の政党観

繰り返して断つておくが、茲に自由主義といふのは、十九世紀の政治史上社会主義に前駆した自由主義の謂《いい》ではない。無産政党結成の基礎に関し、階級主義的立場に対抗し代表主義に則るべきを主張するものの謂に之を用ひるのである。

政党結成の問題に関する自由主義の立場は、第一に政党に依る政治活動は、その標置する立場の何であれ、実際は必ず政治家と呼ばるべき専門家の一団に依て指導さるるといふ客観的事実から発足する。既成政党の如きは万事を少数最高幹部の裁量に独占せしめて代議士にすら事実上の干与を許して居《お》らぬ。昨今出来た無産政党にした所が、この点に於ては毫末も既成政党に異る所はない。成る程所属党員のそれぞれの集団から代表者が挙げられ、代表者が集つて委員を選び、委員の中から幹部がきまると云ふ形式だけを見れば、大衆が直接間接に幹部を指導牽制する様になつては居る。それでも実際に於て幹部が大衆の意思の単純な執行者だとは決して受け取れない。況《いわ》んや多くの場合その所謂代表者たり委員たる者は事実幹部の指定に係るを常とするに於てをや。

人或は曰《い》ふ、無産政党に於て幹部たるものは、概《おおむ》ね筋肉労働〔者〕の出身か又は之に類するものを多しとすると。然り、所謂職業的政治家の出に非る点に於て、無産政党の幹部に異彩あるは否めない。それだけ彼等には在来の政客の有《も》たない貴い体験がある。少くとも彼等は過去に於てその地位を利用して私をはかるが如き悪弊に触れたことはない。だから彼等には他の何人よりも能《よ》く無産階級の利益を代表すべしと期待することは出来る。私も無産政党が彼等に依て指導さるることに十二分の満足を表して居る。けれども忘れてならぬことは、一旦政党幹部の座に据つた以上彼等は最早労働者ではないことである。例へば社会民衆党の松岡君にしろ、日本労農党の望月君にしろ、成る程昔は純然たる労働者であつた。併し今日も依然として両君を労働者と呼ぶのは、両君自身のためにも間違であり又政党の為にも間違である。もと労働者であつたと云ふ経験に立脚して、他の気付かざる方面に自由にその頭を働かすのはいゝ。併し今日は現に自ら手足の労働に従事して居るのではない。於是彼等はその境遇の変化を念頭に置いて常に謙遜して純労働者の新しき体験を徴取するの努力を忘れてはならない。一般党員としても同じ事だ。幹部の中に松岡望月両君の如き自家の先輩を有つことは如何にも気強いことに相違ない。併し両君をして真に労働階級の代表者としての大成を期せしめんには、常に彼等を監視し、境遇の変化の結果動もすれば陥り易き迷路より彼等を引き戻す様常に十分の注意を怠つてはならぬのである。いづれにしても幹部が労働〔者〕出身だと云ふことは、その政党をして直に純階級的ならしむる所以《ゆえん》ではない。幹部の任に就いて筋肉労働より離れた以上、彼れは最早一かどの政治家(政治行動の指導に与《あずか》る限りに於て)である。この点に於て松岡望月の二君の如きは鈴木文治君や大山郁夫君などと何の異る所もないのである。

斯くて政党といふものは、その実体に於ては要するにみな専門政治家の集団に外ならぬものである。少数政治家に左右さるる政党はいけないから玆に大衆本位の政党を作れなどと云ふても、そんな政党は本質上あり得ない。政治に於て一般民衆は、本質的に積極的地位には立ち得ざるものである。政党の当事者は固よりその政党としての目的を達する為めにいろ〳〵勝手の事を云ふだらう。併し一般国民としては、彼等の行動をその儘自分の行動と考へてはいけない。必しも一般大衆の為と称して私利をはかるものと疑ふの必要はない。中には真に一般大衆の為に犠牲献身の至誠を竭《つく》して居るものもあらう。之等に対しては心から感謝の意を表してい丶。が、併し実際問題として彼等の行動を是認し又之を支持するか否かは全然此方の勝手とする。諸君の為にやるのだと云ふたからとて、盲目的に之を後援せねばならぬ義理はない。情に於ては感謝するも、理に於ては飽くまで自分の良心に聴いて理義明白に去就を決すべきであらう。

右の論拠から私は、自由主義の政党論の根本原則として次の数則を挙げようと思ふ。

(一) 政党は政治家の仕事である。一般民衆は本来之に直接の関係を有すべきものではない。

(二) 一般民衆は常に自由の判断を以て政党の行動を批判すべきものである。特殊の政党と腐れ縁を繋いではいけない。

(三) 政党は所謂地盤をもつとき、毎《つね》に堕落に陥り易い。善事を競ひ道徳的信望を自然に収むると云ふ形に於てのみ大衆に呼びかくべきものである。

(四) 一般民衆が政党の誘惑に応ぜず常に自由独立の超然的態度を維持するとき、各政党は始めて善を為すことを競ふ様になる。

つまり一般民衆から観れば、政党の呼び掛けは商店の広告の様なものだと思へばいゝ。商売の上手な者ほど、自分の店の品はよく価は安くお客様のお勧めに依つて斯んなものを売り出したなどとうまいことを云ふ。併し広告がうまいからとて必ずその店から買はねばならぬ義理はない。否、民衆が広告に釣られて軽々しく去就を決するほど、商人は宣伝を虚飾するに急にして品物の改良を怠る様になる。民衆が冷静になつて真に品のよい価の安い店を択ぶとき、而してその選択が概して誤らないとき、商人は始めて価の安い良い品を提供することに骨折るのである。民衆の正しい自由の判断が常に動くのでなければ、社会の文化は本当に進歩するものでない。

所謂代議士中心の政党

政党が本質上政治家の団体である以上、或る意味で之を代議士中心の団体といふても差支はない。政治家は必ず代議士に限ると云ふのではないけれども、今日の政治組織に於て、代議士といふ地位が政治家の驥足《きそく》をのばす殆んど唯一の機会だからである。そこで通俗の云ひ方としては、政党は本来代議士中心のものだと云つてゐる。その外のものでは断じてあり得ない筈のものである。若し之を否定するものがあれば、そは必ずや政党そのものの実体を理解せざるものでなければならぬ。然らずんば、自信のない小商人が信用のある老舗《しにせ》を罵倒して、「彼は買ふと買はぬはお客の勝手だと傲慢なことを云つて居る、我こそは本当にお客本位でやつて居るのだ」などと叫ぶの類であらう。

私共が先きに新政党結成促進運動を起すや、之に狼狽《ろうばい》した左翼派の何とか云ふ団体は、その声明書に於て吾人の企図を評し、「代議士中心の政党を目指すものであり、その点に於て何等ブルジョア政党と選ぶところがない」と云つてゐた。然り、私共は、代議士中心の政党を作らうとしたのである。今日の政治組織の下に於てこの外の形式はあり得ないからである。成る程この一点だけを取るなら我々の斡旋した政党は正にブルジョア政党と何の選ぶ所はない。併しブルジョア政党と何の選ぶ所もないのは、実は我々の政党ばかりではない、あらゆる無産政党が皆同じなのである。但し大衆を誘惑する為めの表看板は、流石《さすが》に必しもさうとは明言しないかも知れぬ。けれども事の実相に於て、代議士中心に非る政党はてんで存在し得ないのだから仕方がない。一種宣伝の目的で大衆本位を強調するは恕する。心から代議士中心でない政党の存在し得るを信じて居るのなら、私は彼等の救ふべからざる観念的錯覚を憫笑《びんしょう》せずには居られないの〔で〕ある。

*

現在の政治組織の下に於て存在し得る唯一の政党的形式は、代議士中心のそれである。その外の形式のものもあり得ると考へるのは妄想に過ぎぬ。但しそれは現在の政治組織の下に於ての話だ。この条件を外にしての話なら、代議士中心でない政党の存し得ることは論を待たない。而してさうした意味の政党の主張は現に西洋にはある。併し西洋にあるからとて其儘之を日本に振り廻はしてゐゝと云ふ理窟はない。真逆《まさか》そんな軽卒者もあるまいと思ふが、若しあつたとすれば、私はそれは現在の政治組織の承認を前提とせざる議論なることを識つて居て貰ひたいと思ふ。

無産階級の政治行動は抑《そもそ》も何を目的とするか。直接の目標は支配権の獲得である。而して支配権獲得の方法はもと一にして足らぬが、その中に就き、議会に多数を制するに由て之を獲得する方法のみが法律上許されてゐるのである。是れ今日の制度の下に於て、政治行動の一機関たる政党が代議士中心の形式を取らざるを得ざる所以である。何となればその以外の方法を以てする政権の獲得はすべて法律の禁ずる所だからである。多くの政党がよく「合法的手段に依て」と云ふのは畢竟《ひつきよう》之が為めに外ならぬ。而して之に依らざるものを私共は直接行動の名を与へて別種の彙類《いるい》とする。時としては革命的手段と呼ぶこともあるが、暴力を用ふると否とは必しも問ふ所ではない。均しく皆法禁に触れるのである。故に我国に於ては、法禁に触れずして代議士中心の政党組織に反対するの余地は絶対にないのである。

*

尤も私は法禁に触るるを恐れて良心を枉《ま》げよと云ふのではない。法の禁制には時としてその当を得ないものもあるからである。只懸念するのは、代議士中心の政党組織を難ずる輩が果してよくその主張の実体を識つて居るか否かの点である。代議士中心の政党運動のいゝものかどうかは別問題として、之に頼ては無産階級の利福は到底十分に伸張され得ないと彼等は云ふ。少くとも無産階級の支配権獲得の目的からいへば代議制度は最も迂遠なものである、何か他にもつと早く支配権を掌握する方法はないものか、其の為の手段としてはどんな事をしても構はないといふが彼等の考だ。斯くして彼等は、民衆の力を結束して之に当らしむることの外に良法はないと云ふ結論に到達した。是れ即ち彼等の政治闘争論ではないか。大衆を政権獲得の闘争に覚醒せしめ、所謂階級闘争の方向を経済行動より政治行動に転換せしめんとするのである。この立場からいへば、議会に代議士を送るが如きは彼等の政治行動の全部ではない。少くとも最良の方法ではない。選挙は大衆の闘争訓練に役立つ好個の機会である。この限りに於て選挙を大に利用すべしとするが、代議士に依て結局確実なる政権獲得を実現し得べしとは全然考へてゐない。従て彼等は始めから代議政治をその本来の性質に応じて運用しようとはしないのである。各国の議会内に於ける所謂共産党代議士なるものの行動が明に之を証明してゐるではないか。つまり彼等は自家の代議士に依て議会を内部から壊せばいゝのだ。尤も利害の打算上刑律に触れる様な馬鹿はせまい。併し如何に合法的の仮面を冠《かぶ》つてゐても、要するに彼等の目標は代議制の完成ではなくてその徹底的破壊に外ならぬ。この点に於て彼等は他の諸政党と根本的にその志向を同じうせざるものである。されば彼に在ては代議士は一切の行動の中心たるを得ず、寧ろ党中幹部の傀儡《かいらい》たるに甘んぜざるを得ないのだ。加之《しかのみならず》彼等に取てはまた特に強く代議士中心を罵倒しておく必要もある。そは動もすれば漫然たる破壊に倦《う》んで代議士其ものに中心勢力が集りたがるものであるからである。何れにしても、斯んなやり方の政党に在つて何が中心かといへば、彼等の表面に標榜するが如く大衆全体が中心なのではなくして、実は大衆を踏台とする少数幹部の専制が指導的中心に立つものである。この点に於て、政治闘争を主張し大衆本位を標榜する政党ほど、そのやり口に我国既成政党の腐敗したそれに最も多く類似するものを見るのである。

我国政弊の根源

私は前段に於て、大衆本位を標榜する政党ほどヨリ多く大衆の自由を蹂躙するといふ事実に読者の注意を喚起して置いた。この意味に於ても私が左翼派の政党論に承服するを得ない理由は分らう。段々と本論を進めて行く中に、私が左翼派と相容れぬ更に多くの論点をもつことが明となるわけだが、少くとも右の一点だけに於て、私は左翼派と既成政党とに一様の反感を有つことを表明しておく。

一体我々が既成政党に反感をもつのは如何なる点に在つたのか。そは外でもない。選挙民の無智なるに乗じ、利を以て彼れを誘ひ、その良心を買収して我意を強ゆるからではないか。徳を以て民の輿望を収め、その結果多数の民衆から推されて政権の行使に与るべきだのに、醜悪なる方法に依て政権行使の地位を占拠した者が遂に其地位を利用して不義を行ひ、由て以て得る所の利権の一部を選挙民に割いて自家の地位の此上の維持を図らんとするからではないか。その結果として現はるるものは、第一に悪政の横行である。第二に民心の腐敗である。第三には民間に於ける聡明の掩塞《えんそく》と風教の頽廃とである。社会全般の受くる直接間接の損害に至ては実に量る可らざるものがある。而して斯の政弊の起る所を一言に約していへば、要するに監督すべき地位に在る者があべこべに操縦せられて居ること、即ち主客の地位の顚倒されて居る為めでないか。この主客顚倒の順序を正さずして我国の政弊は到底救はれ得るものでないと云ふのが、実に私の多年の宿論である。之等のことは既に屢々述べた所でもあるから略する。玆にはたゞ政界革新運動だの、既成政党打破だのと、所謂政治家階級の反省を促す方法にのみ頼るのでは駄目だ、それよりも端的に民衆の良心を叩き、その聡明を喚び覚まして、政党の宣伝に誤られざる様自由の判断を確保さすことの外に時弊救済の良法のないといふ結論に、読者の注意を促しておくに止める。

我国政弊の根源を右の如く解する説に対して反対の見解を抱く者がある。表て向きははツきり反対とはいはなくとも、著しくこの点を無視し、他の飛んでもない方面に別個の理由を挙ぐるものに至つては沢山ある。その中の一つに、ブルジョアが支配権を握つて居ることが政弊の唯一の根源だといふ説がある。従つて此種の論者は、無産階級が之に取て代りさへすれば一切の政弊は全然跡を絶つと考へ込む。併し斯の考は次の二つの前提を予定しなければ成り立たない。(一)従来ブルジョア階級は完全に結束して多年その利己的階級政策を遂行してゐたこと、(二)之に虐げられて来た無産階級が、新なる権利の賦与に促され、茲に結束して起たん乎《か》、政権の獲得は困難に非ず、之を獲得すれば自ら十分にその目的を達成し得らるべきこと即ち是れ。併し斯うした前提は我国の実際に於て許し得ることかどうか。西洋なら云へぬこともあるまい。日本の現状に即しての言説なら、何人も直に首肯することを躊躇《ちゅうちょ》するだらう。斯んな浅薄な翻訳思想を以て大事な現実の政党問題を取扱はれては、誰よりも一番に当の無産階級が迷惑する。

或る階級が政権を壟断《ろうだん》して我儘を振舞ひ、就中《なかんずく》無産階級を極度に虐げた事例の実在は私も認める。私は先きに政治家を医者にたとへたが、世上には啻《ただ》に腕の拙く且横着を極むるばかりではなく、時としては碌に患者を診察もせでお前は肺病な筈だの胃病な筈だのときめ、いゝ加減な薬を盛るといふ乱暴振りを示す医者も少くはない。薬がきかぬと訴へれば罪はお前の身体に在る当方の処方に誤りはないと叱られる。それでも効験のないことを争ふと、はては秩序を紊乱《びんらん》する危険人物などとの折紙をつけられてしまう。斯く大衆の無視さるるも畢竟は政界に発言権を有たなかつた為と、彼等は多年普通選挙制の採用を希望し又要求したのであつたが、之が最近やつとの事で与へられたのだ。之からはさう無視されることもあるまいと云ふわけになつたのだが、併し之で完全に無産階級の要望が予期通り容れられるものと思つたら大間違であらう。何となれば、従来の支配階級は多年の経験上有権者たる民衆の良心を巧に誘惑するの方法をよく心得て居るからである。

論者は曰ふ、ブルジョア階級は由来完全に結束して階級的利己心を十分に満足して来たと。一体これは何処の国の話なのか。少しく我国の実状に通ずるものは、今日猶ほ少数閥族特権階級が斯くも厳しく有産階級を操縦して居るの事実に驚かずには居れまい。人はよく曰ふ、資本主義の最高の発展形式として帝国主義があると。西洋はさうかも知れぬ。併し日本では封建的特権階級の帝国主義が常に資本主義に先行し、後者は却て前者の庇陰に依て多少の発展を遂げ、之を離れては今日猶ほ未だ十分独立の地歩を占め得ない有様である。本来の運命をいへば、無産階級の擡頭によりて混乱されざる限り、資本主義の発達が遂に帝国主義を使役するに至るものなのであらう。併し今の所は主客の地位西洋に比して丁度逆になつて居る。無論帝国主義も資本主義を利用するを得策とするは疑ない。その限度に於て資本主義の労働搾取は現に国家の厚き保護を受けても居る。之を以てブルジョアを責むるは一向妨げない。併し之を資本家階級の積極的な自主的な策動の結果と看做《みな》すのは、少くとも我国の実状にはあてはまらない。

なぜ資本主義が帝国主義の威服の下に屈して居るのかと云へば、外でもない。有産階級の連中と雖《いえど》も、選挙権の行使については残念ながら独立の判断を以て良心の自由に立脚しないからである。換言すれば、政治家に籠絡され、甚しきはその利を以て誘ふに委《まか》せ、監督者たるべき身を以てして却て彼等の走狗たるに甘ずるからである。或る意味に於ては、選挙権者の数の限定されて居ることが誘惑に便なのだともいへるが、又或る意味に於ては、政治家の籠絡手段は事程左様に巧妙悪辣《あくらつ》を極めて居るのだとも観られる。故に之にも拘らず毅然たる独立の地歩を確守するといふは、実は常人に望み難いことでもある。弊害を見ては誰しも憤慨するが、一たび誘惑にあつて果してよく之を切り抜け得るやは何人にも甚だ覚束ない。是れ政弊を慨《なげ》くものの頗《すこぶ》る多くして其事実の毫も跡を絶たざる所以である。斯う云ふ所から私は、従来の有権者に良心の自由を確持するの訓練がついて居つたなら、政弊は斯くまで甚しからずして済んだのではなかつたかとさへ考へて居る。尤も彼等の選挙権行使が理想的に行はれたところが、どの途搾取階級の政治である限り、無産階級の排撃を蒙るべきは疑ないが、現に見るが如き政界大弊の根源は、選挙権を有産階級に限つたといふ事よりも、寧ろ国民の多数に訓練の著しく欠けて居るといふ点に帰すべきものと考へる。少くとも之れ丈けは間違なくいへる、同じ様な訓練を欠く限り、仮令《たとい》選挙権が一般無産階級の大衆に拡張されても、立派な無産階級の理想政治の直に実現するの見込はないと。

無産階級の政治は政権を獲得しさへすれば実現するとの考は、人をして自ら政権獲得の目標に遮二無二突進せしめずば熄《や》まない。無産階級が選挙圏外に無視されて居たのでは固より始めから問題にならないが、仮令権利を認められても有産階級をして政治的に失敗せしめたと同じ原因が此処にも活《はた》らいて、無産階級をもこの同じ失態に捲き込むことがなからうか。蓋し権利拡張は一片の法律で以て出来る。精神的訓練は一朝一夕のことではない。一たび悪習に染ましめては終《つい》に取り返しのつかぬことになる。真に無産階級の為を思ふものは、此際断じて鹿を逐ふもの山を見ざるの愚を繰り返へさしてはならぬ。

於是《ここにおいて》私は、更に進んで無産政党運動に於ける教育的見地の肝要なる所以を説かねばならぬことになる。

教育的見地

前にも述べた如く、私共は無産階級がたゞ支配権を握りさへすればいゝとは思はない。握ることが先決の急務には相違ないが、握つた政権を如何《どう》運用するかも均しく重大問題として考慮せられんことを要求する。之が即ち政治教育の問題に関連する。而して之は教育する立場から観ても教育さるる立場から観ても、帰する所は只一つで、即ち如何にせば無産階級をして社会の発展向上を資《たす》けしめ得るかを標準として考察されなければならぬのである。

無産階級の人達が如上の目的を十分に達せんには、消極的要件としては先づ何物にも拘束せられざる良心の自由を保持することが必要であり、次に積極的要件としては与へられたる問題に対し正しき判断を為し得る様常にその聡明をみがく所なければならぬ。政治的活動の当否は主としてこの点を〔に〕どう影響するかの標準から評価せられねばならぬは勿論だ。一党の勢力拡張に資する所謂党略が往々公益の名の下に斥《しりぞ》けられるのは之が為めに外ならぬ。

＊

消極的要件として無産階級をしてその良心の自由を保持せしむる為め大に注意を要する点は三つある。

(一) 既成政党の籠絡より無産階級を遮断すること。既成政党の運動方針が必然的に従来の醜汚な方法に依らざるべからざる旨は、本誌前号に於て既に述べた(時評欄「既成政党の関心事」参照)。この特殊な事情の下に於て、無産階級を絶対に既成政党と遮断するは、凡ゆる無産政党に通ずる共通のスローガンでなければならぬ。殊に政界の情弊なるものは、一度味を覚へると容易に之を思ひ切れぬ質のものなるに於て、この必要は最も強く叫ばれなければならぬ。之を外にして更に既成政党を絶対の敵と看做すべきや否やは、また別個の見地から論ぜらるべき問題である。

(二) 前項の理由はまた自ら新無産政党に禁ずるに既成政党と同一の方法を取ることを以てする。尤も既成政党をブルジヨアの機関となし之を倒しさへすればい丶とする見地に立てば、無産政党の成功のために何んな方法を取てもいいわけだ。我党だけは買収などをせぬと、折角高く標置しても、選挙に見苦しき敗北を取つては要するに宋襄《そうじよう》の仁として世上の一笑を買ふに過ぎぬ。併し単に敵を倒すことが目的ではない、敵を倒して後徐《おもむ》ろに立派な政治をするのが主眼だとすれば、他日立派な政治をする時の妨げとなる様なことは今より断じて之を避けなければならぬ。故に如何に差当り有効だと云つても、既成政党の顰《ひそ》みに倣《なら》うて買収請托を敢てするが如きは、最も慎んで避けねばならぬは勿論だ。選挙に金が附きものの様に観られて居る今日、斯種の誘惑は無産政党に在ても油断は出来ぬ。党勢の伸張に急いでこの過誤を犯す者あらば、他に如何の弁解あつても、彼は断じて無産階級の敵と謂はざるを得ぬ。

(三) 無産政党の運動に買収請托を厳禁するは、選挙権者の良心の自由を傷けてはならぬからである。故に良心の自由を傷ふの恐れあるものは、買収請求に限らず、一切みな之を排斥せなければならぬ。この点を顧慮して私は、従来一般大衆に向ひ、出来るなら政党の地盤となる勿《なか》れと説き来つたのであつた。屢々述べた如く、政党は政治家の仕事である。受動的地位に在る一般大衆の政党に入るは、理に於て正しからざるのみならず、包括的に良心の自由を政党幹部に捧ぐると云ふ点に大なる弊害もある。併し特殊の事情あつて政党的結束に入るを必要とする場合あることは認める。それでもその良心の自由は出来る丈け保持して置くことが必要だ。従て既成政党や又は左翼諸派の政党組織に見るが如き極端なる中央集権主義は、この点に於て断じて無産政党の採るべき正道ではない。

＊

次に積極的要件として無産階級の聡明を開拓すべき方面のことを考へて見よう。

(一) 吾々は先づ在来の腐敗手段を厳重に封ずることが同時に聡明開拓の適当な途を通ずる所以なることを知らねばならぬ。 今日の政治組織に於ては、どの途大衆の推挙を得た者でなければ経綸は行へぬ。大衆の推挙は、極めて稀な例外を除いては、無為にしては得られない。大衆を促して自分に投票せしむる迄には実は相当に骨が折れるのだ。然るに従来はその最も簡単直截《ちよくせつ》な方法として買収請託の手段に依たものである。所が若し之が厳重に封ぜられたとしたら、吾々は別に何の新しい方法によるべきであるか。則ち言論人格を以て相手方に訴ふるの外途がないのではないか。但し在来の腐敗手段を封ずるは、云ふに易くしてなか〳〵実行が六《むず》かしい。けれども之を厳重に抑へれば抑うる程、運動方法としての言論人格の益々その威力を増すは疑を容れない。若し幸にして段々さうなり進むとすると、之を裏から考へれば、正に選挙民に対する最も大仕掛な而して最も有効な教育の機会が提供されたことになる。一般大衆が先覚の士に接するといふは、平時に在てさう度々あることではない。選挙になると頼まなくとも向ふからやつて来る。そして大衆に説き且訴ふること亦懇切を極めて居る。是れ容易に得難き教育の機会ではないか。之に較べると、平時に於ける政治教育運動の如きは、その効果殆んど言ふに足らぬと謂てい丶。之を以て観ても、選挙をきれいにすることの如何に大切であるかが分るであらう。

(二)　労働組合主義を離れぬこと　　之は特に労働組合を作れる無産階級に就ていふのである。彼等が利害の共同に依て団結し、その地位の自覚に基いて協動の歩調を取るは、彼等の為にも社会の為にも誠によろこばしいことである。而してこの方針を持続することが同時にまた大に彼等の聡明を開く所以なることも論を待たぬ。この意味に於て私は、未組織労働者に向つては速に斯うした健全な組合の結成を企てられんことを勧めたい。同じ事は固より農民階級にもまた各種の勤労階級にもあてはまる。

只茲に一つ注意しておきたいのは、政治運動に付てだけは決して自ら主動的地位に立たれざらんことである。私の友人に高名な美術鑑定家がある。彼れの言に依れば、鑑定家としての最も大事な心掛けの一つは、自ら美術品を所有せぬことであるさうな。自分が物を有つと、自然鑑定眼がくもると云ふ。大衆は謂はば政治家と云ふ技術家の作る政策方針の鑑賞家だ。自家の体験に基いて正直に其観る所を表示するを職分とする。判断の基礎たる体験は固より大に組合共同の運動に依て深められ又豊富にもされよう。が、その判断の邪路に迷ひ入らぬ為には、自ら政治に没頭せぬことが肝要である。彼れが自ら政治に没頭するは、即ち鑑定家が自ら美術品を買ひ集めた時だ。政治家監督の大使命は斯くの如くしては遂に満足に出来なくなる。この意味に於て、かの無産階級政治闘争論の如きは最も警《いまし》むべき外道であると謂はねばならぬ。

政治道徳を論ずる者はよく、一般民衆の政治行動に取て最も怖るべき誘惑は二つあると云ふ。一は金銭其他の方法を以てする政治家側より来る誘惑で、二はお前が政界の主人公だと吹き込む例の尤もらしい煽動だと。前者のことは改めて論ずるまでもない。後者の害を或る人は、お前には此河を飛び超えるの能力があるぞと子供をおだてて遂に溺死《できし》の不幸に陥らしめた大人の悪戯に比して居た。何れにしても無産階級(無産階級に限つたことではないが)を煽《あお》つて不当に政治に没頭せしめるのは罪だ。同時にまた社会の健全なる発達に対する反逆でもある。斯く云ふは彼等をして全然政治から絶縁せしめようとするのではない。寧ろ政治を監督すると云ふ彼等の本来の職分を最も正しく果さしめたいからである。政治に対する彼等の交渉を最も有意義のものたらしめんが為めに外ならぬのである。

猶この事は所謂労働者以外の無産階級にもその儘適用さるべきは論を待たぬ。

＊

終りに一言附け加へる。右の様な次第で教育的見地に基く要求は、一見純然たる政党運動とは相容れぬものの様に見える。政党の側では一生懸命多くの人を捉えては頻《しき》りに入党をすゝめるだらう。然るに我々は迂《う》つかり其手に乗るなと唆《そその》かす。彼は誠心誠意公事に奉仕する旨を説いて懇《ねんご》ろに自党の支持を求めてやまぬ。我々は之を聞いてゐる大衆に向つてよく考へてから去就を決しなさいと注意する。斯くて一から十まで政党運動者の裏を掻く様に見えるが、併し政党運動は本来決して教育運動と根本的に相矛盾するものではない。彼等が所謂鹿を逐ふに急にして山を見ざるの過誤を犯すとき、成る程一時私共の立場とは根本的に相容れぬことになるが、少しでも大局に眼を開けば、容易に両者の立場の全然相一致するものなることに気付くだらう。少くとも今後の政党者流に取ては、その運動を既成政党の為す所から聖別し、之を以て社会文運の発達に貢献せんと期する限り、事毎に教育的見地の要求に教を乞ふの必要あることは間違ない。

教育的見地に対する反対

斯うした教育的見地は従来いろ〳〵の場合に随分無視され又反対されたことがある。古くから能くあるその最も普通なものは、遠き将来に於て到達さるべき姿を現在目前に実存するかに妄想する場合である。或る観方からいへば、物の本質と現実との混同と謂てい丶。物を完全な姿に描くのだから、教育の必要を無視するは当然である。無政府主義の如きはその最も著しい適例であらう。完全に自由な人間に政治はいらないと云ふ。政治を不要とする境地を作り出す為に政治に依る人間の訓練の必要なる所以を忘れるのだ。斯うした誤りは植民地統治などにも往々現れる。例へば朝鮮に於て土人が排日運動でも起すと直に之を捕へて極刑に処する。法律上朝鮮人も日本臣民には相違ないが、出来上つた日本人の気持をその儘彼等に要求するのは無理ではあるまいか。而して之と同じ様なことは無産階級運動に付てもいへると思ふ。無産階級運動を説くに当り、ブルジヨアの批判に於て厳峻を極むるはい丶。その反対にプロレタリヤに付ては、之を讃美するに急いで夫《か》の第十八世紀末の浪蔓主義の政治思想家と同じ様な過誤を重ね、あらゆる美しき属性を漫然と無産階級に附するの嫌はないか。詩としては面白味もあるが之が為めに若し少しでも無産階級訓育の現実的必要を蔑《ないがしろ》にすることあらば大変だ。無産階級運動に在ては、恋愛に於けるが如き甘い陶酔を許さない。急迫した幾多の問題は我々の解決を待ち焦れて居る。而して何よりも大切なことは、如何にしてよく無産階級を教養し彼等に期待された大使命をよく果さしむべきかに在る。

以上は教育的見地の誤つて無視された場合を説いたのである。之に次いで私は更に、之れが大に毛嫌された時代あることを語らうと思ふ。この事は或る意味に於ては今日に続いて居ると云へぬこともない。尤も毛嫌ひされたには理由がある。それは無産階級の無智なるに乗じ、有産階級がその教育に藉口《しやこう》して巧に搾取の目的を達したからである。換言すれば、有産階級は教育の名に於て無産階級に封建的奴隷道徳を教へたのである。故に後に至つて本当の眼を開いて見ると、所謂教育の機会を恵まれただけ無産階級の不幸なる期間が永びいたわけなのである。併し之は有産階級より提供された教育の内容がわるいので、教育そのものがわるいのではない。が、あつものに懲《こ》りてなますを吹くの喩《たとえ》に洩れず、無産階級自らの自主的教養の必要を説いても、彼等が容易に之に耳傾けず、却て自家行動の拘束として之を忌避する風を示すのは、遺憾でもあるが又已《や》むを得ない。

右の如き教養の必要に対する反感が、最近遂に昂じて一種の理論の形を取つて現はるる様になつたのは、注意すべき現象である。教養だの理想だのといふことは無用の長物だ。人事百般自然に任していゝといふのである。道徳上の規則などいふものは、その時々の環境が作つたものに過ぎぬ。環境が変れば自らまた之に応ずる相当の規則が出て来る。作るまいと思つても出来るものは出来るし、斯うしたくないと願つてもなる様にしかならぬ。小さい人間の意欲を此間に働かさうなどと焦るのは馬鹿気て居るといふのである。之が即ち純唯物観に基く社会思想で、要するに吾々の為すべきことは環境を変へることに尽くる、之を変へさへすれば、必要なすべてのものは自然に出来てくるといふのである。友人大宅壮一君の訳されたボグダーノフの『赤い星』は、外のいろ〳〵の意味でも大変面白い小説だが、斯うした考に基いて書かれた点に於て大に吾々の参考になる。その外にも同じ様な主張を小説の形にあらはしたものは沢山あると聞いて居る。理論は理論として、実際それで新社会の立つて往けることを納得させるには、斯く具体的の形に描き示すのが一番有効だ。併し私共から観れば、要するにそは目的に於て一つの宣伝に過ぎず、内容の性質に於て一つのユートピアに外ならぬ。現実に即した人間の教養を土台とすることなくして、環境の改変と共に直に新しき社会に適応した新しい秩序の出来るものかどうかは、大に疑なきを得ぬのである。いづれにしても斯うした主張の唱へらるるに至つた歴史的事情に対しては、私と雖も無暗《むやみ》に眼を閉ぢようとするものでないが、併しその歴史的事情から引き離し、之を一つの抽象的理論として主張するに至ては、到底賛同することが出来ぬのである。

現実主義と急進主義

唯物的社会観が、環境の改変を唯一最高の目的とする所から、自らまた現実主義を排斥するは云ふを待たぬ所である。環境の改変といふことそれ自身が、彼に在つてはもと〳〵現実の否認から発足する。現実に発程する些《いささか》でもの影響は改変の徹底を妨ぐるからである。併し斯うした社会改革は一体事実可能なものであるかどうか。詳しいことはその方面の専門家に委《まか》して茲には説かぬ。只次に私は、私の現実主義的立場から一部の急進主義者の言説に不満を感ずる二三点を列挙して読者の批判を乞ひたいと思ふ。

（一）彼等は一方に於て理論上から現実に執するの謬《あやまり》を説くと同時に、他面に於ては或一定の方針を指示してその無条件的遵奉を強要し、之に対する現実主義的の批判を許さない。この点に於て我々現実主義者は実に二重の不満を感ぜさせられるのである。私共は社会の進化には一定の理法あることを信ずる。その当然の発展には飛躍を許さないと教へられて来た。故に現実に即せざる改革方針は順当なる展開を紛更することの外の何ものでもないと信じて居る。併し之が只理窟の上で争はれてゐる間は無難だが、現実に即せざる特定の方針を掲げてその強行を迫らるる段になると、大変な迷惑を感ぜざるを得ぬ。殊にそれが意外にも全然素質を異にせる他国の現実の産んだものなるを知るとき、迷惑の程度は一段と甚しい。

日露戦争直後私は暫く足を奉天に停めたことがある。日本の留学から帰つた一青年警察官は、日本の見聞をその儘翻訳してか、突如令を発して鼠の買上げを始めた。町の辻々に貼つたビラの文句は実に堂々たるものであつて、正に今日の左翼派の宣伝ビラに匹敵するものである。近頃疫病が流行《はや》る。この疫病は西名之をペストといふ。ペストは鼠に依つて伝播《でんぱ》する。故に鼠を駆除して疫病の跡を絶たうといふのである。而して買つた鼠はどうするかといふに、驚いたことには、警察署の裏庭にビールの空箱に入れて山と積み、その腐敗するに委して置いたのであつた。固より支那としては鼠の買上げより先きに取り掛らねばならぬ仕事が外に沢山ある。差し当り買上げた鼠をあの儘に放置しては、却てペストの媒介を助ける様なものだ。斯うした外人の風評を耳にして、官憲はまた俄《にわか》に警察医を傭ふの日本から顕微鏡を買ふのと、大騒ぎを重ねたのであつた。現実主義者から観ると、昨今の左翼派の議論にはたしかに当年の奉天警察官憲の所為に類するものがあるやうだ。現実主義を楯に取りて一部の者が正当なる改革をまで阻まんとする悪弊あることは確に私も認める。故に現実主義者と称するものに警戒せよといふのはいゝ。併し之が為に現実主義その者を捨てねばならぬ理由は毛頭ない。之と同じく、私も急進主義的立場を一概にわるいと難ずるのでないことを一言しておく。単に現実主義に執するの故を以て一切吾人の立場を否定せんとするの妄を明にせんとするまでである。

(二) 次に急進主義者の陥り易き悪癖として、その議論のやり方が徹頭徹尾宣伝的であることを指摘しておきたい。前の事実に基いて当然の理路を探らうと云ふのではなく、予定された針路に無理に大衆を追ひ込まうと云ふのだから、さうなるも実は怪むに足らないのでもあらう。例へば彼等は曰ふ、「わが国に於ける資本家階級は、欧洲戦争後先進資本主義国の復興の影響を受け、その国際的抗争を続ける為に、全無産階級に対する極端なる積極的攻勢に転じて来た」と。我国の資本主義が近き将来に或はこゝに到るべきは、略《ほ》ぼ想像がつかぬでない。けれども現在の姿が斯うだといふのは、事実を謬るの甚しきものあるのみならず、又却て国民をして本当の敵を見誤らしむるの恐れもある。斯く云ふを以て若《も》し彼等が私を資本家の廻し者と云ふなら、彼等は意外にも、自分達が資本家の黒幕となつて居る本当の元兇即ち特権閥族階級の廻し者になつて居ることに反省すべきである。又彼等は過般の私共の新政党結成促進運動を目していふ、小ブルジョアの野心家安部・堀江・吉野並にその一味は、支配階級の積極的懐柔政策に策応し、資本家階級と野合して階級戦線内部に於ける反感を挑発し、今や勇敢に全無産大衆の要望に裏切ることに骨折りつゝあると。宣伝に急なる者には寛容の徳がない。否、往々にして他を傷くることに依て僅に自己の存立を示さんとする。之では既成政党の泥合戦と何の択む所もないではないか。尤《もつと》もこゝが一面急進主義者の本然の特徴かも知れぬ。我々現実主義者は、既成政党のやる様な醜悪なる手段を避けて只管《ひたすら》政界を廓清せんと努めるのだが、急進主義者に在ては、自家の掌握に支配権を奪ひさへすればいゝので、その為に執る所の手段の如きは初めから問ふ所でないからである。

(三) 終りに彼等は、環境さへ変れば必要なものは自然に出来る、どんな手段を執てもいゝから一刻も早く新しい社会に造り換へねばならぬとするのだから、自然非常に功を急ぐことになる。その結果彼等の間には一つの特色ある戦術といふものが生れた。所謂細胞扶殖といふのが是れである。相当世間に知られて居ることであるから詳しく説くの必要はないが、要するに夫の軍国主義のやり方と思へば間違はない。左翼派を始め一般無産階級から最も嫌はれて居る岡田文部大臣の軍閥と結托してやる青年訓練とか、又は昨今また新に問題となつて居る処女会とかのやり方の、もツと徹底したのが実に左翼派のやり方なのである。若しやり方それ自身に弊害の伴はぬものであつたら、左翼派の戦術は頗《すこぶ》る賞讃に値する最も有効な方法と謂《い》ふべきである。

一個の仮想敵を立て之が撲滅をはかる点に於て、文部省のやり方は左翼派のそれと全然異曲同巧である。他日この敵と生き死にの争をすべき時が来る。その時の用意に今の中からフロントに出陣すべき者を養成しておく必要がある。それには各方面にいろ〳〵の団体を作り、いざと云ふ場合に直に動員することの出来る様よく訓練しておくの必要がある。大人は在郷軍人会でゆけ、子供は青年団と青年訓練でゆく、更に処女会の統一もやつておけと云ふわけである。駆り集められた大衆には、必しも本来の目的を知らしておく必要はない。否、却て之を隠した方が都合がいゝかも知れぬ。たゞ中心になる二三人に十分その意を含めておけば十分だ。是れ即ち所謂闘士、の養成に格別骨折る所以《ゆえん》である。能《よ》く訓練された二三人の闘士を所在に分布する。之で大衆を動すことは決して不可能ではない。故を以て彼等は非常に闘士を大事にする。時としては陰に物質的の保障も与へる。少し位の失態があつても大目に見るは云ふまでもない。丁度原敬時代の政友会内閣が、政友会員であれば少し位人の頭を擲《なぐ》つても罪に落さなかつたと云つた風のところがある。世間の至当な攻撃に対しても、依つてたかつて仲間を曲庇して呉れるからである。而して文部省の這《こ》のやり方に就ては、世上既に色々の方面から非難の声が向けられて居るが、左翼派のやり方に対しては、之に悩まされて居るものの可なり多いに拘《かかわ》らず、之を難ずべき適当の理論を見出さなかつた為めか、公然非議を加ふる者今日までは案外に少かつた様である。

*

左翼派のやり方は実に次の諸点に於て文部省のやり方に更に一歩を進めたものである。

（一）闘士を見出すに特殊の苦心を払ふこと。文部省などの方は、官憲を笠に衣てゐる丈《だ》け進んで来り投ずる者少からず、従つてその中から適当な才能を挙用するに苦まない。無産階級の方になると、人を釣るべきさうした好餌がない。そこで彼等は多く労働争議を之に利用するらしい。労働争議を純経済行動とする現実主義の立場からすれば、漸を以て労働条件を向上するに甘んじ、時に譲歩して相手方と妥協するを得策とすることがある。併し左翼派は、所謂《いわゆる》方向転換に依て階級的政治争闘を唯一の旗幟《きし》とすることになつたから、何等の譲歩も一切之を屈辱として斥ける。差当りの労働者の境遇の如きは固より深く顧みるところではない。斯うした立場から、多数の労働者の利福を犠牲に供した結果、得る所の唯一の収穫は、数名の闘士の発見である。闘士を見出す為に争議を利用すると云つたら、或は因果の顛倒だと反駁《はんばく》さるるかも知れない。併し誰か事実の正に斯くの如くなるを否み得よう。但し彼等の立場から云へば、斯くあつても何の不思議はないのである。政治闘争の最後の勝利の来るまでは、無産階級の前途に何の光明なく、労働条件の一時的且部分的改善の如きは、畢竟《ひつきよう》幻覚に過ぎぬものだからである。而してまた我々は丁度斯く〔の〕如くあることの理由の上に、彼等に反対せざるを得ないのである。

（二）次に彼等はその所謂闘士を各方面に放つて既成団体の侵略を試みる。所謂細胞扶殖の最も明白なる特色は実にこの方面に現はれるのである。各種労働組合の赤化などといふ現象は畢竟この結果として起るのだ。彼等の立場からすれば当然の運動だといふだらう。侵略されたものからいへば、正に廂《ひさし》を貸して母家《おもや》を奪はれたものに外ならぬ。之も大衆の順序正しき了解を得た上になされたのなら文句はない。多くの場合その手段には陰険悪《あく》辣《らつ》の譏《そしり》を免れぬものがあるので紛争が絶えないのである。今日左右両翼の反感は頗る烈しいと見られてゐる。而してその実際の原因は主として右述ぶるが如き情実にあるのではあるまいか。

孰《いず》れにても、斯うしたやり方は大衆の教養を怠りその良心の聡明を蹂躙する点に於て、徹頭徹尾現実主義者の相容れざる所である。現実主義者は、何処までも大衆の聡明をひらき、その良心の判断の上に一切の基礎をおかんとするものだからである。大衆の教養を無視せる改革は、畢竟砂上の楼閣に過ぎぬと観る。故に左翼派のやり方は、環境さへ変れば独り手によくなるとする純唯物的人生観の下に於てのみ許さるべきものである。その立場を認めざる限り、そは一時の事功を急いで遂に救ふ可らざる弊竇《へいとう》を将来にのこすの譏は免れぬであらう。

政治の現実的性質

更にモ一つ急進主義者の最も陥り易き弊害として、理論的徹底に拘泥することを挙げて置きたい。政治に理論の講明が必要でないとは云はぬ。理論の指示に従はぬは、それ自身誤りであるのみならず、それが多くの場合に於て一時の便宜や一方の私益に偏する結果たるを常とするが故に、慎密に警戒さるるを必要とする。されば私は全然理論を無視せよと云ふのではない。只理論に聴けとの提説を重んずるのあまり、不当に之を跋扈《ばつこ》さしてはいけないと主張するのである。理論のぎごちなき徹底は、本来政治には何よりの禁物なることを知つて貰ひたいと思ふのである。

*

第一に政治は政治学ではない。政治学に於ける講究の対象は、抽象的模型としての政治現象である。之に反して政治は現実の政治社会を相手とする。学問の研究に依て得たる原理に従へば、酸素と水素との化合で立派に水が出来る。併し酸素と水素との外他の何物も含まない〔水〕と云ふものは此世の中に絶対にない。眠れぬ人間にはこれ〳〵の薬をやれと医学が教へる。併し実在の人間は、抽象的の学問の予定せる如き見本通りの人間ではなく、或は脳に故障があつたり或は胸に疾患を有つたりしてゐるから、之に応じて盛る薬にも多大の斟酌《しんしゃく》がいる。是れ抽象的学理の攻明の外に、臨床的経験を積み、即ち学理の指示する治療法以外に、経験に基く特殊の練達を処方箋の作成に加へらるるを要する所以である。学理の十分なる攻究に加ふるに、当の相手の閲歴に応じ相当の顧慮を加ふるのが、我々現実主義者の立場である。急進主義の或る者は、往々にして現実の拘泥をわるいと排斥する。一々病人を診察せず、肺病と聞けば甲にも乙にも書物に書いた通りの薬を盛る。之で癒《なお》らなければ薬がわるいのではない軀の方がわるいのだと強弁する。軀の方にも責任があるには相違ないが、之は今更如何とも仕方がないのである。仕方のないものを仕方がないと許して呉れぬ所に、偏狭なる急進主義者の通弊がある。是れ正にモスカウ辺の変な理論をその儘日本に押売せんとする所謂左翼小児病者の態度ではないか。

我国今日の政界に於て、「理論に拘泥するな」と教ふるを必要とするか、又は「もつと理論を攻究してかゝれ」と迫るを急務とするかといへば、無論後者の方だと謂はなければならぬ。何となれば、今日の為政階級は、大部分私利私益に動き、然らざるも行き当りばツたりの臨機応変主義者を以て満たされて居るからである。謂はばたゞの水を売つて患者の懐を絞るか、又は胃病患者に風邪の薬を平気でやる様な輩だ。モ少し理論を識《し》つて貰つたら、分量をあやまる位は致方なしとして、せめて風を引いたものにアスピリンをやる位の智慧はあつたらうと思ふ。この点に於て、今日の政治家の頭は余りにひどい。労働組合法案などの討議に観ても、そのひどさ加減はわかるではないか。丸で政治学のイロハが解つて居ないと云ふ有様だ。故に理論攻明の必要を叫ぶは、今日の我国に於て極めて適切であるは論を待たぬのである。従て私の理論拘泥の弊を説くのは、決して右の必要を打ち消すものでないことも亦勿論である。

つまり私の言分としては、警告を発する相手が違ふのだ。現在の為政階級に対つては理論の攻明にはげめと云ふ。理論に拘泥するなと云ふのは、政治理論の攻明に陶酔してその実際的適用の工夫を忘れた人達に対つての話である。政治学は何処までも抽象的の推理である。政治そのものに至ては、始めから現実に立脚しての工夫なることを忘れてはならない。現実主義に反対する政治と云ふものは、本質的に在り得ない。之を在り得ると思ふのは、飛んでもない錯覚である。

*

第二に政治に在ては理論の当否よりも主として効果の得失が顧慮せらるる。例へば教育なら、或る原理を教へて生徒が覚へなければ生徒がわるいとされる。よく覚へるものと然らざるものとあれば、其間に甲乙の区別を附けることもある。勿論よく覚へさせなかつたといふに就て、教へ方の良否も問題とならぬではないが、主として論議の目標になるのは、教へた原理の正しかりしや否やに在る。教育の効果の如何なりしかは寧ろ生徒の素質に依るとされ、予期の如くならざるものあるも致方なしと許される。所が医療になるとさうは往かぬ。根本の学理も問題とならぬではないが、専ら医者の手腕に期待さるるのは、患者の体質を按じて処方箋を巧妙に斟酌する所にある。専ら効果の挙るを可とし、挙らざるは悉《ことごと》く失敗として何等の弁解も認めない。政治も亦実に之に類する所があるのである。

理論上の帰結は抽象的にはきまつたとする(之も実はきまらぬことは多いのだが)。之を如何に実地に行うか。是れ国に依て一様なるを得ざるところ、而して国家社会の複雑なる又その変化進展の烈しきに至ては、到底個々の人間の比ではない。医療に於ても、甲に於ける経験が必しもその儘乙に適用し得るとは限らないが、一方の経験を他方に応用し得べき範囲と度合とは政治に於て殊に薄い。加之《しかのみならず》政治に在ては、医療に於けると同じく、必ず効果を挙げなければ承知されぬのだ。効果の挙らない真理は、天上の星と同じく、それ自身に多分の価値の争ひ難きものあるにしても、実地の立場からは一文の価値もないとされる。従てそは弊履の如くにすてられて、直に他の方策に代られなければならない。而もその新しい方策たるや、固より前よりも良い結果を生むとも限らないのだが、古い方策を以て更に効果の挙らざる限り、速に他の方法を探し用ふるは絶対に必要である。是れ政治に在て同一の方策に拘泥するが何よりの禁物とされる所以である。朝令暮改も時として大に必要ありとせらるるもこの為めに外ならない。

不幸にして急進主義には、動《やや》もすればこの見地を見誤るものが多い。

*

第三に政治に在ては時として――少くも客観的には――盲目的な行動を取るべく余儀なくさるる場合がある。また譬《たとえ》を医者に取る。突然急病人が担ぎ込まれて治療を求められたとしよう。いろ〳〵診断して見ても病質が分らない。分らないからとて放任しては置けぬ。乃《すなわ》ち大体の想像に依り、極端に云へば盲滅法に、いゝ加減の処置を施して徐《おもむ》ろにその経過を見ることにする。之も診断の一過程といへぬこともないが、見極めのつかぬうちに処置その当を得ずして死んで了《しま》はぬとも限らない。然らざるも、最初の処置が確信に基いたものでないのだから、彼れは常に別個の処置に移らんことの用意を怠つてはならない。政治に在ては固より斯の如く簡単なることを得ぬは勿論だ。一旦の施設は直に種々の固定的関係を社会に残すから、間違つたと知つても直に之を改めるに種々の困難を伴ふを常とする。それでも一旦の試みを永遠に墨守すべきに非るの理は同一である。施設の当局者が責任上不当に之を拘泥するの事実はある。併し政治運用の大局に於て、特に此種の拘泥の許す可らざるは論を待たない所である。

*

之れ丈けの事を云つたら、政治の本質上現実的ならざる可らざる所以は極めて明白であらう。現在の為政階級が余りに理論の攻究に怠慢なるを責むるの意味に於て、現実主義を難ずるのはまだいゝとする。私共が現実主義的立場を強調するを観て、階級運動の堕落などと罵るのは、一体政治を何と心得て居るのか、甚だ了解に苦む次第である。

代議制度

以上述ぶる所に依ても明なるが如く、実際政治に在ては実は適確なる真理といふものはないのである。否、ないのではない、容易に見出せぬのである。而も見出せないからとて無為にして放任して置くわけには往かず、斯うもあらうかあゝもあらうかと、兎に角何等かの施設を試行せなければならぬ。それでも、飽くまで最善の途を探つて跡から訂正を要せぬ様にせよといふのは、政治家の心掛として誠に傾聴に値するが、之を政界運営の客観的規準として説くのは、畢竟一つの屁理窟に過ぎぬ。故に実際政界に通用する議論として何が一番大切かといへば、最善の政策そのものを探究施行することではなくして、寧ろ常に最善の政策が行はれ得る様の途をつけておくことでなければならぬ。換言すれば、少しでもヨリ良き方策が見出されたら、何時でもこだわりなく之に遷《うつ》り得る様の仕組を立つることが肝要なのである。個人の生活に在ても、正しからずと識《しつ》て行動するは固よりわるいが、之が正しいと固執するは不正の始まりで、常に正しからんとする態度こそ一番正しい生活だとされるではないか。政治に在ても亦然り。絶対善の客観的に定め難き限り、之が正しいと盲信して特定の政策を固執する程危険なことはない。当事者が主観的にその確信に動くはいゝ。客観的にはもツと良いものが現れたら何時でも之に取つて代らしむる様にしなくては、社会の進歩は停滞する。一時の方策には間違もあらうが、斯くして始めて我々は、全体の進歩の上に着々として最も良きものの発現するを期待することが出来るのだと考へる。

然らば如何にすればさうしたことが可能であるか。是に於て私は言ひ古したことではあるが少しく代議制度の効能に付て述べなくてはならぬ。

*

代議制度は元来人間の団体生活に於てヨリ良き価値――全体としては最高の価値――の発現を可能ならしむる仕組みなのである。而して今日の代議制度は、次の細目の条件の上に、この目的を達するとせられてゐる。

(一) 団体生活に於ける価値の創成は、間接には大衆の与《あずか》る所だけれども、直接には先覚の士の掌《つかさど》る所である。

(二) 先覚の士が其の奉ずる所を最善と信ずるは妨げなきも、客観的に――政治的に――そが果して最善のものなりや否やは、その当人に決定せしめてはいけない。この点に於て専制政治は、制度としては断じて推奨さるべきものではない。事実上局に当るものの最良の才能なりや否やは始めから問題ではない。

(三) 先覚の士の確信は事実上一に帰せざるを常とする。その孰れを採用するかは彼等自身をして決定せしめず、彼等の施設に依て直接の影響を受くる民衆をして決せしめる。蓋《けだ》し医薬の真に効果を奏せしや否は患者自身に決せしめるの外はないからである。

(四) 決を民衆の判断に取るは必しもその判断に誤りなしとするからではない。之に由て先覚の士を刺激し、更にヨリ良き立場を発見し、又更に向上するを促すからである。聡明な民衆の正直な告白ほど、先覚者の叡智をみがくものはない。

(五) 先覚者の叡智をみがくには思想言論の自由を要件とする。自由に対する些でもの拘束は、必ず精神的活動の萎靡《いび》を来さずしては熄《や》まない。

(六) 民衆の判断を最高価値の社会的発現に貢献せしむる為には、彼れに自らの聡明をひらく機会を潤沢ならしめ、又その良心の自由を懇切に保護してやらねばならぬ。広き意味に於ての教育を振興することが必要とせられ、又色々の形を以てする民衆の誘惑が凡ゆる方法を以て厳しく禁圧せられるを急要とする所以である。この点に於て、各種の制度に対し教育的乃至道義的見地より加へらるる批判は、最も尊重せられねばならぬものである。無産階級の政治運動に在ても、目前の功利的必要を楯として道義的拘束を無視するが如きは、真の政治の発達に忠実なるものの態度ではない。

（七）斯れ程までに民衆の判断を重んずるは、一つには近代民主主義的人生観に根柢を有《も》つものたることも心得ておく必要がある。民主主義とは、単純に民衆を主位に置くといふ思想的立場を指すのではない。凡そ人間は、適当な教養の機会さへ提供さるれば無限に其の能力を発達するものであり、又之に不当の拘束を加へざれば結局必ず正しき判断に到達するものである。斯かる人生観に立脚し、環境・閲歴・伝統その他の経験的諸影響に拘らず、或は少くともその影響を或る程度まで征服して、人間は人間としての本来の面目をぐん〳〵発揮して止まないものだと信ずるのが民主主義の根本基調である。斯く云ふ態度で民衆を観る。茲に結局彼れの判断に頼んで安んずるを得る根拠がある。斯うした人生観を取らない限り、近代のデモクラシーは決して成り立ち得るものではない。従て唯物的人生観からは、綜合的民衆本位の思想は到底出て来る筈がないのである。偏狭なる階級観念が時としてニーチエ一流の超人主義と相隣りし、階級闘争の実行が動もすれば反動的ファシチシ〔ママ〕ズムに堕することあるは、毫も怪しむに足らぬのである。

＊

所が世上には代議制度を非難するの声が相当に強い。代議制度では民衆の要望は完全に現れないと云ふのである。甚しきは代議制度は専制的寡人政治から自由な大衆政治に遷る一時の経過的政治形式だなどと説くものもある。現在の代議制度が見事な成功を収めて居ないことは事実だ。彼等はその原因を代議といふ形式に帰して居る。代議は本人の意思その儘の執行ではない、人格的信頼に基いて他の人の自由の裁量に許すものだからである。そこで之を廃して一挙に民衆自身の裁量といふことにしようと主張するのだ。けれども一体大衆自身の裁量と云ふことは可能なものかどうか。大衆自身はもと自分の問題を如何に処置してい丶かを知らない。適当な処置をするには専門家にたのまなければならぬ。斯くして可能なる唯一の制度はやはり代議制なのである。代議制度は成る程専制的寡人政治の廃墟の上に発達したものだ。而して之は凡ゆる団体生活に通ずる唯一の政治形式であつて、之が廃止は取りも直さず民衆政治そのものの廃止である。之に代つて大衆政治なんど云ふものがあると思ふのは飛んでもない間違だ。現在の代議制度に不満を感ずると云ふのはよく分る。併し之を推して制度そのものの維持す可らざるを説くのは、原因を取り違へたものでなくて何だ。

　私共の考では、所謂代議制度の効果の挙らないのは、そが正しく行はれて居ないからだと認める。米も料理法がわるければ腹を害《そこな》ふ。腹を害ふのは米がわるいのではない。従つて適当な解決は、米を廃することでなくて料理法の改良でなくてはならぬ。之と同じく代議制度に在ても、今日多くの弊害を示して居る根本の禍因は、一番大事な民衆の自由判断が一向利いてゐない為めである。政治家の施設を民衆が虚心に批判し、自由にその感ずる所を述べてこそ、立派な政治は行はれるのに、事実は全く之に逆行し、政治家に於て予《あらかじ》め民衆を籠絡《ろうらく》し、彼等をその主張に盲従させるやうの仕組みになつて居るではないか。昔の専制政治家は、自分の言動に対し何人にも文句を云はせなかつた。今の政治家は、予め操縦羅致《らち》せる民衆を巧に動かして、自分の立場に盲目的の裏書を強要する。外観上民衆と共に事を諮《はか》るの形式備つて、その実一己の私意を以て天下の事を擅行《せんこう》するに外ならざるは、何等専制政治家と異る所はない。故に今日の代議制は、斯く悪用せらるることに依て、文明を仮面とする一種の変装的専制政治に外ならぬものとなつた。此処に今日の政弊の根本禍因がある。然らば之を匡救《きようきゆう》するの途は、代議制を廃することに非ず、寧ろ之をその本来の姿に恢復することに在るは、多言を要せずして明である。

*

斯く云へば分り切つた話の様だが、世上には不思議にこの分り切つた話を呑み込めぬものが多いのだから驚く。つまり現今代議制度の禍因をば、如実にはツきりと理解しないのである。而して斯うした認識不足に基く新しい弊害を、私は特に著しく次の二つの方面に於て之を見る。一は例の議会否認の思想であつて、他は政党運動在来の形式の無意識的模倣である。

議会否認論にもいろ〳〵の種類がある。今之を諄々《くどくど》しく説くの必要はあるまい。その当否の論も読者には最早説明を要せぬだらう。たゞ茲には議会の絶対的否認又はその或程度の否認の結果はどうなるものかに付て、一二読者の注意を乞うて置きたい。

（一）議会否認の思想を前提して成立し得べき一つの政治形式は、云ふまでもなく専制的寡人政治である。時として哲人政治だの善政主義だのと呼ばるることもあるが、要するに専制政治たることに変りはない。議会政治のまごついた結果として、西洋の一部に斯うした思想の跋扈すると云ふ事実はある。之を見聞した観光客が、帰朝土産としてこの反動政治に不当の礼讃を捧げ、殊に戦後経営の難局に当らせるには之に限るなどと説く者昨今我国にも少くない。一時的現象としてこの思想にも多少の存在理由あるは私も認めぬでないが、制度としてもと重大の欠陥を有し民智開明の新時代と結局相伴ふものに非ることは、最近伊太利《イタリア》の政情に徴しても明白であらう。ムツソリニの偉大を以てして猶且遂に政権維持の為に暴力を恃《たの》まねばならぬ所に、大に吾人を反省せしむるものがある。如何なる経綸も権力を握らなくては行へぬ。併し一旦権力を握ると、之を放すまいとしてその持続に腐心するの余り、動もすれば経綸の正しき実現を知らず知らず犠牲にする様になる。蓋し専制主義の下に在て、政権争奪は断じて道徳的な方法では行はれぬからである。而して政権争奪を道徳的に行はれしめ、その競争に勝つた者を其儘安心して正しい者と認め得る境地は、ひとり始めて代議制度に由てその実現を期待されるのである。

（二）議会否認の思想の下に成り立ち得べき一つの政治形式は所謂大衆政治である。代議士は信ずるに足らぬ、大衆自ら政治せよといふのだ。言葉は大衆に取て極めて蠱惑《こわく》的である。併し大衆自ら政治すると云ふことの事実不可能なるは前屢々《しばしば》説いた通りであつて、事の真実に於ては、矢張り二三の先達が一切を切り盛りするに外ならぬ。レーニンの政治が即ち明に之を語つて居るではないか。代議士は曰ふ、我々は大衆に代つてその意思を代弁しその利益を伸張すると。大衆政治主義者は曰ふ、我々は大衆の単なる奴僕に過ぎぬと。言葉を正直に取れば、その表はす所の地位に固より霄壌《しょうじょう》の差があるといへる。併し我は国家の公僕なりと云つたフレデリック二世と、朕は国家なりと云つたルイ十四世との間に、専制君主たるの実質に於て果して何の異る所があつたらうか。名に依て実を誤り見てはいけない。民衆の聡明を掩塞《えんそく》しその良心を欺瞞しその自由を買収する点に於て、今日の大衆政治主義者の為す所は在来の政治家のやり口と大した差異はないと考へる。固より斯は彼等の意識してやつて居ることでないかも知れぬが、一旦代議政治を否認して掛つた以上、当然の帰結としてこの窮地に陥るのは避け難いのである。過誤の根本は現代政界の弊根に関する正しき認識の欠乏に在る。彼等が真に民衆利福の伸張に忠実ならんとする以上、速に先入の偏見を脱し、鋭意代議制度の完成に努力する所なくてはならない。

政党在来の運動形式の無意識的模倣

前述の如く一部の論者は今日の議会政治の弊を語つてその原因を有産階級の政権壟断《ろうだん》に帰する。併し政権の分配と議会政治とは本来相対立する観念ではない。政権分配の有限なるは慥《たしか》によろしくない。之も政弊を生む一原因には相違ない。従て無産階級をして支配権を掌握せしめんとの努力は、それ自身正しい運動と謂はねばならぬ。而して無産階級はこの新に獲たる支配権をどう運用すべきであるか。この点の研究になつて始めて代議制の当否が問題になる。権利の分配は謂はば地主から不当に壟断されて居つた米を百姓の手に奪還すると云つた様の問題だ。さすれば議会政治の当否は正に米の料理法の問題に当る。而して料理法の得失は地主と小作人とに依て著しくその効果を異にするものではない。地主が議会主義で料理して居つたからとて、小作人が之に頼つていけないと云ふ理窟はなからう。議会政治の得失は、権利分配の広狭如何に拘らず、凡そ人類の団体生活に在て如何にするが最も正しき政治価値の発現に便なりやの点から主として講究されねばならぬのである。一方が例へば洋服にするか和服にするかの問題であるとすれば、他は毛織物にするか木綿物にするかの問題だ。両者は丸でカテゴリーが違ふ。漫然と之を混同してはいけない。

所が之を混同して居るのだから話がもつれる。論者は無産階級の支配権さへ確立すれば能事おはるとする。代議政治の迷謬《めいびゅう》から醒めて大衆直接の政治を確立せよと叫ぶ。而してこの目的のために彼等の執る所の方法は、正に在来政治家のやり口そツくりではないか。さらでだに人は古い習慣によりたがるものだ。之が悪いと識つても、新しき形式に慣れるまでには相当の時間が掛る。其間は捨つべき旧習につきまとわれて暫くは無用の苦みを繰返すが常だ。それ丈けに悪いときまつたものには特に鋭敏な警戒を必要とするわけである。然るに始めからそれを是認して仕事を仕上げようと云ふのだから堪らない。無産階級の為にはかるもの、速にこの点に眼をひらき、一刻も早くその妄を覚らずしては、遂に回復し難きの弊害を将来にのこすことなきや。私は心中ひそかに之を恐れる。

私は屢々代議制度に在ては主客の地位を正すことが何よりも大事だと云つた。監督すべき地位に在る大衆が逆に操縦されるといふが、有らゆる政弊の根本的原因だと云つた。どの途今日の政治に在て勢力の基礎は民衆に在る。而して才識徳望なきものは民衆の信望を購《あがな》ひ得ぬ。そこで才識徳望を積むこと即ち勢力を得る所以になる。所が在来の政治家は、この順当なる進行を故《ことさ》らに紛更し、腐敗手段に依て民衆の良心を縛し、之に依て不義の勢力を張つて来た。此処から一切の禍悪が生れたのだ。故に苟《いやし》くも政治を本来の光明に導き救はんとする者は、先づ此事から改めて掛らねばならぬ筈である。所が新興階級を背景とし政界の廓清を標榜して起つた者の多数は、その勢力確立の方法として殆んど例外なく皆旧式政治家のやり方を踏襲して居るではないか。尤も無産階級が支配権を握りさへすればいゝとする唯物論的革命主義者は、始めから、執る所の手段方法の如き、問題でないと云ふのだらう。併し其外識らずして或はこの過誤を犯して居る者もないではあるまいと思はれる。何れにしても私は、現代政弊に関する世上の理解の余りに浅薄なるものあるに一驚を喫して居る次第である。

何を以て斯く云ふや。

第一に私は、無産政党の内部に於ても大衆の支持を得る唯一の根拠を才識徳望にをくと云ふ思想の一般に頗《すこぶ》る薄弱なるの事実に観て之を云ふ。斯うした方面に由来民衆の訓練が乏しく、在来の選挙が亦余りに甚しき悪例を示して民間の良心を麻痺しても居るので、才識徳望一点張りで進むのに多少の危惧を感ぜしむるは已むを得ないともいへる。が、さりとて些《すこし》でも在来のやり方を取り入れるのは、それ自身既に大なる罪悪なることを覚らないとあつては、何処に新興階級の歓迎すべき所以があるか。密《ひそ》かに聞く所に依れば、或る方面では多少の買収は已むを得ぬと既に選挙の準備を整へて居るものもあるとか。然らざるも、彼等は今やみな既成政党の顰《ひそ》みに倣《なら》うて一生懸命地盤の開拓に腐心してゐる。既成政党は云ふまでもなく金を以て地盤を開拓したものだ。無産政党は今や頻《しき》りに宣伝に依て地盤を作らんとして居る。武器は異れども、民衆の聡明を蔽《おお》ひその盲目的追随を強ふる点に至ては彼此全然同一である。

私は或る有力なる新聞が社会民衆党を評して地盤なき空名の政党に終るなきかと笑つたのを見て驚いたことがある。社会民衆党が地盤開拓の点に於て私の与《く》みする所たり得るや否やは姑《しばら》く別問題として、地盤に乏しきの故を以て厳しき詰責を受くべしとは私の全く意想外とする所であつた。若し夫れ一般諸新聞が、各無産政党の出現する毎に所属党員何万と算へて地盤の大小を重視するが如き態度を示し、各無産党の幹部なるべき人々亦大に之を気にしてその大小に依り喜憂を分つが如きものあるは、少くとも私の大に奇怪に感ずる所である。当事者としては成る程地盤の大小は問題であらう。局外の批評家の立場よりしては、地盤の拡張は常に警戒の対象である。善い事をしようが悪い事をしようが、我党の行動は一切無条件に之を後援支持するといふ連中が真にさう沢山あつては、立派な政治は行はれない。それは、暫くどうでもいゝとして、無産政党それ自身が今より早く既成政党をまね込んで斯んな方面に多分の力瘤《ちからこぶ》を入れるのは、何と云つても賞めた話ではない。否寧ろ無産階級の政治運動の前途の為に大に之を憂ふる理由がある。而してこの憂ふべき事態は、今日既に著しくその萌芽を吹き出して居るのではないか。

之等の点に就き私は実は余り巨細の事に説き亘《わた》るを好まない、又之を云ふにも忍びない。若し彼等が党勢拡張の方法に付いてその新しい使命に自覚し、この点に於て既成政党とは全く別個の境地に在るものなるを識つて居たら、左右両党の分離も或はなくて済んだかも知れぬ。尤も左翼派の理論は始めから手段方法を択ばぬのだから致方がないとして、少くとも右翼の分野に於ける確執又は右翼と中間派との分立の如きは十分に避け得たらうと考へる。表面の言ひ分は何であれ、右の如き分離確執は、地盤の争奪といふことを念頭に置かずしては到底考へられぬ所である。さればにや彼等は相分るる度毎に必ず声明書なるものを発しては大衆に訴へる。而してその内容は、多くの場合に於て、醜陋《しゆうろう》なる悪罵に非れば執拗なる宣伝ではないか。事実を闡明《せんめい》して民衆の良心に訴へその自由なる判断を待つて黒白を天下の公壇に争ふといふ態度は爪の垢ほどもない。試みに彼等の好んで慣用する二三の用語を見よ。曰く、全無産大衆の要望を裏切る反逆行為。曰く、社会的公正を振り翳《かざ》して無産大衆を欺瞞する。曰く、ブルジヨア政党と結托し或は之に資金を仰ぎ巧に無産大衆を彼等に売り付けんとする。即ち彼等は一から十まで相手方を悪罵することの上に自家の勢容を張り民衆の盲目的来投を誘はんとするのである。是れ豈《あに》既成政党が従来幾多の泥試合に於て遺憾なくその醜状をさらせる戦術ではないか。敢て問ふ、彼等は民衆の聡明を誘惑することを意とせないのか。抑《そもそ》も亦斯んな方法で誘ひ得るものと始めから民衆を愚弄して掛るのか。惟《おも》ふに民衆は既成政党の泥合戦には全く以て愛想をつかして居る。新興階級の――又は新興階級の為の――政治運動に対しては、その反動として実は今なほ過分の好意と同情とを寄せて居る。それ丈け多少の過失も大目に見て居る様ではあるが、早く反省する所なくばいつまで斯の寛大を恃《たの》めるか分つたものではない。もツと自信のある堂々たる態度に出ては来れぬものか、切に諸君の反省を冀《こいねが》ふ。

単一政党主義の僻見

今日の無産政党が極端に汚い言葉を以てお互を罵り合つて居るのは、深くその憎むべき所以を覚らずして在来政党のやり口を漫然まねてゐる為めだとも説明されるが、モ一つの原因は単一無産政党といふ間違つた僻見《へきけん》に迷はされて居るからだとも考へられる。一つでなければならぬと固守する立場が如何に全体の協同を妨げるものかは、世界の歴史が之を証明すべき幾多の例を示してゐる。今更之を説明するのが野暮のいたりと云ひたい位である。

真理は唯一つであるべきだ。唯一つであるべきだが、未だ曾《かつ》てその唯一の真理の見付かつたためしはない。主観的の信念に基き之れこそ最高の真理と唱導するものは、古来一にして足らぬが、そんなのが同時に其処にも此処にも起るので兎角争ひが起る。故に客観的に云へば、真理は同時に二つも三つもあるのだと認めてゐゝ。而して之等を正々堂々と争はしめ、其間に切磋《せつさ》琢磨《たくま》の功を積ましむることが、社会的に最も必要だ。当の本人が自分の主張を最善の真理と自惚《うぬぼ》れるに不思議はないが、之に附与するに社会的公認を以てするは、徹頭徹尾あやまりである。この点に於てかの単一無産政党の主張は偏狭なる忠君愛国主義と全然其の体裁を同うするものと云ふことが出来る。

これを相争ふ当の本人の問題としても、その確信に拠つて主張する所の立場に関し、一面常に懐疑的態度を以て慎重に反省を重ぬるは大に望ましいことである。真理はもと一朝にしてその全姿を顕はさぬ。人の頭も漸を以て進歩するのが常理ではないか。始めから完全を期するは間違である。是れ一方に於て確信に忠実なるを要すると共に、他方に於てまた常に他の言説に傾聴するを怠る可からざる所以である。故に真に事理の明白なる闡明を冀ふ者は、恒に謙遜と寛容と公平の徳を喪《うしな》ふてはならない。自信の乏しく而も自己吹聴に急なる者ほど、他に異を樹《た》つるものあるを忍び得ぬものだ。頑強に自己の立場を主張することその事が、既に自家の弱点の明白なる表明なることを識らねばならぬ。

真の協同は相手方の立場を尊重する所から起る。互に他の個性を尊重し、而も其間自ら有機的統一の立派に立つのが、近代社会生活の特徴である。「離れて合せよ」とは英国政界に於ける有名なる合言葉だと聞く。この呼吸を解せずしてはステーツマンシツプを語るの資格はない。無産階級をして対有産階級の戦闘に真の統一ある共同〔戦〕線を張らせようとなら、何よりも先づ第一にその単一政党主義の鬼面を放擲《ほうてき》することが必要だと思ふ。

頑強に単一主義を強調して常に世界的協動を破つた最も著しい例に、私は加特力《カトリック》教会を挙げることが出来る。かれは人間の魂をあづかり得る本当の神の教会は自分のとこだけだと頑張る。即ちチヤーチの名に値するものは自分の外にはないと云ふ。そこで加特力教の盛な国に在ては、チヤーチといへば始めから天主教会のことなので、他はみなテンプルと呼ぶことになつて居る。故に例へば仏蘭西《フランス》語で新教々会のことを訳すときはタンプルの字を使はなくてはならぬ。エグリーズといへば当然天主教会の意味になるのである。斯うした立場は自ら天主教会をして、人間の魂の救済に関する限り、あらゆる世界的共同事業に関与せしめない。不純なる団体と提携するは、正に神の冒瀆に当るからである。恰《あた》かも労働農民党が、日本農民党や社会民衆党の排撃を綱領の一に掲げて、子供らしき潔癖を誇ると一斑である。但し流石《さすが》に加特力教会には、ステーツマンシツプに恵まれた偉人も尠《すくな》くはない。表面の伝統を露骨に傷けることはせぬが、また頑固に之を振り廻して、自らの愚をさらし他の迷惑を顧みぬ様な馬鹿はせぬ。それでも斯うした単一主義の要求は、由来普《あま》ねく加特力教会の痼疾《こしつ》と認められ、教会自身またひそかに之に煩悶を感じても居るとやら。之に較べると我国単一政党主義者の迷妄には、一寸度し難きものあるを思はしめぬでない。

*

我国の論壇に単一無産政党主義の跋扈して居るに就ては、その一つの原因として、階級闘争と階級内部の闘争との関係に付ての理論的認識を誤つて居ることをも挙げておく必要がある。斯の認識のあやまりには二つの種類があるやうだ。一つは無産階級が真に階級的に眼さむれば、その内部には闘争の起るべき所縁がなくなる、内部闘争の存在は有産階級特有の現象だとするもので、他は無産階級にも内部に闘争はあるにはあるが、そは初期の運動に限り必要なので、やがては消滅に帰すべきものと観るものである。両《ふた》つ乍《なが》ら無産階級運動の現実に徹した認識でないことは勿論である。

（一）無産者の階級的覚醒に於ては内部闘争の当然に起り得べき理由がないと云ふ議論の中にも、それの無いのが必然的だとする立場と、有つてもそんなことを考へて居れぬとする立場と、二つの種別があり得ると思ふ。内部闘争の標的を概して幻像に過ぎぬとするは前者に属し、有産階級の熾烈《しれつ》な意識的攻勢に対し、無産階級は凡ゆる犠牲を払つて是非とも統一戦線の結成に急がねばならぬと叫ぶのは後者に属する。共に事実を正視せざるの謬見《びゅうけん》なるは深く論ずるの要なしとして、さて這《こ》の謬見に立脚する以上軽々に単一結成主義の主張に雷同するは、亦怪むに足らずと謂ふべきである。

（二）若し夫れ所謂内部闘争の原因を階級運動の初期に限るとするの見解に至ては、内部闘争の何たるやに一顧をも与へざる極めて軽卒なる論断である。階級闘争を例へば男女の別の如きものとすれば、内部闘争は丁度老幼の別の如きものに当る。仮りに年の老幼に依て或る時代に思想の分岐があつたとすれば、それは男女の別に依て異る所あるべき道理はない。性の異るに従て程度に強弱の差を示すことはあらう。が、男に在て烈しく争はれたものが、女に於ては僅々その自覚の初めに限つて相争はれると観ねばならぬ道理はない。寧ろ階級的自覚の初期に於て相争はず、階級的対立関係のやゝ鮮明となるに及んで、漸く内部闘争が強まるものと観るべきではあるまいか。日本も開国の当初は、盲目的に挙国一致して外国の圧迫に対抗せんとした。内部の整ひ自信のついて漸く内争が始まつて来る。内争に浮身をやつすは、必しも外勢圧迫の弱まつた証拠ではなく、又之に注意することの薄くなつた証拠でもない。わが無産階級運動に在ても、昨今漸く階級内部の理論闘争が烈しくなつて行くのは、私の考では、寧ろ進化の当然の一過程だと認めて居る。只その争ひ方に感服の出来ないものが多々あるけれども、斯うした争ひの全くなかつたとしたら、私は却つて無産階級運動の前途に大なる失望を感じたであらう。この点に於て私は、労働農民党の人々が、新しい政党の起る毎に、之を目して単一政党主義に対する憎むべき挑戦となし、統一戦線の撹乱者とか階級的裏切者とかの悪名を附し、躍起となつてその排撃に狂奔するのを見て、真に小児病者の名に背かざることを覚へさせられるのである。

単一政党主義今日の流行が、右述ぶるが如き理論的認識の謬妄にのみ原因してゐぬことは言を待たぬ。(一)最も多く露西亜《ロシア》の「共同戦線」に影響されたものたるは人の多く知る所。之に次いでは(二)唯物的人生観あり、(三)革命的闘争説がある。而して之を更に(四)政治の現実的性質に関する無理解が助けて居ることは疑ない。斯く原因は一にして足らぬが、その結果に至ては頗る簡単だ。彼等は識らずして遂に彼等の最も嫌ふ所の侵略的軍国主義、教会至上主義、盲目的統制主義の戦術を襲用して居るのである。この点を反省さする為めにも、単一政党主義の放擲は此際特に必要だと考へる。

*

私が単一政党主義の絶対的否認論者でないことは、之れまで発表した種々の論文に依ても明かな筈だ。或る意味に於て私は寧ろ熱心なる共同戦線論者なのである。実は共同戦線の本当の実現を熱求するが故に、私は所謂単一政党主義の放棄を説くものである。その理由としては簡単に次の数点を挙げておく。

(一) 階級内部の闘争には、啻に由て来る所の久しきものあるのみならず、之を適当に争はしむるを必要とする理由もある。争ふべきものを強て抑圧するは個性の滅却である。個性の滅却を基礎とする盲目的統一からは、決して本当の進歩は出て来ない。

(二) 階級闘争に於て、ブルジョア階級の陣営に、一部論者の説くが如き、戦陣の統一と闘志の熾烈とを見るやは問題だが、従来無産階級のあまりに虐げられ来りしの事実に鑑《かんが》み、此際その解放の為に大に結束奮闘するの要あるは論を待たない。無用の内部闘争に精力を浪費するは固より愚の骨頂である。

（三）内部闘争の必要と階級闘争の必要とその孰《いず》れを急務とするかといへば無論後者である。併し之に急ぐのあまり前者を全然没却して顧みぬのは、亦結局に於てそれ自身の目的に裏切る自殺的行為である。同じく大阪に行かうと云ふものは、同じく東京駅から同じ汽車に乗る。同じ汽車に乗るからとて財布まで一緒にせねばならぬ必要はない。況《いわ》んや大阪に着いてから先きの仕事は彼と我と必しも同一に非るをや。

（四）単一政党主義者は、無産階級の為に図るのなら必ず俺の処へ来べき筈だといふ。大阪へ行くのなら財布まで出せといふに同じい。而も異を樹つる者を憎むこと加特力教会よりも甚しい。斯んな態度を執る者が一人でもあると、必ず全体の和衷協同はみだされる。この意味に於て単一政党主義は却つて無産階級共同戦線の相容れざる敵である。

（五）結婚しなくとも男女は立派に交際して行ける。強て同じ家に棲《す》まふとすると、兎《と》角《かく》若夫婦と舅《しゅうと》姑《しゅうとめ》との仲がよくない。機械的強制統轄は、専制の弊を伴うか又は混乱排擠《はいせい》の因たるを常とする。故に真に確実なる統制を冀ふものは、所謂共同戦線の合理的構成を忘れてはならぬのである。

（六）共同戦線の合理的構成は、その共同の基礎を単に階級闘争上の必要におくものでなくてはならぬ。無産階級の間に於ける諸々の団体に、合して一となるの本質的必然性ありと観るのは、唯物的人生観に立脚する主張に過ぎぬ。この立場を採らざる限り、之等の集団は寧ろそれ〴〵の個性に立脚し、各々その賦与せられたる独自の途を歩むべしとするが当然だ（如何様に分立するものかはまた別の機会に説かう）。而して之が今日共同の戦線に立つの運命にありとせば、そは唯階級闘争の遂行に伴ふ現実の必要に促された結果でなくてはならぬ。所謂現実の必要の何であるかは別の機会の説明に譲るが、茲には只その重なるものに共同の政策があることを一言しておく。

（七）今日の無産政党がその政策中沢山の共同条目を有する事は言ふを待たぬ。而してその最も普通なるもの程最も熱心に要求せらるるものたるも亦明かだ。従て之等の問題につき緊密なる共同戦線の張り難からざるは申すまでもない。之が即ち共同戦線の合理的構成の基礎である。

（八）階級闘争の指導に当る実際家の立場としては、常に味方の足並の揃はぬを憂慮するも尤もである。一番安全な方法は、大衆をば必ず自分の言ふことを聴かねばならぬ様に縛り付けておくことだ。既成政党はこの為めに金で政客の良心を買収したものだ。無産階級の政治家は単一無産政党主義の好餌を以て大衆の盲目的追随を強ゐんとする。当面の目的を達するに余りに有効なだけ、斯うしたやり方は無産大衆の真の開発の為めに断乎として排斥せられなければならない。

政綱政策の列挙

各無産政党を促して真に階級的共同戦線を張らしむるものは、共通政策の遂行の外にないことは既に述べた。よく人は無産階級の党同伐異も今のうちだ、やがて議会に代議士を送つたら否応なしに協同の歩調を取るだらうと云ふのも之れが為めだ。私などは疾《はや》くから此事を予想し、些《すこし》でも後日に於ける平穏の協調を礙《さまた》げることなからしむる為に、早きに過ぎて政党結成に急ぐ勿《なか》らんことを忠告して来たのである。蓋し議会の懸引と没交渉な政党運動は、現に観るが如く、動《やや》もすれば不急有害な観念的紛争に堕し勝ちのものだからである。而して今日始つた此種の観念的闘争が、他日本当の統一結成の必要の起つたとき、多少その平穏なる進行を妨ぐることなきやは、既に聊《いささ》か懸念せられぬでもない。

斯く論じて来ると、人或は曰はん、今日無産政党間に争あるは、正閏の分をたゞすことばかりではない、政策にも実は大に文句があるのだと。斯くして彼等は政策の共通といふことすらが既に容易に見られないと云ふのである。成る程事実それに相違ない。各々掲ぐる所の政策の条目を比較して互に論難を交換して居るからである。併し乍ら斯く云ふ彼等に、実は実際政治に於ける政策といふことの本当の意味が解つて居るだらうか。種々の希望条件を洩れなく列挙したとて、それは我々のいふ所謂政策ではない。

実際政治に於ける政策は、差し当り現に実行せらるるを要する条目を云ふのである。或る事項につき、その完成の為に施設さるべき一切の条目を並べることは所謂政策ではない。此点に実際政治の政治学と異る最も著しき特色がある。例を以て云ふに、政治はたとへば幼童の教育の如きものである。理論上の立案としては、あれも教へたし之も授けたしと、凡ゆる課目を残す所なく列挙するもよからう。併し一時に之を授けては幼童の脳力が堪らない。実際家の仕事としては、その間緩急前後の別を附け漸を以て進むの方策を立てなければならぬ。一時に全きを期すれば遂に改善は緒に就かず、実際政治に在ては、寧ろ理論上最も下らぬとさるる所から着手するのが本当の順序だとされる。往年貴族院改革問題の起つたとき、私は伯子男爵議員互選規則の改正に全力を集中すべきを唱導した。世論は多く一時の完璧を期望し、あれも改めろ之も改めろと沢山の要求を出したが為に、遂にその目的を達し得なかつたではないか。全部の改革の要求は、取りも直さず不可能の要求である。故に改革の提案を喜ばざるさる政治家は、表に反対の意を隠して故《こと》らに《さ》一層急進的な改革案を主張し、以て巧に裏面よりその案の失敗をはかつたものもありしとか。之に依て観ても、実際政治に於ける政策の並べ方は政策理論の攻明とは全然その方針を異にするものなることを解すべきである。

極端なことを云へば、所謂政策はその時々にきまるものである。予《あらかじ》め列挙すべきものではない。投薬は病人次第である。薬舗の店頭の如く、有らゆる薬品を並べて大衆の眷顧を買はんとするは、実際政治家の為す所ではない。されば英国の政党などでは、あまり政綱政策を云はぬと聞く。尤も我国に在ては、積弊纏綿《てんめん》して改革を要するもの多々あり、従て予め大体の輪廓を国民に示すを便宜とせんも、それにしても今日は識者の間に自ら定論があり、就中《なかんずく》最も早く施設せらるるを要するものに付ては、各党各派を通して略ぼ一致する所ある筈と考へる。色々の綱目を洩れなく列挙し、甲の挙ぐる所偶々《たまたま》乙之を掲げずとて互に悪声を交換するは、吾人殆んどその何の意に出づるやを知るに苦むのである。

*

我国政界当面の最大急務は、実は何を為すべきかの綱目の列挙に非ずして、疾くに為されざる可からずして而も仍ほ閑却せられ居る急迫の諸問題を如何にして速に実現せしめ得べきかの攻究である。西洋でなら数十年も前に施行されて居るもの、之を政策のイロハと云ふ。今頃真顔でイロハの稽古でもあるまいと思ふが、不幸にして我国ではこのイロハすらが全然行はれて居ないのである。のみならず、そは近き将来に行はれる見込さへもないではないか。イロハすらが行はれぬ様な処に、高尚な理論の要求を見事にならべたとて何になる。完全なる綱目の列挙は、良い事は何でもすらすら行はれる様になつてからの事にしていゝ。且つ学者は頼まなくとも親切に之等を研究して呉れて居る。政治家の仕事としては、何よりも先きにイロハの消化されて滞りなく疏通するの途を開くことが肝要だ。この為にこそ新興階級は奮然として起つべきではないか。所謂政界の廓清を叫ぶのは、要するにこの凝滞に一大弊根の伏在を観たからではないか。この見地からいふと、綱目の列挙などに拘泥するのは老人の骨董いぢり以上の閑事業である。

最近政界の革新を標榜して起つた者に後藤新平子と武藤山治氏とがある。後藤子が徹頭徹尾既成政党の漫罵に終始し、如何にして当今の政弊を根絶すべきかの具体案を示さないのは、心ある者をして同子の心事を疑はしむるに十分である。政本提携の仲介に労するの醜態は姑く措《お》くとして、かの所謂政治の倫理化の主張の如きは、先覚政治家の経綸を説くの言として惜い哉半文の価値もない。武藤氏の活動に至ては、具《つぶ》さに本邦財政経済の実勢を精査し、その攻究の結果に基いて適確なる改革案を提示する所、誠に敬服に値するものがある。説の当否は必しも問ふ所ではない。併し之とても只氏の苦心と努力とに敬服するに止まり、之に依て同氏の政治家としての見識には何等の重きを加ふるものはないと思ふ。何となれば之は一個の研究に過ぎずして未だ私の所謂政策と称するを得ざるものだからである。思ふに武藤氏も亦単純なる経綸の列挙を以て即ち政治也と混同して居るのではあるまいか。それかあらぬか、彼れは屢々研究の結果を公にしては国民に実行の約束をする。併し国民の切実に欲する所は、手形の濫発ではなくて政界に於ける掩塞の排除である。不幸にして、武藤氏の眼光はこの方面になると至て鈍い。見よ、彼は同志の立候補に際して黄金を以て民心を誘ふを毫も恥ぢないではないか。之れ〳〵の綱目を実行すると約束しさへすれば、手段の如きはどうでもいゝと云ふのか。然らば彼れの政治的見識は、醜悪なる既成政党より断じて一歩も擢《ぬき》んずるものではない。この点に於て彼れは亦革命的左翼政党と全然その過ちを同うするものである。

＊

継子が継母の手許《てもと》でいぢめられ、碌に物も喰べさせられないで心神共に疲れ切つてゐるとする。疲れた継子を煽動して只管《ひたすら》継母に反抗させようと焦るのは左翼派の人達である。後藤子はたゞ口で継母の悪口を放つ丈け、武藤氏は立派な献立を見せる点で若干子供の心を誘ふものあるも、果して喰せるかどうか分らない。此間迂遠な様ではあるが、その継子本人をして自ら食つて行ける様にしてやり、継母に対しても自発的に適当の途を取らせようと云ふのが私共の立場である。

無産政党の任務の何処に在るかを願くは虚心平気に考へて貰ひたい。以上縷述《るじゆつ》する所、私は之を左翼派の人達を排撃するために云ふのではない、又右翼派の人々を弁護するために書いたのでもない。国民の一人としての偽らざる告白が一人でも真面目に政界の前途を憂ふる方々の同感を得れば満足だ。匆卒の際言ひ足らぬ点又言つて適切を失した点も多からう。併し全体の上に私の語らんと欲する心持は相当によく現はれて居る筈と考へる。未だ深く覚らずして犯した過誤は、大方の叱正に依て之を正すに吝《やぶさか》なるものではない。

〔『中央公論』一九二七年一月〕

近代政治の根本問題

目　次

第一章　純粋の政治問題とは何か

凡《およ》そ個々の政治問題が提起された場合に、その問題の性質に従つてそれぞれの専門分野に属する人々が、先づ如何なる対策、解決方法が最も妥当なりやにつき、審議決定するのを常とする。けれども、この審議決定すること自体は、厳密には政治問題であるといふことが出来ない。成程、政治家に関係があるといふ様な漠然とした意味では政治問題と言ひ得ようが、本論で取扱はうとする純粋な意味の政治問題ではない。

例へば、金輸出の解禁に就いてその是非が問題となり、或は売勲《ばいくん》事件の犯罪に関してその有無が問題となつた場合、世上ではそれ等を政治問題の名称で呼びかける。ところが、それ等の問題は、政治家に関連してゐる問題たるには相違ないが、問題自体として考察すると、飽《あく》までも純然たる経済乃至《ないし》財政の問題であり、或は単純なる司法の問題である。即ち、金解禁の断行が可なりや、可なりとすればその標準を何処《どこ》に求めその時期を何時《いつ》にすべきか、斯くの如きは経済乃至財政に通暁せる各方面の専門家学者によつて決せられるのであり、純然たる経済乃至財政の問題の領域内に存する問題である。同様に、所謂《いわゆる》売勲事件が犯罪を構成する事実を有するや、果して然らば如何なる刑によつて処断すべきかは、之また司法事務に専任せる司法官が定むるのであり、単純なる司法問題の範囲内に横《よこた》はる問題である。

右のやうに、政治問題といふ言葉は屢々《しばしば》無造作に濫用されるところであるが、その実体を理解してみると、案外に、単なる経済問題であつたり、単なる事実の調査であつたり、或は単なる倫理問題であつたりする場合が多いのである。従つて、何《いず》れもそれぞれの専門家学者によつて調査され審議され裁断さるべき性質の問題であつて、純粋の政治問題に該当しないのである。平易なる説明の仕方をすれば、個々の問題に就いて何が一番善い考であるかを決めるのは、純粋の政治問題ではないと云ふことになる。

では、純粋の政治問題とは何か、その意義を闡明《せんめい》しなければならぬ。斯く論じて来ると純粋の意味に於ける政治問題とは、非常に難渋《なんじゆう》なことの様に思はれるが、実は何人《なにびと》にとつても容易に会得《えとく》される平凡事なのである。即ち、あらゆる問題を通じて、専門の人々が考案し工夫したる最善の方策なり最高の意見なりが、常に実現し得るためには、如何なる政治上の仕組が必要であるか、この問題こそが純粋の政治問題だ。つまり最善の方策や最高の意見そのものを探究施行することではなくして、かゝる政策や意見が容易に且つ迅速に実際の政界に実行され得る様な途《みち》を如何にして確立すべきやの問題が、純粋の意味に於ける政治問題である。

絶対専制主義を以つて施政上の根本方針としてゐた往時の封建治下にあつては、大名の方で独断的に最善なりと決定したことは、如何に苛酷な取締規定であらうと即刻に実行に移すことが出来た。農工商等の所謂百姓町人などに異論がましいことを言はさぬは勿論《もちろん》、士分の者と言つては浪人を除く外、すべてがその大名の食禄によつて生活してゐる下級の役人であるから、所謂「民は由らしむべし知らしむべからず」との原則が適用されて、箝口《かんこう》の状態にあつた。ところで、最近の時潮では、かゝる為政の擅断《せんだん》が容易に敢行されなくなつた。如何に最善の法律案と雖《いえど》も、矢張《やはり》議会の多数を獲得しない限り、法律として実際に行使することが出来ない。しかも議会の多数を獲得することは頗《すこぶ》る至難の業であつて、複雑な利害関係や面倒な恩怨関係が絡《もつ》れ合つてゐるのであるから、時々暴力沙汰までが飛び出す有様である。かゝる醜争を慨歎して袖手《しゆうしゆ》するならばそれまでだが、最善の法律案を通過させるためには、是非とも昂奮したり激怒したりしてゐる代議士諸君を勧説《かんぜい》し納得させて、議会の多数を形成しなければならぬ。同様のことは、多数の家族員から成つてゐる一家庭内にも起り得るのであつて、是非の弁別が明瞭であるにも拘《かかわ》らず、感情や無智のために問題が紛糾する場合、之を平和裡に解決してゆくことは容易でない。

そこで、主観的に言へば、自分が最善と思つた事柄を一家内でどう実現するかと同じ様に、自己の最善と信じた法律案を成立させるためには如何なる態度に出るべきかといふ問題、又客観的に言へば、最善の意見を一家の家風としてどう出現させるかと同じ様に、最善の法案や方策をして容易に一国の法律、政府の政策たらしめ得るためには如何なる仕組が妥当であるかといふ問題、之が純粋な政治問題なのである。

右に述べた如くに、純粋の政治問題とはしかく平凡なものであり自明のことでもある。しかも、この平凡にして自明の事柄が、世間では充分に咀嚼《そしやく》されてゐないのであつて、政治家の間にも兎角《とかく》に等閑視されたり、理解されてゐなかつたりする。そして、そのために「多数の暴力」が公然と横行したり「政権噛《かじ》りつき」の陋態《ろうたい》が跋扈《ばつこ》したりして、憲政の順調なる進展が往々阻止されるのである。かくして、この平凡自明なるべき問題が、今更めいて力調されなければならぬ礎地《そじ》が、こゝに存在する次第である。

一体、実際政治に在つては、完全なる指針的確なる真理といふものはないのである。否、ないのではなく、容易に見出すことが出来ぬのである。しかも、見出すことが至難だとの理由を以つて無為に放任して置くわけには往かないから、斯うもあらうかあゝもあらうかと考慮の揚句《あげく》、兎に角も何等かの施設を試行しなければならぬ。それでも飽くまで最善の方法を探究して後日になつても何等の更改や訂正を要せぬ様にするといふことは、政治家の心掛としては誠に賞讃に価するが、之を政界運営の客観的規準として要求するのは、畢竟《ひつきよう》一つの屁理窟に過ぎぬ。故に実際政界に通用する議論として何が最も肝要かといへば、上述したやうに、最善の政策そのものを探求施行することではなくして、寧《むし》ろ常に容易且つ迅速に最善の政策が代行され得る様の途筋をつけてをくことでなければならぬ。換言すれば、少しでもヨリ善き方策が見出されたら、何時でもこだわりなく之に遷《かえ》り得る様の仕組をたてることが大切なのである。

個人の修養に関して青年諸君に忠告する場合でも、「熟慮して後に断行し給へ。考へて之が正しいと能《よ》く見定めのついた時に、大いに勇気を振り起して敢行することだ」と言ふことは、教訓としては正しいのであるが、尚《なお》それは一面的たるの譏《そし》りを免れぬのであつて、他の一方に於いて「だが、之のみが最善の唯一者だと思ひ詰めては不可だ。更に反省考慮してヨリ正しいことがあれば、容易に他を採用し得る寛容の態度が必要である」と補足されてこそ、この教訓が一層完全に近づくのである。即ち、之が最も完全だと思ひ詰めた時は、不完全さの迷路へ踏み込んだ第一歩であつて、本当の修養は善いと確信したことを実行するにあるのだが、他の一方に於いて、他にもつとヨリ善い方法が存在するのではなからうかと反省の態度を執《と》つてゆくことを忘れてはならない。従つて、真の修養とは、絶対者を墨守することではなく、何時でもヨリ正しいことを執り得るやう常に正しからんとする態度を持続しつゝ日常の実践に処すことにある。又、主観的には、最善と信じて直進しても、客観的には、迷惑であつたり滑稽であつたりする場合がないではない。そこに、他人の自由なる批判を参考にして、正当な批判を甘受し摂取するだけの雅量を必要とする。槍術の名人などゝいふものは、動かなくともその鉾尖《ほこさき》の中に無限の変化を蔵して、何処へでも自由自在に突き動かすことの出来る融通性を習得してゐる。修養の要領も亦、この点にあると言はなければならぬ。

修養に就いての右の論議は、同時に政治に対しても殆んどそのまゝが適用され得るのである。政治問題に於いても、之が正しいとして決定された事柄であつても、それを恒常的に飽までも固守するといふ態度は、拒否されなければならない。従つて、去年斯く斯くの声明をしたから、今年も去年の言責を守つてその声明通りの責任を果すべきであるといふ様なことは、政治学上では原則として不可とされてゐるばかりでなく、実際上憲政の進歩した諸国の政界に於いても重視されてゐないのである。去年は去年、今年は今年。尤《もつと》もそれを口実として何等の理由もなしに、政治上の公約を弊履の如く破棄し去るといつた不条理さが起り得る懸念がないではない。けれども上述のやうな諸国にあつては、代議士を選出する際に、口実を不当に振り廻はす様な不誠実者は、選挙戦の落伍者となつてゐるから、かゝる懸念は所謂杞憂《きゆう》たるに過ぎぬ。だから一旦人格に信望を繋《つな》いで選出した以上、国政の調理に当つては、その場合場合の所信に従つて、最善と認めるところを果してくれさへすればよいといふわけになる。議会内に於いても、客観状勢の変化を無視して去年の言責を今年に結末すべしなどの攻撃めいた要求は、何れの政党員からも発せられない。又、最高の政策を決める内閣の会議にあたつても、既往の先例に拘泥《こうでい》するやうなことは毫末《ごうまつ》もなく、自由闊達にやつてのける。英国にあつては公式的な閣議の記録は之を全然に作製せず、将来記録によつて拘束されることのなきやうしてゐる。

個人の生活に在つても、正しからずと識り乍《なが》ら行動するは固《もと》より悪いが、之が正しいと固執するのも不正の始まりで、常に正しからんとする態度こそ、一番正しい生活方法だ。政治に在つても亦然り。何が絶対善なりやを客観的に定め難き限り特定の政策のみを目《もく》して最善となし之を盲信固執する程、危険なことはない。当事者が主観的にその牢固たる確信に基づいて行動することは、結構な生活態度であるが、更に一歩進めて、客観的にはヨリ善いものが現はれた場合に何時でも之に代位せしめ得る態度や仕組がなくしては、社会の進歩は停滞する。一時の方策には誤謬や欠点があるであらうが、斯くして始めて我々は、全体の進歩の上に着々として最善者の発現するを期待し得るのだ〔と〕考へる。

第二章　純政治問題として肝要なる二点

前章に於いて、純粋の政治問題とは如何なる意義を有するものであるかを検討した。扨《さて》、かゝる意味に於ける政治を順調且つ健全に成育させるためには、如何に処置すれば可能であるかが問題となつて来る。成程、そのためには種々細末な方面にまで及んだ方針や対策が存し、それ〴〵に対して是非の議論もある。けれども究極するところ、右の諸案を整理してみると、次の根本的二要素に還元することが出来る。

甲、一般に正当な方策や妥当な意見をして、常に遅滞なく実現せしめ得ることを保障すること。

乙、他に、ヨリ正当な方策や、ヨリ妥当な意見が常に相継起して発達することを可能ならしめ、又は助長すること。

即ち、右の二点に大体帰着するのである。だから、換言すると、政治の基本問題としては、第一に、一番善い考へが現はれることを保障するやうな仕組を、政治上の制度として表現すること。第二に、右の制度が充分に運用され得る準備乃至は礎地として、民衆の智識や道徳を遺憾なく啓発し涵養する方途を廻らすこと。約言すれば、前者は制度の問題であり、後者は施設の問題である。この両者をば、政治の基本問題として確立したのち、その間から始めて最善の方策や最高の意見が、それぞれの専門家を経て発動して来るといふのが、理想的な姿なのである。

説明の便宜上、先づ制度の問題に就いて考察を加へ、次いで施設の問題に関して研究をおし進めよう。

第三章　民衆政治の確立を保障する基本的制度

常に最善の意見が実行されることを保障する制度としては、現代文明諸国中に諸種の形式が存してゐる。勿論その形式の内容は非常に多岐点〔ママ〕にまで及んでゐる。しかしながら、その最も普遍的にして且つ不可欠のものとしては、多数決の制度と代議制とである。元来が、この両制度は上述した様な目的を以つて建設されたものであるから、両者の運用に際しては、その根本的意図に遡《さかのぼ》つて、それに背反しない様にすることが必要であるとの要求が起るのは、当然且つ必至の事柄である。

若《も》しこの両者が妙用されることなく、却《かえ》つて逆に濫用され悪用されると、全く本来の目的と正反対の悲しむべき結果を招来するの危険があるだけに、飽くまでも本然《ほんねん》の目的性に即して、両制度が理想的に運営される様に努力し監督しなければならぬといふことになるのである。このことが、純粋の政治的見地から我々民衆に対する要求となつて生れて来るのも亦、自然の数《すう》と言ひ得やう。

第一節　多数決の制度

第一、多数決の制度の根拠

先づ多数決の制度が、何故に最善の意見を実行させることを保障してゐる制度であるか、その合理性を研究せなければならぬ。

簡単な例を採つて説明の便に供しよう。此処に百人の会員があつて、その例会の席上で或る実行案につき討議をした結果、甲乙の二説に分れたとする。そして五十一票が甲の説に賛成し、四十九票が乙の説に賛成し、僅かに二票の差で甲の説が採決に勝つたとする。

この場合、普通、乙説の人々は、二票で惜敗したことに、何等か不公平が存するやうな気がして、苦情がましい愚痴を繰り返す。又、之を見聞した第三者の人々は僅か二票の差を標準として、乙説よりも甲説を正しいとした点に疑義を挟む。百票の中、甲説が九十票、乙説が十票といふ位ならば、成程、前者が正しいと認めても無理ならぬ。僅か二票の差なのだから、或は甲と乙との判断は事実上正反対であるかも知れぬ。五十一票の意見は、一体如何なる合理的根拠によつて、四十九票の意見を圧倒しその強行を要求する権利があるか、と責めよせる。

かゝる考へ方は一応尤《もっと》もらしいが、矢張り皮相的な見解たることを免れぬ。何故かと言ふに、それ等の考へ方は、多数決の制度を目して、一人でも多数の賛成を獲た意見が直ちにそのまゝ正しいものと永久に固定する仕組であるかの様に解釈してゐるからである。即ち、二票の差異で勝つたといふことが、甲説をして恒《つね》に正しいものと確定したと信ずる処に謬点が存してゐる。凡そ何人にも、人間的な過誤や謬見が全然なしと、断言し得ようか。況《いわ》んや多数の集合に於いてをやである。従つて多数であるといふことは、決して意見の正しさを永久化しないのである。

扨《さて》、仮に多数決の制度が、不可とした場合に、果して何処に採決の標的が求められるか。普通と逆に、少数を以つて正しさを決する時は、多数決よりも更に幾多の明白な危険を有《も》つものである。

それでは、多数少数の量的関係を離れ、所謂質的方面に重点を置き「正しい意見」に従ふべしとするかも知れぬ。けれども、それを実際の制度に移植するとなれば、必ずや絶対専制主義の出現となり、実際的弊害を伴ふのであるから、矢張り正否の別は、多数の人々の判断によつて決しなければならぬことになる。さすれば問題は以前に逆転して、多数決の制度に依存するより他に途がない。

かく論じ来ると、多数決の制度は適当なものではなく、止むを得ない制度だと言ふ者が現はれるかも知れぬ。果して然るか。決して左様ではない。

一体、多数決制度の合理的根拠乃至は道徳的基礎は、一人でも多くの賛同を得た意見が、当分の間優勝的地位を占めるといふ点にある。前述した様に、人間には人間的なミステークを免れぬ。故に、現在多数決の制度によつて決したところは、客観的に見て或は欠点に満ちてゐるかも知れぬ。然らば、実際は正しいにも拘らず敗れた側は、今は不幸にして少数派として敗れたが、次回に於いては更に数人の賛成者を獲得することに成功して、勝敗の地位を転倒し得る可能性があるわけだ。かくて、自ら正しとする者には、前途に希望があり、この希望に促進されて、新しい努力が躍出する。そして、この努力は宣伝や勧説の形をとつて外部に現はれるのだから、他の人々に教育的効果を与へることになる。人間は、一時は錯誤や迷妄に陥ゐることがあるも、結局に於いては、正しい意見に賛成し之を支持するものだ。然らば、正しい意見は即ち終局に於いて勝利の途へ到達する道理だ。かくの如く、多数決即ち一人でも多ければ勝つといふ制度は、実に重要なる教化的作用を敏活に行はしめる刺戟物ではないか。

右の様な次第で、多数決の制度は道徳的に且つ合理的に是認され擁護さるべき根拠を確保してゐるのである。分り易い説明の仕方をすれば、多数決の制度は、その都度《つど》に正しい意見を発見確定するの制度ではないが、しかも究極に於いては、正しい意見をして行はれざるを得ざらしめるところの制度なのである。

先に掲げた会員の例によつて、多数決制度の要領を今一度、辿《たど》つてみよう。

多数決は、一票でも二票でもその会員の良心の賛成を得れば、勝利に近づくことを保障してゐる仕組なのだから、二票の差で惜敗した乙派にとつては、唯の一票たりと雖も大切であり、次回に於いて必ず勝たんがために、運動を起すといふことになる。運動と言へば卑しく聞えるが、かゝる運動が理想的に行はれる場合には、一般会員に対して立派な教育的効果を与へるものである。一人の魂をすらも蔑視しないといふことは、それだけ百人の会員の精神を向上させることになる。次回に於いて一人でも余計にサッポートを獲得するために努力することは、その運動をしてゐる本人について言つても、自分の思想や意見を能ふ限り洗練して可及的に善いものを提示しようとさせるものであるから、本人に対しての教育にもなる。第一回で惜敗したからといつて落胆するには及ばない。自説に誤謬があれば潔く清算して出直せばよい。飽くまで自説が正しいとあれば、次回に於いて五十一票五十二票を獲得することは頗る容易だ。一方、甲派にあつては、第一回の辛勝に酔つて安閑としては居られない。油断をすれば次回で惨敗を招かぬとも限らぬ。

かくて、甲乙両派は互ひに、ヨリ正しい意見を求め合つて競争し合ふ。玆《ここ》に多数決制度の妙諦が存してゐるのである。

第二、多数決制度が政争に与ふる効果

多数決の制度は今日大多数の諸国に於いて、政治の運用上欠く可からざる仕組として採用されてゐる。即ち、政権争奪の地盤を民衆の良心の上に持ち来り、その判断に基いて多数を捷《か》ち獲た政党が、政府の地位につき実際政治の衝にあ〔た〕るのである。

この制度は、十九世紀に至り欧羅巴《ヨーロッパ》に実現されたのであつた。明治維新によつて従来の封建政治の旧殻を脱出した日本は、直ちにこの制度を輸入した。その後、種々の失敗や障礙《しょうがい》の過程を経て、最近に漸やく政権の争奪といふことが民衆の間に公然と安心して行はれるやうになつた。――勿論、この制度が未だ充分に妙用されてゐないのは事実だ――。

凡そ政権争奪の歴史は極めて古いものである。一つの時代に於いて或る政治家群が政治の指導的立場を占める場合には、何時かは不満を抱く他の政治家群が現はれて反対党を形成する。そしてそこには常に政権争奪の問題が随伴する。多数決の制度が採用されない時代にあつては、政権争奪の形式は暗殺、刺殺、戦争等の腕力乃至は武力によつて行はれたのであつた。日本の政治史に於いても、最も古い政権争奪の形式は暗殺であつた。中大兄皇子と藤原鎌足とは談合の結果、政敵蘇我馬子を殺戮《さつりく》した。勿論当時にあつては、多数決の制度による政権授受の平和的形式がなかつたのだから、他に採るべき策とては見出し得なかつた。この種の暗殺や刺殺が流行するに従つて、政治家は互ひに自己防衛と同時に勢力伸長のため、手兵を養成し訓練するやうになつた。かくて一旦政治家間に衝突が起れば武力闘争即ち戦争が惹起するは避け得難いことであつた。武力と武力との闘争である以上、その間に随分と悲惨な状態や甚大な悪害を結果すること丶なり、従つて、一般民衆の物質生活や精神生活に大破綻大擾乱《だいじょうらん》を影響させずには置かなかつた。民衆は勿論、為政家の方でも、そこに種々の矛盾と煩悶とを感じるやうになつた。そして、この矛盾と煩悶とに対する解決策として現はれたものが、多数決の制度であつた。即ち、政権争奪が民衆の判断を基礎として多数の味方を形成することによつて行はれるといふ形式が必要となつたからである。

扨、右の制度が理想的に運営されるものとすれば、所謂多数横暴などといふことは、全然にその悪しき意味を喪失する。即ち、一人でも多数の賛成なり票数を獲たものが、一時全権を委任されるのであるから、この意味での多数横暴は物理的横暴ではなく機能的統制である。唯、その多数を獲得する手段方法が理想的の要求に適合せずして不正の手段方法を以つてしたとするならば、これこそ真の多数横暴として指弾さるべきは言ふまでもない。だから多数決本来の理想から論ずれば、正当なる手段に基づき、多数を擁したものが、政治の実際を委任されてその所信通りの政策を遂行し、一方少数となつたものが、政治の実行方面から手を引くといふ風になる。と言つても、その間は少数となつたものが、単に袖手《しゅうしゅ》し萎縮して消極的な沈黙状態にあつてはならない。却つて、少数派は、自己の所信が正しいとする限り、近き将来の機会に於いて多数を獲得するべく努力し運動するといふ重大なる任務を負はされてゐるのだ。こゝに議会に於ける少数党の使命が存してゐる。四年後にあつては或は絶対多数の支持を得て政権獲得の可能ありとの確信や希望があるから、現在議会内に於けるあらゆる票決に際して、敗北すると決つてゐたり或は現実に敗北してゐるとしても、少数派は常に堂々とその態度を続けることが出来る。従つて、多数決の制度が妙用されてゐる諸外国にあつては、少数党の議会内外に於ける言辞は、一方に於いて数年先の民衆に向つてその所信を伝へ、他方に於いて現在の民衆を教育しつゝあるのだ。

繰り返して説いた如く、多数決の制度とは、多数だから正しいといふのではなく、一人でも多くの味方を得れば勝つものと保障してゐる点に特色がある。従つて、この制度が政治の運営に応用されると、為政家は互ひに民衆の良心に一致するやうにと競争することに専心し、延《ひ》いては一般の民衆の意識を啓蒙し教育するといふ効果を齎《もた》らすのである。時期を限つて観察すると部分的には或は不正や誤謬が存在してゐるかも知れないが、長い期間を達観した場合、全体の立憲政治の運用過程の上に常に一番善い考へが上方へ浮び出るやう仕組まれた制度が、政治上の多数決であると言つてよい。

第三、多数決をして合理的ならしめる諸条件

第二に於いて多数決の制度が、政治上に如何なる効果を与ふるものであるかを説明した。しかしながら右の様な効果は、該制度が妙用されて後始めて実現され得るものであつて、事実はしかく容易に行はれるものではない。ともすれば多数横暴の方向に傾むく弊害が生じ易きものであるから、一度制度の運用方法を誤まれば予期しない逆の結果を生むことになる。恰度《ちょうど》それは医者が臨床に際して用ゐる劇薬の如きものである。多数決の制度はどうしても近代政治に不可欠のものでありながら、適用の方途を失すれば非常な危険を導く惧《おそ》れがある。

かくて近代政治の発達に伴つて、多数決の制度を飽くまでも維持しようとする以上、それには三四の条件を必要とする。これ等の条件こそは、多数決制度の運用をして合理的ならしめる所以のものであるから、是非とも留意しなければならぬ。

第一の条件

政権を争ふ者即ち政治家と、彼等から賛成を求められる者即ち一般民衆との間には、純然たる道徳的関係が存在してゐなければならない。

自己の良心乃至、自由なる判断からこの党又はこの人ならば信認することを得べしとの道徳的確信の下に、何れの党を支持し何人をサツポートするかの問題が解決されねばならぬ。換言すれば所謂政治運動は、極度に公明にして正大たるべきことにある。この点に就いては、既に諸外国に於いて非常に論議され強調された問題であり、しかもその結果相当の好影響をもたらしたのであつた。

日本に於いて特に今日強く論じられてをり且つ又強く責むべきことは、各政党の地盤といふ問題に関してゞある。卒直に言へば、地盤政策は不可だと断ずるのだ。此処が自分の地盤だとか勢力範囲だとか、政党殊《こと》に既成の

諸政党が、少しでも善いことをして善い品物を作り、廉《やす》く売るから買つてくれと言ふのならばまだしものこと、さうでなくして、此処が俺の縄張りだと決めてかゝり、その範囲内には一歩も他の競争相手を入らしめず、悪い品物を高く売りつけようとするのが、かの地盤政策だ。或は地盤政策とまでは行かずとも、軽薄なる宣伝によつて、恰度盆暮の売出しの様に楽隊などを行進させて、公衆を瞞著し粗製品をなるだけ高く買はさうといふのが、在来に於ける政治運動の普通形式であつたとするも決して過言ではない。

斯る地盤政策を飽くまでも持続しようとするのは、悪辣《あくらつ》な商人がお屋敷の会計掛りを籠絡《ろうらく》して粗品を高く買つて貰はうとする心組と同一だ、勿論このことは、政治家の地盤政策に利用される側にも、欠点や過失があるのだから、一般民衆としてもかゝる政党の地盤政策の犠牲にならぬやう戒慎《かいしん》すべきである。

一体、政党といふものは、政治家の団体であつて、政治に素人である一般民衆は原則として政党に加入しないといふ態度を可とする。何県何郡何某以下一万何千人かゞ、某代議士の紹介で入党したなどの話が、よく既成政党から洩れるが、かゝる現象は日本以外に世界各国の何れにもその類例を見出だすことが出来ぬ。

元来、政党員とは、之を相撲に譬ふるならば、晴の土俵に出て相撲をとる力士である。ところが、我々一般の民衆は純然たる見物人である限り、相撲をとらずして番附面に姓名を記入せよと強要するのは、不条理といふよりは滑稽だ。それと同様に、政党の地盤政策の犠牲となつて政治家ならざる局外者が政党に所属するといふことは、却つて政党の害悪を助長することになる。民衆は飽くまで、厳正なる行司の立場にあつて、何れの政党にも腐縁を繫がずに、少しでも民衆のための努力と実践とを惜まない政党に、軍配をあげるといふことにならねば、各政党は決して効果をもたらさない。却つて堕落《だらく》の途を辿ることになる。この点は、各国に於いて一般の民衆が苦い経験を嘗《な》めたところであり、日本に於いても、現在の各既成政党の醜争は、こゝに根本原因が潜んでゐるのである。

政治の発達は、この醜悪なる地盤政策のために阻害され停頓する。しかも、従来の既成政党にとつては、この地盤政策が殆んど唯一の政策武器であつただけに、この点を攻撃されることに最も畏怖を感じる。既成政党の人々が、私を指して危険思想の把持者だと難ずる所以《ゆえん》の一半は、私の言説が始終忌憚《きたん》なしに地盤政策の醜悪さを指摘することにあるらしい。成程、私は地方などに講演に出かけた際には、必らず村長や村会議員の人々に対して既成政党に加入しないやうにと力説する。従つて地盤政策を生命と頼む既成政党の邪魔になることは確かである。だが、邪魔になるの故を以つて危険思想の把持者と言はれるのであれば、私はこの誹謗を甘受しよう。

右に述べた如く、一般の民衆が既成政党の地盤政策といふ腐縁に拘泥してゐる間は、決して政治運動に於ける多数決の制度は理想的に運用されないのである。随つて、選ぶ者と選ばれる者との間に道徳的信認関係が存在し、互ひに良心の傾投状態にあること、これが多数決制度の円満なる進行上に是非とも必要なる第一条件と言はねばなるまい。

茲に附言すべきことは、無産政党に関してである。日本の各無産政党は、その誕生以来尚《なお》多くの星霜を経てゐない。だから、政党そのものは若々しい成育の途上にあり、それだけ卒直性乃至は純真性を失つてはゐない。将来はいざ知らず現在にあつては、既成政党程に邪道に踏み込むでゐるものとは思はれない。今日各無産政党が或程度の地盤政策に意を用ゐるのは、或は既成政党との対抗上止むを得ざる方途でもあらうし、或は清澄なる真の民衆政治を確立しようとの意図実現のために採用される一手段でもあらうし、或は無産政党の性質上、不利な労働条件に圧迫されてゐる人々の経済的団結体——組合——をその主なる構成要素としてゐるからでもあらうと、解釈される。ともかく、政党員の何れもが大体に於いて、利権や栄達を目的として狂奔してゐるのではなく、政治改造といふ真情に発足してゐるのであり、直接間接に実際の政治運動に参与してゐることは事実である。この点に於いて、彼等は普通の所謂政党員とその本質を異《こと》にしてゐるのであり、その地盤政策も弊害が尠《すくな》いわけだ。

しかし乍《なが》ら、地盤政策なるものが政治上に於ける変則方法であることを常に意識し、既成政党の所謂醜悪なる地盤政策に追従するやうな狂態を演じてはならぬ。現在の無産政党方面に於いては、従来政治上経済上不利な地位に置かれてゐたものが、相互に納得し合つて、政党加入の問題が解決されてゐるが、将来に於いてもこの方針を操守し飽くまでも政治の基礎を道徳的信認関係に覓《もと》めるやうに努力すべきものと信じる。

各無産政党員は、無産政党が現下に採用しつゝ、ある地盤政策を以つて永久不変の政争手段とすることなく、将来に於いて一切の地盤政策を一掃するための過渡的手段たるに過ぎないといふことに、絶えず留意してゐなければならない。

第二の条件

政治上選ぶ者と選ばれる者との間には道徳的信認関係が必要だと言つたが、そのためには自己の所信通りに投票が出来るやうあらゆる方法を尽して保護しなければならない。

今日各国の選挙関係法規に於いて、選挙民の良心の自由を保護するといふ点に主力が注がれてゐる。ところが、このことは兎角に間違つた視角から批難される。一部の人々は言ふ「選挙とは国家に対する公の義務を行ふのである。何を苦しんでこそ〳〵やるのか？　正々堂々とやれば万事が済むのだ。細末の法規づくめで人民を罪人扱ひにするまでもあるまい」と。成程、この言葉は一面の道理を現はしてゐることに相違ないが、この単純な事柄が実際にあたつては行はれないといふことが歴史上経験上で充分に証明されて来たのである。

投票の最も古い形式は口頭であつた。即ち選挙長の面前へ何の某に投票する旨を口上で申し出たのであつた。しかしながら、之には種々の弊害を伴ふことが明になつたので、右の形式は漸次廃れ、成るべく他人に見られないやうな、又他人に知られないやうな投票形式を採用すべしといふ主張が擡頭して、無記名投票の形式が原則として実施されるやうになつた。

尚、選挙民の良心の自由判断を擁護するための制度としては、無記名投票ばかりではなく、その精神を徹底するために、種々多様な方策が廻らされることになつた。

凡そ選挙取締に関する法規は、良心に基く判断の自由を束縛するやうな行為に対して、厳重に禁圧を施さねばならない。選挙戦に際して民衆の良心を誘惑し動揺させる者には、誘惑され動揺される者より一層の罪ありとして、厳罰に処するといふのが、各国の選挙法規に於いて見出される傾向である。ところが、日本の選挙法規にあつては、両者殆んど同罪として取扱はれその間に何等軽重の区別をつけてゐない。元来、選挙犯罪なるものは、普通の犯罪とはその本質に余程の差異がある。普通の犯罪にあつては、例へば如何に厳重なる戸締りを施すとも盗賊の方で押入らうと思へば、その戸締りの厳重さも彼の侵入を防ぐことが出来ない。周到な戸締りがしてあるにも拘らず、盗難にかゝつた際には、被害者の責任にはならない。そこで盗難を防止するためには、盗賊を法規上厳格に処罰するやうにすればよいわけである。扨、選挙犯罪にあつては、以上の例とは稍々《やや》その趣きを異にしてゐる。成程、中には習い性となつて選挙毎に自己の投票を候補者に売りつけようとする常習者もあり、候補者の方から何等言葉をかけないでも無理矢理《むりやり》に投票を金に換へやうとする者もないではないが、大体に於いて選挙犯罪を構成する本元は、黄白《こうはく》を積んで買収する方にある。例へば、金を貰つても政府党だから大丈夫だとか、或はこの金は元内務大臣の軍資金から捻出されたもので安心だとか、かゝる甘言にのせられて、大した犯罪とも思はず迂闊《うかつ》に金を握らされる場合が多いのである。従つて選挙犯罪は、金をうけとる方が悪いのではなく、与へる者があるから之をとるといふことになり、結局は与へる方が重々悪いのである。賄賂を貰つたとか一票五円也で売つたとかいふ人々を如何に多人数法網にかけるとも、かゝる犯罪の本源は決して根絶させられるものではない。即ち、賄賂を出したり買収したりした者を、厳重に取締らねばならないのだ。実際問題にあたつてかゝる取締方法が困難であるとのことを屡々《しばしば》耳にするが、真実に困難であるよりも寧ろ取締る政府の方に差支《さしつか》へがある。何故かと言ふに、最も多額な機密費を使用する者は政府だ。だから、この種の取締が厳重に過ぎると、自縄自縛の憂目に逢ふことになる。かゝる取締規定が理想的に実行されてゐる外国であれば、先づ刑務所の鉄門をくゞらねばならぬ者は、内務大臣、法制局長官、内閣書記官長等政府の顕官連だ。実際は、外国でもこんな極端なことは大体に於いてないが、政府の大官と雖も投票を買収した様な者に対しては、非常に厳酷なる所罰に附し、大抵は十年間位の公権停止といふことになる。日本に於いては、公権停止といへば大した不名誉でもなく、本人は平然たるものだが、西洋にあつては、公権停止は最も効果的な社会的制裁であり、以後は絶対的に社会から引退せざるを得ない程のものである。かゝる厳重なる制裁を与へることによつて金を差出す方を取締つてゐるのであるから、買収とか賄賂とかの根源がなくなる様になつてゐる。何れの国にあつても、買収や賄賂といふ醜事件がないではないが、日本の選挙戦に際して取引される買収や賄賂は、その例が世界に稀だと云つても過言ではない。しかも、選挙取締の規定が、買収や賄賂の本源を根絶するやうな方針を採用せず、単に表面に現はれた末梢部分を取締つてゐるに過ぎないのだから、その取締方法が頗《すこぶ》る煩雑を極めてゐるのだ。おそらく日本の取締方法程に、複雑で煩瑣《はんさ》なものは他にあるまい。根本の禍因を芟除《せんじょ》するといふことに着手せずにゐるのであるから、如何に煩雑な取締方法を反復するとも、それは全く無効果である。

又、日本の選挙法規にあつては、ビラは幾枚、立看板は幾枚以上を禁止するなど細末な事項を明示してゐるが、これなども、選挙費用の最高額をさへ制限して監督を厳重にすればよいわけだ。金額に制限がある以上、ビラや立看板に多大の費用を充当すれば、それだけ他の方面の運動資金に不足を生じてくる。だから、選挙費用の制限額を厳格に取締りさへすれば、右のやうな些細な規定は全然不必要になる。

尚、簡単な例だが、国会議員、県会議員、市会議員などの選挙に際して、その選挙場に立会ひ至極遺憾に思ふことは、投票箱の置場所が当を得てゐない点だ。余りに立会人の側にあり過ぎる。もすこし投票箱と立会人との距離を長くすべきであり箱の位地は室の中央部にするが最も可だ。極く瑣末《さまつ》な事柄であらうが、公明なる政治を徹底させる以上、投票者の心理を立会人が牽引するやうなことは絶対に避けねばならない。

又、屢々問題になることは、句点や尊称を附した投票が有効なりや無効なりやに関してである。相手方の名前、即ち選ばれる者の姓名以外に符牒めいたマークを記入してはならぬとか、或は殿とか様とかの敬称を附記してはならぬとか、或は殿や様位ひは差支へなしとか、或ひは殿と様とを両方記入した場合は如何《いかん》など、よく論争の問題になる。一般に候補の誰であるかゞ分明する以上、句点や敬称は不都合ならずとされてゐるやうだ。之などは、一応は常識に適つた取扱ひであるやうだが矢張り種々の弊害を生む機会を与へてゐるものだ。何故かと言ふに、売買契約や権力関係に基づいて、「是非吉野作造に投票してくれ。君が投票した証拠として、吉野作造と認めた下部へ、句点をつけるなり、様を附すなりして置いて欲しい」などの約束が予めあるとする。そして、この句点やこの様がなかつた際には、投票者の許へ行つて約束の不履行を責める。かゝる弊害を防ぐためには、不必要な記入ある投票は全部無効とする他に適当な対策はない。この点に就いて、日本にあつては比較的寛大に取扱はれてゐるが、諸外国では厳重に之を取締つてゐる。これも能う限りすこしでも、選挙民の良心の自由、判断の自由を拘束制圧しないためからであらう。

かくて、選挙民の良心や判断の自由を保護するといふことは、多数決制度の施行上欠く可からざる条件なのである。

第三の条件

多数決の制度と言つても、要するに上述した如く、一般民衆の良心の判断が基礎になるのである。随つて、政治に対する判断能力を等閑に附してはならない。機会ある毎に一般民衆の判断能力を養成し向上することに努力をむけると共に、教育機関の設置を緊要とするのである。

扨、現今、政治上に多数決の制度を適用することに就いて、一般民衆の教養程度延いては判断能力が低劣なりとの故を以つて、尚早論を唱へる一部の人々がある。彼等の主張するところに従へば、一般民衆が相当に訓練もつき教育も普及した後、この制度を採用すべきであり、さなくば愚民政治に陥ゐると言ふのである。か丶る尚早論者が民衆に要求するところは、不当に高度の教養や判断能力を重視し過ぎてゐるのである。彼等は何事にまれ、一般民衆は兎角政治に無関心ではないかと反駁するのが常だが、これは寧ろ、彼等の有する非常に高き自己の智的標準を、一般の民衆に覓《もと》めやうとするからである。多数決の制度を政治上に適用するからと言つて決して一般民衆の教養程度や判断能力が特に優秀でなければならぬといふことは毫《ごう》もない。

例へば、金の輸出解禁といふ問題が政争の題目になつた場合、一般民衆が、この問題に対して財政通や経済記者のやうな理解力を有する必要はない。万一にも、か丶る問題について専門智識を有する者のみが、選挙権を行使し得るといふことになれば、どうやら私も選挙権が貰へないらしい。

一般の民衆にとつて、細末な専門智識は不要だ。たゞ種々多方面の達識者の諸説やその紹介者の言説を熟聴した上で、何れの説が最も正しいかといふことだけが、受働的な立場から判断し得る能力を備へてゐるだけで充分である。その上、種々の達識者や乃至は解説者中何れの人が真面目であるか、随つて、一般に政務を安堵《あんど》して委《まか》すことが出来るかといふ所謂人格的な判断をなし得ればよい。一々の諸説を聴いてその内容の全部が遺漏なく是非弁別出来れば、尚更によいことは勿論だ。

尤も、現在の民衆が聴いて果して分別が出来るか、如何に傾聴しても理解出来ないではないかといふ論者もあるが、問題がこゝまで来ると、根本の人生観に関係して来る。凡そ民衆は、適当な境遇に置かれる場合には、無限にその境遇の変化につれて、その能力を漸次発展するものであるとの人生観に立たない限り、多数決の制度は根底から崩れることになる。最近一部の人々の間に流行してゐる唯物主義的人生観の立場からしては、決して多数決制度の合理的根拠を求めることが出来ない。人間はその環境に従つて、その能力を種々の方面に伸長するものであるといふことを信用した上で、始めて多数決制度の合理的根拠が生じて来るのである。故に、絶えず一般民衆をしてその能力を発展せしめる機会を与へることが、何よりも肝要なのである。このためには、一般民衆の教養や判断能力を基礎的に向上させるための教育的設備が必要であることは言ふまでもない。しかし、一方に於いて、選挙の際には最も簡便に民衆教育を施すことが可能なのである。民衆は、選挙演説会の機会に、種々の言論を聴き、その智識内容を豊富にすることが出来るからである。それが不真面〔目〕な選挙演説であれば、却つて民衆に悪い影響を与へることになるが、それと反対に、演説者が真面目な意見を述べるといふことになれば、これ程、民衆教育の普及にとつて絶好の機会は他にないのである。

余談めくが、現在、多数決制度に対する反対論者は、右に述べた如く一般民衆の判断能力が、未だ低度なるを以つて実施尚早なりと言ふのであるけれども、以前にあつては、判断能力の点からではなく、封建的思想の立場から、多数決制度を反対した者が多かつた。即ち、封建時代の訓練が為政家の脳中を強く支配してゐた明治初年に於いて、この種の反対論が多かつたのである。一体、封建時代といふものは社会の表面が比較的平穏に見えて、しかもその底流が戦時状態であることを以つて常態とされてゐる。言葉を換へると、エターナル・ホスチリチーといふのが、封建時代の社会的基礎である。平易な説明の仕方をすると、隣りと此方とが集れば必ず争闘するものであるといふ根底の上に、一国の仕組が樹てられてゐるのである。だから、他人を見れば盗人と想へとか、門を出づれば七人の敵ありとか言つて、なるだけ警戒心を養成することに努めてゐる。即ち、戦時状態といふのが、封建時代の思想的根底なのであるから、階級主義の色彩が濃厚で、万事上の者は下の者を抑圧し命令するといつた傾向が頗る強い。しかも政治上では専制々度の仕組が充分に組織されてゐる。従つて、天下の政治を多人数の人々で協議し相談するなどといふことは非常な禁物として、皆の脳裡に深く刻み込まれてゐた。

かゝる状態であるから、所謂先覚者と呼ばれた人々でさへ、国内にあつては、洋書を博く繙読して一廉《ひとかど》に文化開明の思想を咀嚼したつもりになつてゐながら、一度足を西洋に向けて、外国の実際を親しく見聞した場合には、全く一驚を喫したのであつた。例へば、明治の大先覚者、福沢諭吉先生のものされた著述などに於いてもその点を看取することが出来る。その一節に、凡そ天下の大政を国民が徒党を組んで相争ふといふことは果して是なりや否や、大いに疑問を挟んだ、といふ意味の箇所がある。

又、明治初年の一留学生が、アメリカで大統領選挙の実況を見て、かゝるお祭り騒ぎで政治を取扱ふ国は文明国でも先進国でもない、といつたやうな、今から思へば珍妙な報告書を本国にもたらした者さへあつた。

更に、時代を遡つて文久の末年に、初めて渡米した日本の使節等は、アメリカの議会に案内され、法被《はつぴ》を着て股引《ももひき》を穿《うが》ち天下の政治を議してゐる、とて非常に驚愕したさうだ。村垣淡路守の行脚《あんぎや》覚え書きを見ると「その光景は今の日本橋の魚市場の如し。是豈《あに》天下の大政を議する体裁ならんや」との文字がある。

では、天下の大政を議する徳川時代の老中会議は、如何なる形式で行つたかと言ふに、列席の諸士は各々その面上に憂色を湛えて沈黙し、言葉の上で激論が飛び合う様なことはなく、なるべく書面を以つて上席者に意見を差出すといつた調子であつた。従つて、アメリカの議会で、議員が大声でしかも高処から演説する光景に接して驚いたのも無理ならぬ。芝居で演《や》る大石蔵之助が赤穂城の評定に際して、大野九太夫と火の出るやうな論争をしたことなどは、当時の実景で無かつたか、或は全くの例外であつたのであらう。かゝる次第であるから、明治初年に於いて、多数決制度の採用が大問題となり、極端に排斥されたのも尤ものことであつた。

*

右の様な三条件が凝滞《ぎようたい》なく具備実現されるとなれば、多数決制度の運用は理想的に行はれ、政治本来の目的を達成し、同時にその政治運動なるものは、一般民衆を教育しその智能品格を向上し、教化的効果を伴ふことになるのである。現在あるがまゝのやうな状態では、政治に何等の教育的効果が伴ふことなく、却《かえ》つて一般民衆を堕落の淵に沈めるものと言はねばならない。世上で政治家なる言葉が、とかく響きの悪いものゝ様に解釈され、尠くとも地方の家庭でその主人が政治家にならうとする場合、その母親や妻君は、主人が東京で道楽を始めたり検事局へ呼ばれたりしないかと心配する傾向があることは、政治と道徳とが完全に一致してゐない状態にあるからだ。

第二節　代議の制度

第一、代議制度の根拠

凡《およ》そ代議制度とは、かの多数決制度が政治上妙用されるための方策として編み出された必然の所産であり、人間の団体生活に於いて仮名〔マヽ〕善き価値——全体としては最高の価値——の発現を可能ならしめるための仕組である。

即ち、政治は、多数決制度によつて運営されるのであるが、一般民衆が直接に実際の政治の衝にあたるのではなく、民衆中よりその先達として或は先覚者として選んだところの少数の政治家といふ群団に、一切の政治的事務を托するのが、代議の制度である。

成程、世俗の諺に「自分のことは自分が一番に知つてゐる」といふことがあるけれどもその結論として「自分のことは之を他人に頼んではならぬ」といふことにはならない。又、自分のことを自分程に知つてゐるものはないといふことも、一面の真理ではあるが、他の一面には真理ならぬ逆の場合が存し得る。卑近な例ではあるが、腹痛といふことは、自分以外の他人には感じない以上、その痛さの程度は、自分が誰よりも最も知つてゐるわけである。しかし、それを如何にして治癒すべきかに就いては、素人の自分では分るものでなく、専門家たる医師の診断に俟たなければならぬ。つまり或る事実の認定は、それに関係ある人々の判断によるのであるが、認定された事実の上に、如何なる解決、対策を与ふべきかの問題は、特別の教養と特別の技能とを有する専門の人々の意見に聴かねばならない。団体生活に仮名〔マヽ〕善き価値の発現を可能ならしめること、約言すれば価値の創成は、常に天才の事業であり、或は英雄の事業である。極めて恵まれた天分や素質を有つてをり、又頗《すこぶ》る好条件好環境に置かれて、深い教養と多くの経験とを積んだ人々が、価値創成の技術把持者と言ふことが出来る。斯くの如き天才か乃至は特殊の能力を有せる少数の人々を選出し、政治の実際を彼等に任すといふのが、代議制なのである。

扨《さて》、世上には代議制度を非難するの声が相当に強い。代議制度では、民衆の要望が完全に現はれないと言ふのだ。又、甚しきは、代議制度なるものが、専制的寡人《かじん》政治から自由なる大衆政治に移る一時の過渡的政治形式に過ぎないと説くものもある。現在の代議制度が、美事な成果を収めてゐないことは事実である。彼等はその原因を、代議といふ制度自体に帰してゐる。即ち、代議とは、本人の意思そのまゝを執行するのではなく、又少数の人々に対する人格的信頼に基づいて、その自由裁量に任してゐるのである。かゝる間接的なしかも精神主義的な制度は不充分であり、だから之を廃して、一挙に民衆自身の裁量といふことにしようとする。けれども、一体民衆自身の裁量なることは、非常に望ましいことであり乍ら、実際にあたつては常に不可能な問題である。卒直に言へば、一般民衆自身は、実際上自己に属する問題を如何に処置してよいかを知らないのである。適当な処置を施すためには、是非とも専門家に頼まなければならない。斯くして可能なる唯一の制度は矢張り代議制度なのである。

代議制度は、成程専制的寡人制度の廃墟の上に発達したるものである。と言つて代議制度もやがては前者と同様の轍を踏んで没落すべきものと解するのは謬断だ。代議の制度は、あらゆる団体生活に通ずる唯一の政治形式であつて、それを廃止することはとりも直さず、民衆政治そのもの、廃止と言はねばならない。現在の代議制度に不満を感じるのは誰しものことだ。しかし、それを押して制度自体を維持すべからずとするのは、原因をとり違えたものである。況《いわん》や、民衆自身の裁量即ち所謂《いわゆる》大衆政治の出現は、事実上不可能であり、たとへ実現するとしても、かゝる意味での大衆政治は、名は可なりと雖《いえど》もその実質に於いて、専制的寡人政治の復起〔帰〕なるに於いてをやである。米も調理法が悪ければ胃腸を害《そこな》ふ。胃腸を害ふのは、決して米が悪いからではない。従つて、適当な解決は、米食を止めることではなく、調理法の改良でなくてはならぬ。之と同じく、代議制度にあつても、今日多くの弊害を示してゐる根本的禍因は、その運用方法に欠陥があるのである。即ち、最も大切なる民衆の自由判断が毫《ごう》も利いてゐないためである。政治家の施設を民衆が虚心に批判し民衆がその感ずるところを述べてこそ、正しい政治が行はるべきものなるに事実は全くこれに逆行し、政治家に於いて予《あらかじ》め民衆を籠絡し、彼等をしてその主張に盲従せしむるやうな奸策がめぐらされてゐるためではないか。

昔の専制政治家は、何人にも異議を申立てさせはしなかつた。現今の政治家は予め操縦し虚勢〔去〕したる民衆を巧みに動かし、自己の立場に対して盲目的な裏書きを強要する。外見上は民衆と共に事を計るの形式が備つてゐながら、その実質上は私意を以つて天下の政治を擅行するに他ならざるは、何等専制政治家と異る点がないと言へよう。故に、今日の代議制度は全く悪用されてゐるものであり、文明を仮面とする一種の変装的専制政治の培養場の如くなつた。茲に、現在の政弊の根本的原因が潜んでゐる。では、これを矯正するの途は、代議制度を廃絶せしめることに非ずして、寧《むし》ろそれを本来の姿に戻すべきにある。

代議制度が政治上是非とも採用されねばならぬ根拠は右に述べた如くであるが、真の代議制度を運行させるためには如何なる条件を必要とするか？　この問題を次に説明しよう。

第二、代議制度をして合理的ならしめる諸条件

代議制度も矢張り前述した多数決制度と同じく、その運用方法を誤るときは幾多の弊害を招来することになる。従つて、代議制度をして健全なる発展をなさしめるためには、運用上如何なる諸条件を必要とするかゞ問題である。勿論、先に論じた多数決制度の趣旨が理想的に実現されねばならない。故に、第三章第一節の第三に於いて力説した諸条件を、押して以つて代議制度の必要条件としなければならぬ。だから、それ等の諸条件に就いては茲に繰返さないことにする。尚、それ等の条件以外に、必要と思はるゝ二三の条件に関して論述したい。さり乍《なが》ら、前述した箇所と重複した点があるかも知れぬが、その点は特に民衆政治一般の根幹問題と解して熟読の労をとられたい。

第一の条件　民衆の監督を必要とすること。

政治問題は言ふまでもなく、多数民衆の利害休戚《きゆうせき》に最も密接なる関係を有するものであるが、何が一般民衆の幸福なりやに就いて、民衆自体が確然とした意見を有してゐないことは先にも論じた通りである。成程、現在満足してゐるか、不満を感じてゐるかといふことは、一般民衆の意思に問へば直ちに分明するであらう。だが満足してゐる場合は別として、若《も》し不満が存するならば、その原因を何に求め、如何にして之を除去するかは、少数の天才乃至は特殊技能者の意見に依らねばならない。しかし乍ら、如何に天才であり特殊技能を有つてゐたにせよ、その弊害の程度に就いては、一般民衆に耳を傾け、所謂下情に通じなければならぬ。即ち、例へば病人を診察せずして、脳病であるとか胃病であるとかを決定し得ないのと同様に、民衆と何等の接触なくしては、民衆の不満原因を除くための方策を樹てることが出来ない。従つて、政治問題に於いては、民衆の監督——監督なる言葉に語弊があるが——即ちポピユラー・コントロールを必要とする。政治は、要するに民衆の痛いとか痒いとかに関係するからして、選ばれたる少数の人々が、之ならば適当なりと信じた点を、一般民衆の利害幸福にテストしてみなければならない。テストすることなくば、少数者の一方的所信をそのまゝ民衆に強要することになる。「本人のことは何もかも本人が分る」と言ふのは謬論であり、そこで専門家に托することになるのであるが、専門家の方では、絶えず一般民衆に近接することに努め、彼等が何処《いずこ》に苦しみ、何処に不満があるかを慎重に診察をなしたる後、その病源を発見し適当の処方箋を書かねばならぬ。

右のやうな態度を果して政治家が有せりや否やを一般民衆が常に監督し、為政家をして独断的な行動に出でざらしめるやう、コントロールしなければならない。

第二の条件　人格第一主義であること。

政治上に於ける少数の専門家即ち政治家とそれに信頼を捧げる選挙民との人格関係といふことが常に顧慮《こりょ》され

なければならない。従つて一切の政戦はどこまでも人物如何の問題によつて判断さるべきである。人物に次いで始めて政策如何が問題とされねばならない。若しこれが逆で政策第一本位でゆくとすれば、現在の地方などにあつては、千軍万馬を往来した輸入候補が横行することになる。悪《わる》ずれてゐる輸入候補などは最も排斥すべきだ。もつとも西洋の選挙に於いては、人物本位でなく政策本位でやつてゐるが、平素からの社会的道徳感情が行きとゞいてゐるから、女郎屋の亭主でも何でもよいと言つた風は決してない。白耳義《ベルギー》では、曾《か》つて女郎屋の亭主でも何でもよいとの政策本位主義の規定を採用したけれども、その後遂にかゝる規定は国家の恥を表示するものだといふ輿論の反対に遭ひ、該規定を削除するの止むなきに至つた。凡そ政策本位といふが、現在の日本などに於いては、政策そのものが常に動揺してゐるのであるから、恒に変らざる人物を基準とすることが肝要だと思はれる。

右のやうな意味から、選挙する者と選挙せられる者との関係を人格的に連繋するためには、それに相当する制度が必要となつて来る。そこで学問上の理論としては、大選挙区制を採用して多数の立候補中から一人を選べといふのは極めて不合理な制度と言はねばならぬ。一選挙区一代議士を、二人乃至は三人の立候補者が争ひ、この中から一人を選ぶといふことにならねば、実際に適確な判断は出来ないのである。抑々《そもそも》、選挙とは最も信用するに足る人物を挙げる方法なのであるから、選挙区はお互ひがよく分りあつた仲間であることを必要とする。この点からしても、大選挙区制は所期の効果を充分に収めることが出来ぬ。もつとも現在の日本では、代議制の運用が宜しきを得てゐないから、その宿弊を改むるための過渡的制度としての大選挙区制には反対しないのであるが、根本的な純理論としては大選挙区制なるものが、代議制の運用にとつてふさはしからぬことを留意して置かねばならない。蓋《けだ》し大選挙区制は、選挙民をして立候〔補〕者の人格如何に就いて正しい判定を得せしめる上に、不便であるからだ。

第三の条件　現在の地縁主義の欠点を補ふこと。

今日の選挙制度は、土地を単位とし、土地を縁故にして、代表者を選ぶことになつてゐる。従つて、普通に地縁代表主義乃至は地域代表主義と曰はれてゐる。封建時代に於いては、国家の富の淵源は農民層にあつた。農民自身も土地から離れることを快しとしなかつたし、又為政者の方でも、之を喜ばなかつた。多くの場合、土地を去る農民に対しては、逃竄《とうざん》と称して厳刑を以つて臨んだ。か丶る習慣や余弊が存在してゐたのであるから、明治維新の大変革にあひ、農業のみが国家産業の唯一のものでなくなつても、依然として土地と人間との間には、不離の絆《きずな》が残つてゐた。故に犯罪者を逮捕するにしても、その故郷さへ判明すればその目的を達することが出来た。さり乍ら、か丶る封建時代の遺流は、憲法発布の頃に至つてその姿を次第に消すことになつた。履歴書の必要形式たる「東京府平民」「岡山県士族」などの族称は、右のやうな次第で現在では全く無意味だと言はねばならぬ。たゞそれは土地と人間の生活とが密接であつた時代の一遺物に過ぎない。

明治初年の有力なる政治家でも、「東京は出稼ぎ先で早晩郷国に帰る」といふ考へを抱いてゐたものが多かつた。西郷隆盛でも板垣退助でも、上京中に他の為政家等と意見が合はなくなると、直ちに帰郷し郷土青年の育英に没頭した。つまり、言ひ過ぎかも知れないが、今日で言へば金儲けのために大連か上海に乗り出してゐるやうなものであつた。しかし、か丶る考へ方は漸次衰滅せざるを得なかつた。運輸機関の発達に従つて交通が至便になつた故もあらうが、同時に、旧大名が故里に割拠しては統制上治安上に弊害を来すから、明治初年の時代には、彼等を東京に居住せしむることにしたのであつた。旧大名中には上京を拒む理由に苦しみ、裏面から百姓一揆などを起させ「この通り県民が私を慕ふの余りに、騒動までやつて、自分の上京を引きとめるから、もう一ケ年猶予されたし」などとの上京延期嘆願書を提出するものすらあつた。今日になつては、たとへ郷土に帰るべしと命ずるも、それを実行する旧大名の末流が幾人あるか。明治初年に彼等を招集した時、茲に日本の中央集権の社会的基礎が確立したものと言ひ得やう。だから、若しも今日政友会が主張するやうに、地方分権制を文化的に実現しようとするならば、それは既に時機を失つした憾みがある。今から十年乃至二十年以前であれば、或は独乙《ドイツ》、英吉利《イギリス》のやうに、その目的を達したかも知れない。そして、現在に於けるやうな強大な中央集権が出現しなかつたかも知れぬ。当今にあつては、たとへ地租を地方に委譲するとも、中央集権の過大さを掣肘《せいちゆう》する方便にならない。

稍々《やや》筆が他に外れ過ぎたが、扨《さて》、現在では郷里に対する関心が薄いのみならず、土地との縁故が殆んどないやうな場合が多い。北海道の者が九州に住んだり、朝鮮の者が山形県で結婚してゐたりする事実は、随所に之を見ることが出来る。交通機関の発達に原因することは言ふまでもない。かゝる時代に於いて、何時までも地縁に拘泥《こうでい》してゐることは、果して適当な代表者を選出し得るものであらうかといふ点が問題になつて来る。殊に、東京や大阪は一種の殖民地のやうなものであつて、しかも近隣の人々と交際してゐないのが常態である。例へば、私が本郷で選挙権を有つてゐながら、本郷の地縁には極めて浅い関係しかない。これでは、先に大選挙区制に就いて述べた主義から言つても、亦地縁関係の事実から言つても、全く無意味である。

かくて、土地との縁故といふものは、尚一方に於いて多数の農民諸君が地方にあつて極めて密接な土地との縁故を保有してゐるのであるから、全然に之を棄て去つてもならないが、又之にのみ拘泥してはならない。即ち、現在の選挙制度を地縁主義にのみ依拠せしめず、それと並行して他の適当な主義を採用しなければならぬことになる。

私が東京に在住してゐて、選挙区たる東京府第二区(神田、小石川、本郷、下谷の四区)から、一人の候補者を選出することよりも東京市内の教育者団体を組織しその団体で選ぶといふことになれば、より適任者を選出し得るであらう。一般の諸君にしても、麻布にゐるとか麹町にゐるとかいふ地縁関係によらず、特殊な職業に基くそれぞれの団体によつて、その間から代表者を選ぶことになれば、現在よりも一層確信を以つて人格者を選出することにならう。

右のやうな次第で、制度として、地域代表主義乃至は地縁代表主義のみを以つてしては不可なることを知る結果、この主義以外に、社会に於ける各々のファンクションを基底とする方法、即ち職能代表主義を加味し、前者と併用すべしといふ議論も生じて来る。

職能代表制度に就いては、かの比例代表制度と共に、今この小著中には説明せず他の機会に於いて詳述したい。ともあれ、この二制度は、代議制度を維持しその運用を一層円滑ならしめるために採用さるべしと主張されてゐるものであり、地縁主義の欠点を補ふ制度なのである。

*

右のやうな諸条件を具備することによつて、代議制度の理想的な運用が実現されることになる。要するに今日の代議制度は、次の問題を解決することの出来る種々の条件が備はれば、理想的に運用されるのである。

一、為政家が、その奉ずる所を最善と信ずるのは差支へないが、客観的に——政治的に——それが最善のものであるか否かは、その当人に決定せしめては不可である。この点に於いて専制政治は制度としての資格を欠くものだ。

二、為政家等の確信は実際上一に帰しないことを常とする。その中の何れを採用するかに就いては、彼等自身をして決定せしめることなく、彼等の施設によつて直接の影響をうけるところの民衆をして決定せしめる。蓋《けだ》し医薬が果して効能を示したか否かは、患者自身に決せしむるより他に途はないからである。

三、決を民衆の判断によるといふことは、必ずしもその判断に誤りなしとすることではない。之によつて為政家を刺戟し、更によりヨキ立場を発見し、又更に向上を促すからなのである。即ち聡明な民衆の正直な告白ほど為政家の発達を促すものはないからである。従つてそのためには、あくまでも思想言論の自由を要件としなければならない。

第三、代議制度に対する認識不足に基づく弊害

現在の代議制度の禍因をば、その運用過程に覓めずして、認識不充分に陥《おちい》る場合が多い。私は、特に次の二方面に於いて痛感する。この二方面に就いては、曾つて拙著『無産政党の辿るべき途』の中で之を説いたことがあるも、今尚、その当時の所信に何等異るところなく、一方それ等の弊害も依然として存してゐるのであるから、茲に繰り返す必要ありと考へ再説することにした。

一、議会否認論の迷謬

議会否認論の種類にもいろ〳〵とある。その一々に亘つて今更、諄々《くどくど》しく反駁することもあるまい。又、その当否に就いても説明を要しないであらう。たゞこゝでは、議会の絶対的否認乃至はその或程度の否認の結果が如何なるものであるかを示すことに止めよう。

イ、議会否認の思想を前提とした場合議会に代つて成立し得べきひとつの形式は、茲に説くまでもなく、専制的寡人政治である。ある場合、ある時代には、或は哲人政治とか善政政治とか呼ばれることもあるが、要するに

その本質が専制政治であることには、何の変りもない。議会政治の運用堕落の結果として、西洋の一部にはか丶る思想が一時横行したといふ事実はある。しかも、之をすこしばかり見聞した観光客が、帰朝土産としてこの所謂反動政治に、不当の讃辞を投げかけ、中には大戦後の政治難局に当るには、他にヨリ以上の対策なしなど丶説く者が、昨今我が国にも尠《すくな》しとはしない。単に一時的現象としては、この思想には多少の存在理由があることを、私も認めぬではないが、制度として之を観るとき、決して新時代の要望に伴ふものでないことは、最近の伊太利《イタリア》の政情に徴《ちよう》しても明白であらう。かのムツソリニの偉大さを以つてしても、尚遂に政権維持のためには、暴力を行使しなければならないところに、大いに我々をして反省せしむべきものが存してゐる。専制主義を前提とする以上、如何なる経綸も権力を掌握することなくして之を行ひ得ない。だが、一度、権力を手にすれば、手放すまいとして持続に腐心するの余り、動々《やや》もすると経綸の正しき実現方法を忘れ、無意識の裡《うち》に経綸自体までも犠牲にして了《しま》ふやうになる。何故かと言へば、専制主義の治下にあつては、政権の争奪を道徳的に行ふ余地がないからである。

かくて、政権争奪をして道徳的に行はしめ、その競争に勝つた人々をそのま丶安堵《あんど》して正しい者と認め得る境地は、ひとり代議制度によつて、始めてその実現が期待されるのである。

ロ、議会否認の思想を前提としてその下に成立し得べきもうひとつの政治形式は所謂大衆政治である。代議士は信頼するに足らぬから大衆自ら政治せよと言ふのである。成程言葉は一般民衆にとつて、極めて蠱惑的《こわくてき》である。さり乍《なが》ら、一般民衆自らが政治をするといふことの事実上不可能問題たるは、前にも説明した如くであつて、事の本質に於いては、矢張り二三少数の先達が一切を指導し命令するに他ならぬ。レニンの所謂独裁政治が、明にこの間の消息を物語つてゐるのではないか。

代議士は言ふ「我々は大衆に代つてその意思を代弁しその利益を伸張する」と。又大衆政治主義者は言ふ「我々は大衆の単なる奴僕に過ぎぬ」と。

言葉の意味をそのまゝ正直に解釈すれば、その二者表はすところの地位には元より雲泥の差異があると言へよう。だが「我は国家の公僕なり」と言つたフレデリック二世と「朕は国家なり」と言つたルヰ十四世との間に、専制君主たるの実質に於いて、両人果して何の異るところがあつたであらうか。我々はその名によつてその実を誤断してはならない。一般民衆の聡明を閉ざしその良心を欺きその自由を拘束する点に於いて、今日の所謂大衆政治主義者の行動は、従来の政治家のそれと大した差異はないと考へられる。之は彼等が意識をせずしてやつてゐるのかも知れないが、一旦代議制度を否認してかゝつた以上、その当然の帰結としてやがて窮地に陥るのは避け難いことである。大衆政治家がかゝる過失を犯す根本は、現代政界の堕落原因に対する正しい認識を欠くが故である。彼等が真に民衆の利福伸張に忠実であるとする以上は、一日も速《すみやか》に先入の偏見を脱し、代議制度を完成することに、その努力を払はねばならない。

二、在来の運動形式を清算せよ

一部の論者は、今日の議会政治が堕落してゐる原因を有産階級の政権壟断《ろうだん》といふ点に帰す。だが、政権の分配と議会政治とは、本来相対立する観念ではない。政権分配の有限なるは正《まさ》しく宜《よろ》しくない。成程、之は政治的弊害を生む一原因であるに相違ない。従つて、無産階級をして支配権を掌握せしめんとする努力は、それ自身正しい運動と言はねばならぬ。しからば、無産階級はこの新しく得たる支配権を如何にして運用すべきであるか。この点の解決方法に当つて始めて代議制の当否が問題になる。権利の分配は、言はゞ地主から不当にその壟断してゐた米を農民の手に奪還するの問題だ。さすれば、議会政治の当否は正に米の調理法の意味にあたる。そして、調理法の得失は、地主と小作人とによつて著しくその効果を異にするものではない。地主が議会主義で調理してゐたからと言つて、小作人が之によるべからずとの理屈は成立しない。議会政治の得失は権利分配の宏狭如何に拘《かかわ》らず、凡そ人類の団体生活にあつて、どうすれば最も正しい政治価値の発現に便なりやの点から、主として考究されねばならないのである。一方が、譬《たと》へば洋服にするか和服にするかの問題であれば、他は毛織物にするか木綿物にするかの問題である。徒《いたず》らに之を混同しないやう注意すべきだ。

　ところが、混同するために話が絡《もつ》れる。そのために、無産階級の支配権さへ確立すれば、能事終《のうじ》れりとする。代議制度の不徹底さを棄て丶、一般民衆の直接政治を樹立せよと叫ぶ。そして、この目的を到達するためには、その採用する手段方法は全く従来の既成政治家のそれと何等異ることがない。凡そ、人間はとかくに旧い習慣を棄て難いものである。新しい様式になれるまでには相当の時間がか丶る。その間は、棄て去らねばならぬ旧習につきまとはれて無用の苦しみを繰り返すことが常である。従つて誤れりと見究めがつけられたものに対しては、その再現出を防ぐため殊に鋭敏な警戒を必要とするわけである。無産階級の解放に従事するものは、是非ともこの点に着眼し、一刻も早くその迷謬より覚醒せずしてはやがて恢復することの出来ぬ弊害を残すであらうことを、私は心中密《ひそか》に惧れる次第である。私は屢々《しばしば》代議制度に於いては主格の地位を正すべしと論じる。蓋《けだ》し監督すべき地位にある一般民衆が逆に盲目的に操縦されるといふことは、一切の政弊の根本的原因であると信ずるからである。何と言つても、現代の政治にあつては、勢力の基礎は民衆に存してゐる。才識徳望のない者は決して永久に民衆の信望を繋《つな》ぎ得ない。そこで才識徳望を積むこと自体が、とりも直さず勢力を獲得する所以になる。在来の政治家は、この方途を辿らずして腐敗的手段によつて民衆を縛し之によつて不義の勢力を結成するといふ邪道に踏み込んでゐた。だから、そこに一切の禍悪が生れることになつたのである。苟《いやしく》も政治を本然《ほんねん》の正道に導き救はんとする者は、先づこのことから清算すべきである。ところが、新興階級を背景とし、政界の廓清《かくせい》を標榜して起つた人々が、その勢力確立の方法として、旧式政治家の遣り方を踏襲してゐるではないか。もつとも、無産階級が支配権を独占さへすれば足れりとする所謂唯物論的革命主義者は、その採る手段方法が始めから問題に非ずと言ふかも知れない。さり乍ら、唯物論的革命主義者以外に、無意識の裡《うち》に或はこの過誤を犯してゐる者もないではあるまいと思はれる。何《いず》れにしても、私は現代政治の弊害が潜んでゐる根本原因に関する世上の理解が余りにも浅薄であることに一驚を喫してゐる。では何故に斯く言ふか。

先づ私は、無産政党の内部に於いても、大衆の支持を得る唯一の根拠を才識徳望に覓《もと》めるといふ思想が頗《すこぶ》る薄弱である事実を見て、右の如くに言ふのだ。かゝる方面に由来民衆の訓練が乏しく、在来の選挙が余りに甚しい腐敗を示して、民間の良心を麻痺して了つてゐるから、才識徳望のみをその基準とするには多少の危惧が感じられると主張する者もある。けれども、従来の誤れる方法を何時までも採用することを以つてそれ自身大なる罪悪なりと覚醒しないでは、何処に新興階級の政治的進出を歓迎すべき理由があるか。前に述べたやうに、彼等の多数は既成政党の例に倣《なら》つて、地盤の開拓のみに腐心してゐるやうだ。この点については既に述べたところであるから再説するの煩《はん》を避けよう。

曾《か》つて、私は、或る有力なる新聞が社会民衆党を批評して、地盤なき空名の政党に終ることなきかと嘲笑的態度をとつたのを見て驚いたことがある。社会民衆党が地盤開拓の点に於いて私の与《くみ》するところであるかどうかは暫らく別問題として、地盤に乏しきの理由を以つて厳しき皮肉などを送るとは、全く意想外である。若しそれ一般の新聞が、各無産政党の出現する毎に、所属党員幾万と算《かぞ》へ地盤の大小を重視するが如き態度を示し、無産政党の幹部諸君も亦之を大いに気にして、地盤の大小により危憂〔喜〕を分つが如きであれば、尠《すくな》くとも奇怪としなければばならない。実際政治の当事者としては、成程地盤の大小は問題であらう。けれども局外の批評家の立場からしては、地盤の拡張は常に警戒の対象なのである。その行動の善悪に拘らず、一切無条件に自党を絶対的に支持後援するといふ人々が多過ぎては、決して明朗な政治の出現が望まれない。それは別問題としても、無産政党それ自体が、今より早くも既成政党の手段に追随して、か丶る方面に努力を傾注するのは、何としても賞《ほ》めた話ではない。否、寧ろ無産階級の政治運動の前途のために、大いに憂ふべきの理由がある。そして、この憂ふべき事態は既にその萌芽を出してゐるのではあるまいか。

之等に関して私は実のところ余り巨細な点にまで説き亘ることを好まないし、又之を咎めるにも忍びない。この点に於いて、既成政党とは全く別箇の境地にあることを知つてゐたならば、徒《いたず》らなる分裂競争がなくて済んだかも知れぬ。もつとも左翼派の理論は始めから目的以外に手段方法を選ばぬのであるから仕方なしとして、尠くとも右翼分野に於ける確執又は右翼派と中間派との分立の如きは、確かに避け得られたことであらうと思はれる。表面に出た形式的理由は何であれ、右の如き分離確執は地盤の争奪といふことを念頭に置かずしては当然〔到底〕考へられぬところである。さればこそ、確執が起り分離が始まる毎に、必ず彼等は互ひに声明書なるものを発して、大衆に訴へる。そしてその内容は多くの場合に於いて、醜陋《しゅうろう》なる悪罵にあらざれば、執拗なる宣伝ではないか。事実を明かにし、民衆の良心に愬《うった》へ、その充分なる判断をまつて、黒白《こくびゃく》を天下の公壇に争ふといふ態度は毛頭《もうとう》もない。試みに彼等の喜んで慣用する二三の用語を見よ。曰く、全無産大衆の要望を裏切る反逆的行為。曰く、徒らに無内容なる社会的公正を振りかざして無産大衆を欺瞞する。曰く、ブルジョア政党と結托《けったく》し或は之に資金を仰ぎ巧みに無産大衆を彼等に売りつけんとする。即ち、彼等は一から十まで、相手方を悪罵《あくり》することにより、自家の勢力を張り、民衆の盲目的来投を誘はんとするものである。この戦術は既成政党が従来幾多の泥仕合に於いて遺憾なく醜悪をさらしたそれではないか。敢て問ふ。彼等は民衆の聡明を誘惑しても可なりとするのか。又かゝる方策で誘惑し得るものと、始めから民衆を愚弄してゐるのであるか。惟《おも》ふに民衆は既成政党の泥合戦に対して全く〔以て〕その愛想をつかしてゐる。新興階級の――乃至は新興階級のための――政治運動に対しては、従来の既成政治への反撥として、実は今尚、過分の好意と同情とを寄せてゐる。それだけに多少の過失も大目に見られてゐるやうであるが、早く反省するところなくば、何時《いつ》までもこの寛大を恃《たの》むことは出来ない。さらに、自信のある堂々たる態度に出て来られぬものか。切に諸君の反省を乞ふ次第である。勿論、無産政党の幹部にして、万一にも既成政治家の如く私利私慾に眩惑され堕落してゐる者ありとすれば、実に彼等は民衆の名に隠れて民衆を毒する者であり、指弾さるべきものと言はねばならぬ。

第四章　民衆政治の確立を可能ならしめる基本的施設

前章に於いては、純政治問題を制度の視角から説明した。即ち、如何なる保障を以ってすれば、政治上常に最も妥当なる意見や方策が実現するかの問題についてゞあつた。そして、その結論として多数決の制度と代議の制度が、是非とも必要であ〔る〕ことを知つた。成程、実際上の順序としては、制度の樹立といふことが先決問題である。けれども、政治の正常な発展は、決して制度だけで事足れりとすることが出来ぬ。そのためには、制度に対応した適当なる施設を常々整備してゆかねばならない。従つて本章に於いては、施設の方面から純政治問題を考察し、如何なる設備の下に、妥当なる意見や方策の出現が相継起し得るものなるか、又はその相継起することを助長し得るものなるかに就いて検討しなければならぬ。

第一、基本的施設としての社会改造

凡《およ》そ社会万般の事象について、之を正道に導くためには、事の性質上、そこに二つの途が岐《わか》れるであらう。即ち、一は全然これを精神問題乃至は魂の醇化《じゆんか》といふことに放任してよい場合である。又他の一方に於いては、種々の諸制度(この場合の制度とは政治の基礎的制度としての代議制度、多数決制度と区別して理解して貰ひたい。つまり所謂《いわゆる》制度であり、敢《あ》へて言へば、かの基礎的制度に対する派生的制度、純政治的制度に対する社会的制度の意味である)を改廃することなしにはこれを行ひ得ない場合〔で〕がある。

例へば、家庭生活の改善の如きは、前者に属するものであつて、隣家の主人が、下女や妻君を冷遇し又大飲酒家であるから、自分も之に是非倣《なら》はねばならぬといふことにはならない。実際上隣家の主人の態度習癖如何に拘《かかわ》らず、自己に於いてのみ矯正しようとすれば、容易に之を実行し得る。畢竟《ひっきょう》、か丶る問題は個人的の問題であるからして、社会制度を改めなければ目的の実現不可能だといふのではない。教育の改造、道路の改修とかの問題にあつては、個人のみによつて之を果すことが〔は〕出来ないが、或程度の勧説によつて、他の人々を納得せしめて之を実行に移し得る。

さり乍《なが》ら、当人の覚醒や勧説のみによつては、その考案が如何に正しくとも、容易に励行し得ない問題がある。即ち、その問題が改革されず幾多の弊害を流してゐるといふのは、決して個人の原因からではない。言葉を換へると、か丶る問題は個人的問題ではなく社会的問題である。仮に玆《ここ》に開明的な一人の資本家がありとする。現在の彼の遣り方に不満を感じて覚醒したとする。そこで、労働者に対して文化的生活を享受し得るに足る賃銀を支給しようとしても、競争相手たる他の資本家達が一斉にか丶る態度に出ない限り、その結果は彼の事業が自滅することゝなり、以後、一箇の事業家としての地位を持続することが出来なくなる。右のやうな資本家は滅多にないが、仮にあつたとしても現在の社会制度の下にあつては、彼の覚醒は全く無効果に終る。従つて、資本家は悔ゐ改めるといふ気にはならなくなるし、遂には自己の偏頗《へんぱ》な地位を自覚することも出来ず、制度に謬《あやま》られて所謂資本家根性に固定し、自己の属してゐる階級に対する一面的観察にのみ捕はれ、全体としての物の本質を理解しなくなる。かゝる傾向や状態を避けるためには、是非とも新しい社会制度を採用し、旧き社会制度に代らしめねばならぬ。これが後者に属する例である。

扨《さて》、先に述べた政治上の基本的制度が、凝滞《ぎようたい》なくその全効用を発揮するためには種々の施設を必要とする。即ち、妥当な意見や方策が相継起し得るための礎地如何の問題で、大体として精神の醇化のみを以つてしては実現不可能な場合に属する。そこで諸種の社会制度の改廃といふことが議論されるやうになる。そして、右の問題が社会改造の名に於いて総称されるに至つたのだ。だから、社会改造とは、政治上の基礎的制度に対する、基礎的施設如何といふ事柄であると解してもいゝわけである。

社会制度の改造と言つても、その範囲は頗《すこぶ》る大きいし、従つてその中には幾多の方面がある。けれども、大体に於いて、社会改造の努力の対象となつてゐるものは労働資本の階級問題と国際関係問題との二つに帰することが出来る。

概して、今日多く唱導されてゐる改造論は、悪弊の養成場となつてゐる諸種の社会制度を改廃して、その上に新しいそれを作るといふのである。従つて、単なる改革ではない。単なる改革といふならば、ソシアル・エヴオリユーシヨンであるが、現在のはソシアル・リコンストラクシヨンなのである。根本的に改廃しようといふのであるから、たゞ膏薬張りに此処は短いから長くしよう、其処は長いから短かくしようといふ体の弥縫的《びほうてき》なものではなく、根底的改革の主張である。けれども、旧諸制度に代るべき新諸制度の具体案に就いては未だ充分にして確乎たる体裁を完備してゐるのではない。だから、今日社会改造といふことが世界の輿論となり、改造の必要については大多数人が之を賛同してゐるのであるが、来るべき改造の実行に就いてその方針が明瞭でなければならぬ。さなくば、改造論は単なる机上の空論に終つて了《しま》ふことになる。全体の上に気運の熟しない間は、改造は宣伝の時代であつて、実行には至らなかつた。ところで今日は如何と言ふに、現実問題として改造の気運が動きだし、宣伝時代から実行時代に入つたのである。実行時代が到来した以上は、その方針を明確にしなければならぬ。ところが、その方針について、後に説くやうな唯物的立場を固守するものと、理想主義的立場を主張するものとの二主流が生じた。一時は前者が風靡した観があつたが、現在では後者の方が一般民衆に納得されるやうになつたのである。

もつとも今日の社会諸制度は、依然として少数の特権階級乃至は資本家階級がその中枢にあつて、改廃を妨げつゝある。彼等が反対する以上、改造は容易に実現されないのである。けれども、改造に対する一般民衆の要求が熾烈《しれつ》なのだから、今日の改造論は少数者の意見とは一致しないが、多数者間には一致してゐるわけである。多数の要求と少数の要求とが合致しない。そこで、改造の要求は、或る意味に於いて少数者に対する多数者の警告となり、他の意味に於いては、多数者の中にも充分自覚しない者があるから彼等に対して、道義的覚醒の喚起といふことになり、全体としての力――少数者とは不幸にして相納《い》れぬが――を背景として、その改造が前進しつゝある。しかも気運に対して逆行しようとする少数者に対しては、さゝやか乍らも社会的制裁なる形式さへが萌《きざ》し出して来た。かゝる改造の気運は、かの欧洲大戦を機縁にして、玆に労資関係及び国際関係の方面に於いて、著しく擡頭したのであつた。

凡そ、国際関係の改造運動は動《やや》もすれば、労資関係の改造運動に従事するものから、軽視される。場合によつては、反対される傾向さへある。国際関係の改造、もつと単純なる言葉を以つて言へば、世界の平和のための運動が軽侮され、熱情の対象とならないことは、隠すことの出来ぬ事実である。蓋《けだ》し、その理由とするところは現在国際方面の改造に直接従事してゐる者は、ブルジヨワジー即ち労資方面の改造から見れば改造を欲しない人々が多いし、又国際方面の改造に従事してゐる者から言へば、根本的な改造運動に追従し得ない故を以つて、労資関係の運動者と相提携出来ずとする偏見に患《わずら》はされてゐるからである。又、国際方面の改造に従事してゐる既成政治家の中には、意識的にその方面のみの改造を重視し、兎角《とかく》民衆の眼を対外関係に転ぜしめ、自己の階級的利益には得策でないところの労資関係の改造を掣肘《せいちゅう》しようとする者もあるからだ。一体、狡猾《こうかつ》なる既成政治家は、か丶る奸策を弄するものである。国内に民衆的運動が起ると、直ちに対外方面に民衆の注視を蒐《あつ》め、該運動を阻止しようとする。蓋し、民衆は対外問題については、昂奮し易いものであるからだ。

さり乍ら、労資並に国際の二改造運動は、その本質を考究してみると、両者間に共通物が存在してゐることを知るであらう。即ち、両運動はその発生的の姿に於いて、民衆の自覚、民衆の一種の道義的自覚から生じたといふ事実に覓《もと》めることが出来る。換言すれば、両者は共に文化運動としての同一の根底から出発したものである。このことを忘れ、両者を一致し難きものと断ずるのは、拠つて立つところの立場に動揺があるからだ。

第二、貧困原因の変遷

一体、労働問題乃至は社会改造問題とかゞ、提起される動機を見れば、貧困の根絶といふ点にある。貧乏人が多ければ人心が荒《すさ》んで政治が順調に行はれない。従つて対貧乏人問題に就いては、往時から種々論議され実行もされて来た。その最も機械的な解決方法は、一時財産を政府で没収し、再び之を公平に均分することであつた。

之に類した事は支那の口分田の制度が挙げられる。日本に於いても、大宝令時代には、班田収授の法といふのがあつた。か丶る考案はおそらく当時の理想であつて、充分に実行されなかつたであらう。だが当時の為政家が如何に貧困問題の解決に頭を悩ましてゐたかを知るよすがである。

ところで、貧困の原因は何かといふに、十九世紀の初葉を境界線として、二箇の型に分けることが出来るのである。十九世紀以前に於いて、貧困の原因は先づ大体個人的であつた。即ち当時の貧困原因は、不運か或ひは怠《たい》惰《だ》に帰すことが出来た。妻君が死に親が死にその上子供が病気で、葬式と薬代との費用倒れで貧乏したとか洪水火事にあつたために貧乏したとかは、不運の場合に属する。しかし、之は極めて稀なことであつて、貧乏の原因は大体に於いて、後者の場合即ち怠惰といふことに起因した。そこで先づ真面目にさへ働けば衣食住には困らず、若干の貯へさへが可能であつた。例へば、十銭の藁を買つて仮に草鞋《わらじ》を五足作つたとする。この場合この五足の草鞋は、十銭の資本と加工賃とから成つてゐる。そして加工賃とは当時の社会が認めてゐる報酬といふものである。だから当時の社会が五足の草鞋に対して約四十銭の報酬を普通としてゐるとすれば、売上額総計五十銭で、資本も加工に対する報酬も草鞋製作者の掌中に入る。しかし、貧乏の原因が個人的である限り、アントン・メンガーの言つた労働全収権といふやうな意味のことが大過なく行はれる、働けば働くだけ生活が豊かになるといふ状態である。従つて、「勉強しろ、怠けてはならぬ」とか、「稼ぐに追ひつく貧乏なし」とか、「塵も積れば山となる」とかの教訓をさへ与へて置けば、大抵の貧乏問題は解決することが出来た。だから貧乏人になつても、本人の心がけひとつでその苦境から脱出することが容易だつた。つまり貧乏人にも前途の光明があつたわけである。尠《すくな》くとも当時の貧乏問題は道徳問題なのであつた。日本にあつても、徳川時代などには、二宮尊徳の教が広く宣伝され、又実際上、彼の如く正直であり勤勉でさへあれば、個人としても社会としても次第に富み栄えたのであつた。成程、その当時の世界にあつても、右のやうな考へ方や方法に反対したものがあつた。その代表的第一人者はマルサスである。彼は人口の増殖率が食物の増加率よりも低〔高〕いから、早晩に人類の生活が行き詰りに当面するであらうと主張した。けれども、彼の説は一つの傾向としては首肯《しゆこう》出来るが、それを妨げる種々の条件が存在してゐて、現在に至るも実現してゐない。

一方、十九世紀以後になれば、かの産業革命のため産業組織が全然従来と一変し、資本主義経済組織の現出となり、その必然的の結果として夥《おびただ》しい賃銀労働者が巷《ちまた》に溢れ出た。賃銀労働者とは、畢竟《ひつきよう》、自己の労働の成果たる富の大部分を資本家に奪はれ、自分の懐へは至極限られた一部しか入らない立場におかれた人々である。それも生活を維持するに充分な収入があればいゝが、大体それ等の人々は資本家に使用されなくては、今日の生活を暮し得ない経済的の弱者であるために、賃銀の決定権は資本家の一方的独占に帰して了《しま》つてゐて、餓死しない程度の賃銀しか獲得することが出来ない状態にある。契約の自由といふが、単にそれは形式的のことで、契約の内容如何を定めることは、全く資本家の意思に懸つてゐる。大体として資本家の労働者に対する賃銀支払の標準は、何程の富を幾時間で作るかといふ点に非ずして、労働者が生活するに如何程の費用を要するかといふ点によつて定められるのである。

私は右の事情をもつと適切に表現するために、一つの比喩《たとえ》を用ゐよう。春、五月の頃と仮定しよう。日比谷公園を一人の老人が散歩してゐるとする。散歩だから歩くのが本当だが、この老人元来身体の調子がすこし悪いので、帰途だけは俥《くるま》賃さへ安ければ、人力俥に乗つてもいゝと考へてゐる。かゝる散策に適した陽春の候には俥屋さんにとつては客が〔枯〕れ時だ。幸ひ向ふを顔色の勝れぬひよろ〳〵とした老散歩者が通る。俥屋さんにして見れば、今夜の飯代にも困つてゐる。この客を逃がせば飯が喰へない。客の方は、病人といふものゝ、是非乗らねばならぬといふ程度ではない。だから、安ければ乗らうとして俥賃を値切る。一方、俥屋さんは飯代にも差支へてゐるのだから、全力を注いで乗せようとする。かゝる場合、日比谷公園の入口から東京駅まで白銅一枚で往かぬかと言へば問題にならないが、仮に通り相場が四十銭である場合、客が二十五銭を主張したとすると、俥屋さんは馬鹿〳〵しいと思ふが、夕飯のことを考へて仕方なく二十五銭を承認することになる。そこで、俥屋さんは梶棒《かじぼう》をとりあげて東京駅へむけて走り出す。

凡そ、今日の賃銀は、右と同じやうな状況の下に決まるのである。つまり労働者の賃銀は、彼等がやつと飯にありつける程度に落ちつくのだ。何故ならば、資本家は相当の資本を擁してゐる上に被傭希望者は山のやうにあるのだから、賃銀を出来るだけ値切つて、今日も十二時間、明日も十二時間、明後日も十二時間、働けるだけの生活費を支払ふに過ぎぬ低額まで引き下す。飯の喰べ方が足らず、明日は八時間位で明後日は四時間位で働けなくなつては、資本家の損になるので、今日も明日も明後日も十二時間宛働き得る食物代をやるがそれ以上は支給しない。実際のすべてが斯うまで極端でなからうが、一般の傾向は何と言つても右のやうな次第である。マルクスの言葉を用ゐるとメーグリツヒ・ミニマム、英語ではポツシブル・ミニマム、即ち想像し得べき最低額で賃銀が決まるのだ。だから、マルクスは次のやうな意味のことを言つてゐる。

——資本家は経済的強者の地位にあり、労働者は経済的弱者の地位にある。契約の自由といふが、労働者には食はざることの自由はない。是非とも食はねばならないところの生理的限界がある。そこで契約内容の決定は、全く資本家の一方的意思によつて値切り得るどん底の点で決まる——

これは、マルクスが産業革命当初の英吉利《イギリス》の材料で証明したものであり、従つて当時の賃銀状態が頗る劣悪であつたのだから、実際の学説としてこの証明が当を得たものかどうか分らないが、近来の産業組織下に於ける賃銀決定諸要素中の一要素としてかゝる傾向の存してゐることは、之を認めざるを得ないであらう。最低の生活費といふのが賃銀を決める標準になる以上、喰へば一文も残らないわけである。つまり、如何に正直であつても如何に勤勉であつても、一生金持になる筈がない。「稼ぐに追ひつく貧乏なし」が逆になつて、「貧乏に追ひつく稼ぎなし」といふことになつたのだ。換言すると、貧乏の原因が、個人的責任を離れて社会的なものとなつたのである。従つて、マルクスによつて、貧乏の原因が明瞭につきとめられたのであり、マルクスの社会主義を科学的社会主義といふのは、この点からである。

第三、旧型の社会改造思想

イ、旧理想主義的社会改造思想

産業革命以降の貧困問題は、道徳的観察点を離れて制度的立脚点から、取扱はれるやうになつた。さり乍《なが》ら、産業革命の進行過程にあつては、——十八世紀中葉から十九世紀の初頭にかけて——思想家哲学者にして社会制度の改廃といふ点に着眼し得なかつたものが相当にある。唯漠然として産業組織の変革、生産様式の変化につれて、貧乏人が漸次増加して困るといふ位しか考へられなかつた。つまり、貧困原因を明確につきとめることが出来なかつたのである。その代表者は、かの基督《キリスト》教会であつた。彼等は依然として人間の精神さへ救済すれば、パンの解決がなされるものと解してゐた。従つて貧困問題を飽くまで道徳問題の範囲内に閉ぢ込めた観があり、社会制度の改廃については消極的な態度を採つてゐた。しかも産業革命の弊害が如実にみられるやうになるにつれて、一般民衆は貧困問題にいよ〳〵悩まされ新産業組織を呪咀《じゅそ》するやうになつて来た。この時流の気運にも拘らず、基督教会は旧態を脱せず精神至上主義で押し通し、反省するどころか社会制度改革論者を異端視した傾向さへあつた。だから、斯る型の旧理想主義は当然の運命として、社会制度内に禍因が潜在せりと認識する社会改造論者によつて排斥され信用を得なくなつて了《しま》つた。玆《ここ》に後者に属する人々は、基督教を始めとして一切の宗教運動を冷眼視すること丶なり、旧理想主義者と社会制度改造論者との間に、近接し難き溝渠《こうきょ》が横たへられたのである。

しかし社会制度改造論者の中にも、同情的立場にあつて基督教を擁護した人々があつた。彼等は、基督教そのものを抹殺することなく、寧ろその欠点を補ひ、基督教の精神によつて社会制度の改造を志したのである。英吉利のロバート・オウエンや仏蘭西《フランス》のフーリエーやサン・シモンの如きは、之に属する人々と言へよう。殊に右の三者中、サン・シモンは可成大規模な方針の下に、救貧問題を解決しようとした。彼は自然科学を探究することによつて、人類生活の物質方面を幸福にしようと企図した。従来の基督教は、人間の霊魂や精神の救済のみを計つたのであるが、物質方面の幸福を看過した点に欠点がある。彼はかく信じたが故に、従来基督教が着手しなかつた物質方面を開拓し、人類の物神二方面の幸福を実現しようと決心した。で、彼は、自己の主張に新基督教と命名し、一種の宗教的団体を組織した。即ち、基督に倣つて十二名のデポートル・メン(使徒)を彼の周囲に作り、彼は天主教会に於ける羅馬《ローマ》法王といつた地位に就き、その下に役員や教会を設置し、宗教的法衣をまとつて一種の儀式下に、その主張乃至は教理を伝道したのであつた。彼の教理の根底を要約すると「魂と同時に肉体を救はねばならぬ」といふ一点に帰すことが出来る。しかし、尚旧理想主義の悪影響に染《そ》んだ点を多分に有してゐたことは事実である。だが、彼の下に種々の思想家や学者が相当集つた。先づ、人類の便宜のために地中海と大西洋とを連絡すべしといふので、仏蘭西・西班牙《スペイン》間にあるピレネー山麓に沿つて掘割を計画したが、大規模に過ぎて之は失敗に帰した。次いで、スエズ、パナマの両運河の開鑿《かいさく》を企図した。パナマ運河は之亦失敗に終つたが、スエズ運河の方は、彼の下に当時活躍してゐたレセップの手によつて成功した。哲学の方面に於いても、サン・シモンの弟子であるオウギユスト・コントが、かの『実証哲学』なる大著述をなしたことは人の知るところである。

右に述べたる如く、サン・シモンなどは、基督教の欠陥を補正するといふ同情的態度を採つたのであるが、多くの社会制度改造論者は彼の所説に賛成しなかつた。寧《むし》ろ当時の唯物的思想と相結んで、理想を排斥し理想的向上を反対し、人間生活を全然物質的に解釈し、社会制度万能論に与《くみ》した。斯《こ》うなると基督教会の方も、反動的に社会制度の改造に冷淡になる。又一方、社会制度の改造を説く以上は是非とも基督教やその他旧理想主義論を、全然否定しなければならぬといふやうな考へ方が流行し、反対せずともいゝ点まで反対して、理想や精神を抹殺するといふ立場を屠〔賭〕しないと、社会問題研究者になれないやうな気運を誘致した。例へば髪を長くしないと画家になれぬやうに考へ、未だ碌《ろく》に画筆の運べない頃から髪を長くする。絵を画くには、髪が長くなくともいゝ。髪が短くとも画家たるに何の差支へがあらう。之と同じやうに、唯物的な見解を採らないと、社会改造の急先鋒として資格がないかのやうに考へられたのであつた。

尤《もつと》も、基督教側に於いても、やがて社会制度の改造に着眼する者もあり、教会の内部的反対にも不拘《かかわらず》、次第にクリスチヤン・ソシアリヅム即ち基督教社会主義なるものが、独逸《ドイツ》、墺太利《オーストリア》、英吉利等の各国に現はれて来た。それ等は各々内容に多少の相違はあるが、矢張り基督教の立場から社会制度の改造に着手しようとする点では互ひに共通してゐる。

ロ、唯物論的社会改造思想

十八世紀から十九世紀にかけて旧理想主義的改造思想に反抗して唯物論的改造思想が流行して来たことは、前項に於いてすこしく説いた。殊に十九世紀の中葉以降にあつては、唯物論的哲学が欧洲の思想界を風靡した観があつた。従つて社会改造思想が唯物論的傾向に偏重したのも無理からぬことであつた。

唯物論的見解に従へば、人間に理性などはなく、人間を霊能の動物とするのは錯誤であつて、人間は飽《あ》くまで単なる動物とされてゐる。かゝる自然科学的思想の非常に旺盛である時代に於いては、社会改造思想もこの影響を著しくうけた。だから、人間は自分の霊能や理性でその運命を開拓してゆくのではなく、他の動物と等しく理性などは存在せず唯本能のみを有つてゐるに過ぎないのであり、従つて、倫理的選択によつて生活するものには非ずして、単に自己の本能がその境遇に順応する、と解された。即ちアダプテーション(順応)以外には、人間が進歩したり変化したりする途はないといふのだ。故に、人間は境遇の如何《いかん》によつて左右される、物質的条件を変更することを以つて、人類の全問題だと考へられたわけだ。そこで制度万能論即ち社会制度の改廃によつてのみ、社会改造が容易に実現し得ることを主張した。人間が罪悪を犯すのも結局は、社会制度のためであつて、若し人間にして衣食住に満足が与へられるならば、世の中の一切の罪悪が消失すべしとの倫理観を樹てたのであつた。そのために、当時の社会改造論を唱導する人々は、このやうな立場にあつて、社会改造を力説したのである。

尤も、右のやうな唯物的社会改造思想が当時の主流をなした原因は、或意味では前述の如く当時の自然科学の勃興、唯物哲学の発達によるものと言へるが、又他の意味に於いては、前代に於ける極端なる旧理想主義即ち精神至上主義に対する反抗であるとも言へる。

扨《さて》、かゝる唯物的社会思想は、過般の欧洲大戦以来、再びその頭を擡《もた》げて来た。だが、思想自体は、既に前世紀の後半に於いて説きつくされ批判しつくされたものである、といつても過言ではない。それが何故に再起したかと言へば、欧洲大戦によつて社会改造の必要が切実に迫つたのであるから、社会改造論者は然るべき武器を探し求めた結果、一時の糊塗《こと》手段としてレデイーメードの唯物論的社会改造思想を採用したからである。この種の改造論は最近まで日本に於いてもその優勢を示したのであつたことは、諸君の熟知されるところである。

唯物的社会思想は、何といつても制度万能の弊に陥つてゐることを認めざるを得ない。旧理想主義が精神至上論であれば、唯物主義は物質至上論であり、共に偏重してゐる点では共通してゐる。環境の改変を唯一最高の目的とするところから、現実的な見解に反対することは論を俟《ま》たぬところだ。環境の改変を唯物的にのみ解釈する以上、現実の全部的否認を意味する。だから、現実とすこしでも触れ合つた改造策は、寧ろ改変の徹底を妨げるものとする。それ故に、或一定の方針を指示してその無条件的遵奉を強要し、之に対する現実的な批評は毫《ごう》も許さない。まして彼等の説くところは、既成の環境さへ変更すれば、必要な環境が直ちに必然に現出するといふのだ。一刻も早く新社会を創り出し、社会改造の実効を挙げようと焦慮する。従つて、彼等は新社会の出現を非常に忙《いそ》ぐことゝなる。その結果として特異な戦術と称するものが、偏頗《へんぱ》的に発達する。茲に至つて、彼等は目的のみを尊重して手段の倫理的価値などを考慮に納《い》れないことになる。かくて、唯物的人生観は必然に破綻《はたん》的人生観を生むのだ。

唯物論的社会改造思想に従へば、社会制度の変改、環境の変更さへが行はれゝばいゝのだから、その間の犠牲や損失は問題でなくなるわけだ。その故に、唯物論的社会改造思想は、必然に急進主義の欠陥を備へてゐる。

仮に諸君が大阪で是非果すべき要件があり、そのために東京から汽車で下阪《げはん》するとしよう。大阪に到着しない限り、その目的を達しないのだから、途中の旅で無一文になつて了つては、大阪で交通費にさへ差支《さしつか》へることになる。結局、大阪で本式の要件にはとりかゝれない。これは個人問題だが、之と同じやうに、社会改造といふことも今日の急務であるが、その途中の手段についても前後を考慮してやらなければ、その改造は単なる破綻に終り、何等建設的なものにならない。不幸にして時代の潮流が著しく反動的であつたために、改造問題が容易に解決し得ず、唯物論的社会改造思想が一種の狂熱性を帯びて現はれたのであつた。従つてその手段も常態を離れた狂熱的のものであつた。その点については、幾分同情すべき点もあるが、本筋から言へば矢張り軌道外れと言はねばならぬ。例へば、マルクス主義なども論ずべき点もあるが、イズムとしては大したものではない。その実現のための手段に常に一定の限界をつけなければならぬのだ。日本当局では、主義を論ずるものと実行をなすものとを兎角《とかく》に混同するが、主義の探究は大した問題でなく、たゞ主義を実行する手段が問題になることを忘れてはならぬ。だから、取締の対象は、その手段でなければならぬ。又一方に於いて、目的を実現するために手段を選ばぬといふ戦術を重要視する以上、今日の共産主義運動は、悪い意味に於ける軍国主義であり、儲《もう》かりさへすれば他人の迷惑を顧《かへり》みないといつた成金的精神と言はねばならぬ。日本に於いても、社会改造の問題について、一部青年間で所謂《いわゆる》共産主義的戦術といふことが、露西亜《ロシア》革命運動に模倣《もほう》して相当行はれた。露西亜には種々の客観的条件からしてその存在理由があつたであらうが、日本にはかゝる条件など存在してゐない。従つて、これは一時の流行に過ぎず早晩消滅するものであるが、それと反対に社会改造の必要自体は益々痛感されてゐるのだから、改造問題が根底的に消滅するやうなことは断じてない。

第四、新理想主義的改造思想

新理想主義と言つたのは、旧理想主義と区別するための便宜からである。新理想主義といふよりは、寧ろ本来の理想主義といふ方が正しいかも知れぬ。私は、普通に何の形容句をも附せずして、単に理想主義と呼んでゐる。凡そ今日解決されねばならぬ問題は、一は資本主義の文化からの解放であり、一は国家主義の文化からの解放である。詰《つま》り、金と武力との文化から解放され、人格の自由を開展して、茲に人間としての文化を樹立しなければならぬのである。否、これは改造の理想であるといふよりも、歴史的の立場から又世界の現勢からさうなのである。しかも、改造思想としては、前章で述べた唯物的思想を以つてしては、その解決が不可能なのである。この型の改造論は、特に日本に於いて無批判にうけ納れられた観がある。成程、改造の必要に迫られて一時は間に合せの代用物として之が採用されたのであるが、もはや之では満足され納得されなくなつて来た。何故ならば、旧い改造論に従へば、社会制度のみが人間をつくり、人間の精神を生み出すのである。従つて社会制度が、人間の霊能乃至は精神の元来自由奔放なるべき活動開展を妨げてゐるのだとする方面の観察が存してゐない。畢竟、制度と文化との関係に対する今日の見解は、旧い改造論とその立場を異にしてゐる。古い改造論に従へば社会制度が文化を作り出すことになつてゐるが、今日の見解に従へば決して社会制度が文化を作り出すことになつてゐない。文化を作るものは、矢張り人間の精神であり霊能である。唯人間の精神や霊能が自由に文化を開展せんとするに当つて、社会制度がその開展を阻止するのである。例へば、資本主義が之を妨げ、国家主義が之を妨げてゐるのだ。資本主義的の文化、国家主義的の文化といふものは、その偏《かたよ》つた文化の不秩序なる開展のために、人間の能力の他の方面、即ち他の文化の開展能力を犠牲に供してゐる。今日の国家生活に於いて、その主たる理想としてゐるものは富国強兵である。この富国強兵といふことのために、如何に人間の文化推進能力が犠牲にされてゐるか、これは諸君の既に経験し充分理解したところである。そこで今日の社会的制度が明かに文化の自由開展を妨げるといふことに何の疑問もない。しからば、文化創造の根源は何処にあるかと言ふに、それは決して外面的な制度には存在してゐない。そのために、我々がとる途はその文化源泉を探つて再び理想主義に帰らねばならない。と言つても、その理想主義は旧い理想主義即ち精神至上主義への復帰を意味するものではない。その差異点は、文化と制度との関係について密接なる連繫性を認めるか否かの点にある。新理想主義は、旧きそれのやうに決して精神偏重を主張するものではない。さり乍ら、かの唯物論的主義のやうに、社会制度そのものが文化をつくると言ふのでもないことは、本章に於いて前述したところだ。従つて、制度の重要性を認めるが、制度以外のものを放擲《ほうてき》するのではない。唯だ文化の自由なる開展のために障害となるからして、社会制度の改廃を重要視するのだ。それ故に、我々の実際運動の実際上の順序としては、社会制度の改廃が先決問題であるが、論理上の順序から見ると制度の改革は寧ろ第二義的のものであつて、真の改革は、我々の人格の流露、霊能の発展方面にある。若しこれを実際政治の政策から言へば、言論の自由をどうするか、思想の問題をどうするか、教育方針をどうするか、文芸技術の保護奨励をどうするかの如き所謂文化的政策を尊重するのである。それとともに、社会制度の改廃に就いても之を重大視することは勿論だ。

扨《さて》、社会制度を極めて重要視し、これを実際政策上の先決問題にするといふ点では、唯物論的主義も新理想主義も、外観〔上〕何等の差異を示さない。だから、社会改造の必要が急迫した最初の時代にあつては、現前の強力なる敵と戦ふために、改造論の新旧如何を問題とせず、両者は相提携したが、愈々《いよいよ》その運動の歩《ほ》を進めて、現存の社会制度に効果的な鋒先をむけると同時に近き将来に於いて建設の事業を着眼するに至つては、両者各々その根本精神を異にしてゐることを強感《ママ》した。破綻に際しては、根本精神の相異は重大でないが、建設に際しては、以前に述べた如く両者その手段方法を異にしてゐる以上、相提携することが不可能といふことになつた。従つて、改造論者の間にも、何《いず》れの根本精神を採るべきやに就いて反省するやうになつた。そして、現在に於いては一般の傾向として、新理想主義の立場をとる改造を後援し理解するものが、次第に増加して来た。即ち、旧い改造論の立場を斥《しりぞ》けて新しい改造論に主力が注がれるといふ傾向が顕著になつて来たのである。

要するに、旧改造論に従へば、改造は社会制度の変改によつてのみ到達し得るといふのであるが、その手段は問題でない。だが、新改造論は、制度の改造を必要とすると同時に、改造の手段を如何なる方針によつて行ふかを着眼し、その健実なる実現を計るのである。そして、その方針は、人間の霊能の自由なる開展を予想し、その開展を重要なる要素と認めた。之、新理想主義の立場に足をおいた方針なのである。

尚、国際関係の改造に就いて別に論述すべきであるが、之は他の機会に譲らう。たゞその根本的精神は、矢張り新理想主義であることを言ふに止める。

第五、結　論

凡そ樹を植えて良き実を結ばしめんとするには、次の三条件が揃はなければならぬ。第一はその樹の種子《たね》を吟味すべきであり、第二には種子を蒔《ま》くべき地質地盤を考慮すべきであり、第三には裕《ゆた》かなる光熱を必要とする。文化の発展乃至は価値の創成に就いても亦之と同じやうなことが言へる。

一、種子に関する問題については、文化発展上から言ふと、人間の素質如何にあたる。しかも、茲に自然的観察と理想的観察との岐《わか》れ目が注意される。動植物の種子は、進化論などの示すが如く、どこまでも自然科学的因果律の支配を脱することが出来ない。悪質の種子より良果を得るの見込は絶対にないから、良果を獲んとする者は常に良種を選択すべく注意する。加之《のみならず》、これ等は人類の食用又は愛玩用等々のために必要なのだから、それ自身に於いて目的を有することなく、性質の良否によつて選択を厳重にすることは差支へないことでもあり、又必要なことでもある。往時の人間社会にあつても、右と同じやうに、人民が国王貴族の用をなすものと考へられたことがあつた。この時代には、支配者が恣《ほしいまま》に人民の部族を分ち、その間に待遇の厚薄を附した。さり乍《なが》ら、今日は既にかゝる身分的差等はなくなり、所謂《いわゆる》四民平等の世の中である。すべて、人間はそれ自身目的の主体であると定《き》められてゐる。素質の良否を分割して、その待遇を異にすることは許されぬ。強き者にも弱き者にも、各々その所を得せしむるが、之近代デモクラシーの一特徴である、更に一層つぎに進んで考へねばならぬ事は、現代の思想は何故に質の良否を分割するを許さぬかの点である。それは他でもない。人類にあつては、他の自然物の如く遺伝その他の自然的因果律に支配されるといふ方面よりも、彼は単に人類なるが故に本来無限に発展向上することが出来るのであるとされ、この可能性を有する点に於いて、万人が平等と認められるからである。次に述べる如く地質地盤が悪いために又は光熱に浴すること薄かりしのために、人類の中には充分伸び得ずして終る者もあらう。しかし、彼等が若し順当なる環境の下にあつたならば、必ずや人類としての本来の面目を発揮し得た筈だ。自然物のやうに、親が乞食であつたから、その子供もどうせ碌《ろく》な者ではないといつたやうな因果的約束に縛られるものではない。人格的本質に於いて甲乙優劣の差異ある筈がなしとするのは、即ち現代の理想的人生観だ。故にこの立場からすると、たとへ人類がそれ自身目的の主体でないとしても、質の良否を分割し選択するの必要はないわけだ。成程、優生学の要求の如き問題はあるが、大体文化の発展については、種子の良否が因果的なものではないと解してい丶。

二、人間社会にとつては、遺伝の法則が厳格でない代りに、その環境をよくすれば無限に発達し得るといふ点が問題になる。この点は本章で既述して来た社会改造の問題であつて、その見解に唯物的人生観と理想主義的人生観の二者が存することを知つた。そして、現代の主潮はその後者にあることをも知つた。理想主義的改造論の根底とするところは、総べての人に安住の楽天地を与へ、総べての人に人格価値の開展を保障し、道義的原則の支配する社会を創造しようとするにある。そのために、対象として特にとり挙げられねばならぬ問題は、国内にあつては労働資本の関係であり、対外的にしては国際関係である。しかもこの解決を理想主義的の見解からなさねばならぬと論じてゐるのだ。勿論、之に反対する思想は盛んに攻撃を集注しつゝある。現に暗黒と光明との戦が存するも、冷静に且つ内面的に根本の流れの何れにあるかを観ずるに、現代に於ける労資関係及び国際関係の改造が共に理想主義的精神によつて導かれつゝある事実を知るのである。つまり植物の例をとれば、地質地盤の行く末を改造問題によつて解決しようとするのだ。さり乍ら、労資関係と国際関係との両方面が現実に於いて、未だ充分に聯絡がとれてゐない点も認めざるを得ない。即ちこれには両方面よりの誤解があるのであり、その誤解も畢竟《ひつきよう》理想主義的精神に対する充分なる考察と明瞭なる意識とを欠いてゐることに起因する。

繰返して述べるが、社会改造運動の達成のためには、両者が相共に表裏し依存しなければならない。労資関係の改造も、国際関係の改造を是非とも随伴してやらねば、その効果を収め得ない。さなくば、依然としてかの富国強兵論が国家の理想と解され、結局産業本位とか利潤本位とかの経済組織を擁護することになり、労資関係の改造を遠き彼方《かなた》に押しやる。又、徒《いたず》らに国際関係の改造と言つても、資本家階級の掌中に実権が道〔握〕られてゐる以上、根本的な改造は不可能だ。そのためには、労資関係の改造に伴ひ、一国の運命が多数の民衆によつて決定されるといふかゝる状況の発生を得て、始めて充分なる国際関係の改造を全うすることが出来る。かくて、両者の連絡性が如何に密接であるかを知るであらう。

三、人類文化の発展に於いても、矢張り種子と同じく裕《ゆた》かなる熱と光とを必要とする。社会の進歩に対する貢献を果し得る動因は、人間の崇高なる感激であり、その感激をして持続せしめるためには宏汎なる教養を不可欠とする。だから、かゝる正しい感激を抱かしむるための基礎の上に、民衆の教養を深めることが肝要だ。それは又、或る意味に於いて文化の根本問題とも言へよう。何故か？　地盤は畢竟生命発展の条件だ。断じてそれは原因ではない。原因は種子そのものゝ中に存在するのである。そして、この生命の潜在原因を促して、自発的に発芽成長せしめるものは、もとより地盤地質のみのよくするところではない。その第二段の役目を司るものは実に太陽の光と熱とではないか。即ち、文化発展にあつては、人類の感激と教養とだ。この感激と教養とによつて、自らの生活力を意識して、自らその本質を発展せんとするの機会に置かれるのである。

*

要するに、人類社会の発展のためには、社会改造といふ施設を適当にし——勿論人類をして文化発展の能力を充分に発揮せしめんとする理想主義的精神を基調にして、その上に多数決と代議との両制度を樹立することが、政治問題にとつて、最も大切だと信じる。

〔『近代政治の根本問題』クララ社、一九二九年一二月二〇日刊〕

初出及び再録一覧　〔標題の下の数字は本巻収録ページ〕

憲政の本義を説いて其有終の美を済すの途を論ず　3

『中央公論』一九一六年一月

のち『吉野作造博士民主主義論集　第一巻　民本主義論』(新紀元社、一九四七年)、『資料大正デモクラシー論争史　上』(太田雅夫編、新泉社、一九七一年)、『日本の名著48　吉野作造』(三谷太一郎編、中央公論社、一九七二年)、『吉野作造論集』(三谷太一郎編、中公文庫、一九七五年)、『吉野作造評論集』(岡義武編、岩波文庫、一九七五年)、『近代日本思想大系17　吉野作造集』(松尾尊兊編、筑摩書房、一九七六年)に収録。

民本主義の意義を説いて再び憲政有終の美を済すの途を論ず　99

『中央公論』一九一八年一月

のち『吉野作造博士民主主義論集　第一巻　民本主義論』(前掲)、『資料大正デモクラシー論争史　下』(太田雅夫編、新泉社、一九七一年)に収録。

民本主義・社会主義・過激主義　143

『中央公論』一九一九年六月

翌年吉野作造著『社会改造運動に於ける新人の使命』(文化生活研究会出版部、一九二〇年)に収録、このとき次の小見出しが付された。「一　国民生活の問題と其解決策／二　社会主義の発生／三　社会主義の二派並に過激思想の起因／四　過激思想の誤謬／五　民本主義に対する不当の批難／六　民本主義と社会主義／七　社会主義と過激主義との根本的分岐点」。のち『吉野作造博士民主主義論集　第五巻　社会問題及び社会運動』(新紀元社、一九四七年)、『資料大正デモクラシー論争史　下』(前掲)、『近代日本思想大系17　吉野作造集』(前掲)に収録。

普通選挙主張の理論的根拠に関する一考察　155

『国家学会雑誌』一九二〇年一一月・一二月、二回連載。

のち吉野作造著『現代政治講話』(文化生活研究会、一九二六年)に「普通選挙制度の理論的根拠」の標題で収録、このとき次の小見出しが付された。「序言／普通選挙の意義／普通選挙主張の消極的根拠／普通選挙主張の積極的根拠／普通選挙制の一般政治的発達上に於ける地位」。『吉野作造博士民主主義論集　第二巻　民主主義政治講話』(新紀元社、一九四七年)にも収録。

選挙理論の二三　173

『国家学会雑誌』一九二三年五月

のち『現代政治講話』(前掲)に収録、このとき次の小見出しが付された。「はしがき/普通選挙の意義/代理主義と代表主義/階級的立場と市民的立場/地縁的代表主義と職能的代表主義/結語」。『吉野作造博士民主主義論集　第二巻　民主主義政治講話』(前掲)にも収録。

我が国無産政党の辿るべき途　186

『中央公論』一九二七年一月

同年吉野作造著『無産政党の辿るべき道』(文化生活研究会、一九二七年三月)に「無産政党の辿るべき道(無産政党の真方針)」の標題で収録、このとき同論文の「追記」として「無産両政党の対立」(一九二六年一二月『中央公論』)、「無産政党運動に依て指示された二つの途」(一九二七年一月『中央公論』)の二文を付載。ついで吉野作造著『日本無産政党論』(一元社、一九二九年)にも同じ標題で収録、このとき「追記」として「無産両政党の対立」(前掲)、「政党運動と政治教育運動」(一九二六年三月『中央公論』)の二文を付載。のち『吉野作造博士民主主義論集　第五巻　社会問題及び社会運動』(前掲)に「無産政党論」の標題で収録。『近代日本思想大系17　吉野作造集』(前掲)に初出の標題で収録。

なお、文中一九五頁に未解放部落を差別する語が比喩的に使われているが、本選集の文献的性格から原文のまま収録した。

近代政治の根本問題　245

吉野作造著『近代政治の根本問題』一九二九年一二月二〇日刊(民衆政治講座24、クララ社)。原文は総ルビ。同書に「付録」として収録された「現実主義と急進主義」は「我が国無産政党の辿るべき途」中の一節を再録したもの。

のち『吉野作造博士民主主義論集　第二巻　民主主義政治講話』(前掲)に収録。

なお、本篇は、「現代政治思潮」(本選集第一巻所収)とともに、一九一九年九月―一九二〇年六月に行われた東大法学部における「政治学」講義の一部を原型とし、執筆時の情勢を踏まえて大幅に加筆したものと推定される(川原次吉郎「政治学者及び政治史家としての吉野博士」『故吉野博士を語る』一九三四年所収、蠟山政道『日本における近代政治学の発達』一九四九年、参照)が、そのさい既発表の文章の一部を援用している個所がある。二七七―二八三頁の部分は、本文中にも言及されているように、「我が国無産政党の辿るべき途」(本巻所収)の二二九―二三四頁とほぼ同文である。また、二八七―二九六頁の「貧困原因の変遷」「旧型の社会改造思想」の部分は、「社会問題と其思想的背景」(『中央公論』一九二〇年夏期特別号)と重なる議論が多く、さらに二九九―三〇二頁の「結論」の部分は、「人類の文化開展に於ける種子・地盤・光熱の三要因」(『中央公論』一九二三年二月、巻頭言。本選集第一二巻所収)の趣旨を敷衍したものである。

〈解説〉吉野作造と政治改革

松沢弘陽

本巻には吉野作造の政治改革についての数多くの論稿のなかから原理論的な性格の強い七編を収めた。それらは政治改革論の原理論としては本選集第一巻、具体的な政治改革論としては、第三・四、一〇巻所収の諸論文と密接に関係しているが、吉野の政治改革論の範囲は広く、これら諸巻に含まれる政治改革論をあわせてもそのごく一部に過ぎない。そこで小論を、彼の政治改革論の広がりに見通しをつけ、吉野がそれらにどのように立ち向かったか、彼がとった態度を明らかにすることから始めたい。

一　政治改革論の射程と政治改革への立場

吉野作造は、日本における政治改革を、世界そして東アジアを貫く政治改革の大潮流の一環としてとらえていた。吉野には、このような世界史的な改革の大運動をふまえて、日本における政治改革を論じるのだという強い自覚があった。したがって彼にとって日本の国内政治の改革と対外政策の改革とは緊密に連動していた(「国家生活の一新」一九二〇年一月、本選集第一巻所収、『近代政治の根本問題』第四章第一、本巻所収など参照)。その意味で本巻の諸論文は、前記諸巻に加えて本選集第五―九巻所収の諸論稿ともかかわっている。

国内政治の改革に限っても、彼がとりあげた問題の範囲はきわめて広い。吉野作造の名と政治改革という課題とを結びつける時、ただちに思いうかぶのは、いうまでもなく一方では、普通選挙・議院内閣制の確立であり、他方でこれを阻む、枢密院・貴族院・陸海軍令機関の改革であろう。このうち本巻には前者に関する基本的論文を収めたが、後者に関する論策は第三・四巻に譲られている。また、よく知られているように、吉野の政治改革がどこまで天皇制の批判にふみこみえたかは、しばしば吉野研究の主題となった。彼は明らかに天皇の主権を論じることを避けたが、その一方で、今見たように政治機構としての天皇制の中枢をなす枢密院を始めとする非選出諸機関のラディカルな改革を要求し、またイデオロギーとしての天皇制を支える五箇条の御誓文に対して公の場でイデオロギー暴露を行い、靖国神社の反倫理性を公然と批判することを辞さなかった。

しかし、これらはいずれも制度の改革である。吉野の政治改革構想は制度改革をこえて広がり、「改革」や「革新」ということばを語ることなしに、政治改革に重要なかかわりをもつ多様な問題が論じられた。彼の政治改革論には、「制度」や「法律」の次元の改革とその「運用」の次元の改革の区別と関連という主題が一貫していた。「運用」の担い手として吉野が第一義的に期待し、語りかけたのは、多数の政治のアマチュア──「民衆」──であった。制度の改革はその運用の改革をまって始めてその本来の機能を十分に発揮する──「有終の美を済す」──とし、状況によっては、後者が前者よりも当面の課題として緊急度が高いとした。後者は吉野が終始重視した「国民的教養」の改革という課題にかかわる。吉野はそれを民衆の「教育」「訓練」等とよんで機会をとらえては説き続けた。それは民衆の政治意識、広く言えば政治文化の改革、民衆の政治的成熟への改革を意味していた。制度改革はつねに、このような民衆の政治意識・政治文化の改革を必要な条件とするものとして語られ、またそれを促進する手段として、論じられたのである。

吉野の政治改革論はこのように広い範囲にわたっていた。そして特徴的なのは、多様な問題にわたる改革論が問題ごとに別個に構想されるのではなく、ゆるやかではあるが体系をなしていることだった。このような体系性は、個々の問題にかかわる改革論が、根本において一貫した、自由民主政の原理論、さらには政治の原理論、広くいえば政治学理論に根拠づけられていることからもたらされた。吉野の政治改革論は、このような意味で政治学理論の創出に基礎づけられており、それは、明治寡頭制を支えて来た官僚的法学、国家学からの独立によって初めて可能になった。「憲政の本義を説いて其有終の美を済すの途を論ず」(以下「本義」論文と略す)から「政治学の革新」(本選集第一巻所収)等を経て「現代政治思潮」(第一巻所収)、『近代政治の根本問題』にいたる一連の論文は、そのような法学・国家学の殻を打ち破って新しい政治学を形成する企ての発展を示すものであった。この問題については後にまたとり上げることにしたい。

吉野は、自分がこのような政治改革の課題にとり組むに当って、政治を対象とする学者、政治学者という専門職《プロフェッション》、広くいえば「先覚」的知識人という立場あるいは役割をはっきりと自覚し限定していた。彼は、帝国大学法科大学の教授と官僚とが分化し、政治に対する政治学の自立性が自覚され始める時期に学生生活を送って、政治の実践と政治学とを、また政治家の職能と政治学者の職能とを峻別した。彼の政治改革論は、政府からはいうまでもなく、政治改革を目ざす政党等の運動からも独立した「超越的立場」からなされた。吉野が、そのような立場の自覚にもとづいて、力を注いだのは、政府に対しても運動に対しても、政治の現状分析と改革の具体的提言とそれを導く原理論を展開して、政党のそれを含めて低調な「政論」を批判し、真の改革の方向を指し示す営みだった。吉野はさらに、政治運動には原則としてコミットしなかったけれども、社会改革のために噴き出した数々の運動のためには労をいとわず力をかした。キリスト教青年会・「大学普及《ユニバーシティ・エクステンション》」・労働組合・消費組合・市民のための産院・朝鮮人学生の運動等々、それは実に多様である。

吉野が創り出していった政治改革の原理論――政治学の性格は、彼のこのような態度と深く結びついていた。先にふれたように、彼の政治学は、古い官僚的法学・国家学の殻を打ち破りつつ形成された。その政治学は、次節以下で見るように、内容において古い学問のそれを一新しただけでなく、方法や文体でもラディカルな改革をなしとげた。吉野の政治学は、西欧特にドイツの学説を下敷きにした旧来の法律学・国家学から一転して、世界史の動向の実証的研究を背景にして、日本の政治・社会の現実を克明に観察し分析することを土台にした。彼はそのような観察と分析の結果を概念化し体系化していったが、その際にも外国の学問の概念や体系に依存することなく、むしろ同時代の日本でなじまれている概念を定義して使い、自分自身の体系をたえず練りなおしてゆくのが普通だった。文体も、彼の論説の多くが口述筆記によったためもあろうが、極めて平明で、話しことばに限りなく近づいていた。吉野の場合、東京帝大法学部の紀要『国家学会雑誌』に載せた学術論文の文体と『中央公論』に掲げた論説のそれとは、ほとんど変わらなかった。その点は、たとえば彼の同僚であり政治的には近い立場で、学界にもジャーナリズムにも精力的に執筆した美濃部達吉とは全く対照的である。

しかし、吉野のこのような概念化には、つきつめてゆくとしばしばあいまいさがつきまとっていた。体系化も整合的でなかったり矛盾をふくむことがあった。また一九二〇年代初めから、若い政治学者たちは新カント派の方法論や多元的国家論など西欧の最新学問を精力的に導入し、政治の概念やそれと国家の概念との関係をめぐって華かな議論をくりひろげたが、吉野の場合、本巻が対象とする時期に自分の政治学を展開する上で、西欧の政治学を参照した様子はほとんど見られない。彼のデモクラシー論に対して早くから時代おくれだという嘲笑が浴びせられたこと、また彼自身それを語っていること(「板挿みになつて居るデモクラシーの為めに」一九二二年四月)はよく知られている。しかしそれだけでなく、彼の政治学理論の体系化の企てに対しても彼から学ぶこと最も多い、新世代のすぐれた政治学者からもきびしい批判が向けられた。吉野が「政治学の革新」を発表し、一九一九―二〇年にかけて「現代政治思潮」の原型となった政治学の講義を初めて行った時、「先生の唱導された民主主義を指導原理とする政治学が体系化されることを待望し」て受講した学生たちの一人、吉野の愛弟子蠟山政道は、彼らの反応を「〔吉野の講義は〕失敗であった。われわれは少からず失望せざるを得なかった」(「わが師吉野作造先生」社会思想研究会編『わが師を語る』一九五一年)と、回想している。

吉野の政治学理論の形成は、「失敗」に終ったのだろうか。蠟山ら若い世代の政治学者の仕事と吉野のそれとの、今日における生命を比べれば、答えはおのずと明らかであろう。彼の政治改革論を導く政治学理論は未完に終った。その意味では「失敗」といえよう。しかし、読むべき眼を以て読むことが出来れば、その中には今日なお新鮮な様々な示唆が見出される。吉野自身、「イギリスの政治学」に対する親近感を語っている(「本義」論文)が、彼の政治学には、おそらく彼の意識せぬ所で、J・S・ミル、T・H・グリーン、ホブハウス、E・バーカーら、一九世紀後半から二〇世紀前半にかけての英国自由主義の一連の思想家・学者の政治理論に通じる思想が見られる。吉野の場合それは、あくまで当時の日本の現実をふまえながら、そこに早発的に現れつつあった大衆民主政を導きうる政治学、とりわけ政治哲学あるいは政治理論への模索の所産だったといえよう。

二　民本主義論の体系化と政治改革論の原型

吉野のこのような政治改革論とそれを導く原理論の原型を打ち出したのは、「憲政の本義を説いて其有終の美を済すの途を論ず」(一九一六年一月)であった。この論文には、一方では貯水池のようにそれまでの長い間の彼の思索と研究の多くが流れ込んでおり、他方ではそれ以後の吉野の政治改革論とその原理論は、この論文に形をとった体系の修正や深化として展開していった。彼自身はこの論文の中では、先行する自己の著作としては、自著『現代の政治』に収めた「議員選挙の道徳的意義」(本巻六七ページに言及)、「民衆的示威運動を論ず」(同七一ページ、本選集第三巻所収)、「日本に政党政治が行はれ得るか」(同九〇ページ)の三編と『中央公論』に載せた「収賄贈賄、罪孰れか重き」をあげている。しかし法律論に対する政治論の独立の上に成立つデモクラシーの理論の骨格が、すでに彼の帝大卒業の翌年に現れていることは、第一巻の解説にのべられた通りである。そして「本義」論文の前年、『国民講壇』に三回にわたって連載された「欧米に於ける憲政の発達及現状」には、「本義」論文のデッサンであるかのように「本義」論文の骨格がほぼその全容を現していた。

「本義」論文はまた同時代の諸思想との交渉の中で形成された。「民本主義」という論争の焦点となったキイ・コンセプト自体、吉野の造語でなく、すでに論壇で広く用いられていたことばだった(「支那問題に就ひて」一九一九年六月、「民本主義鼓吹時代の回顧」一九二八年二月、本選集第一二巻所収)。そして、先に見た法律論から政治論を独立させてその上にデモクラシー論を構成する初期からの論調は、東京帝大法科大学における師小野塚喜平次の、国法学から政治学を独立させてその上に「衆民主義」の理論を築く企ての、強い影響のもとに形づくられたのだった。このように「本義」論文を構成する基本的要素の多くが、突如として新しく生まれたのではないにもかかわらず、この論文が同時代に大きな衝撃を与えたのは、政治改革の個々の提言——普通選挙や政党政治——がそれぞれ時流に先んじていた上、吉野がそのキイ・コンセプトを明確にポレミックな形で定義し、改革の構想とその基礎理論を体系化し、それを『中央公論』という雑誌の長大な巻頭論文として発表したことにあったといえよう。

吉野によれば「憲政有終の美を済す」——憲法制定に始まる立憲政治がその真価を完全に実現する——には、

「一定の主義方針」にもとづいてその「制度」と「運用」を改善しなければならない。その「一定の主義方針」――原理論――は、憲法の条文の文面からはえられない、「所謂憲法の奥の奥に潜んで居るところの根本精神」＝「憲法の精神」である。それは世界史を貫いて進む普遍的な「近代の精神的文明の潮流」の現れであり、各国の立憲政治に「共通の一つの精神的根底」にほかならない。吉野はこれを「民本主義」ということばで呼んだ。政治の世界における全ての概念が論争的概念であると言われるように、「民本主義」も二重の意味できわめて論争的であった。それは一方では防衛的であり、主権の行使を指導する「政治論」なのだとして、主権の所在をめぐる「法律論」から自己を区別し、人民主権論と同一視されるのを防ぎ、明治寡頭制を支えた天皇主権論からの攻撃をまねくことを回避した。それは他方では攻撃的であり、主権の所在如何にかかわらず近代国家において主権を行使し政権を運用するには、実際、この原理による以外にないと断言し、民衆の政治参加の拡大を正当化した。このように「憲法の精神」＝「政治論」という形で「民本主義」を打ち出す中で、主権論をめぐる政治的対立をひき出すのを回避するとともに、伝統的な国法学からの政治学の独立が大きく一歩前進したのである。

「本義」論文では、民本主義は、第一「「政治の目的」が一般民衆の利福に在る」と、第二「「政策の決定」が一般民衆の意嚮に拠る」と、二つの「内容」からなるとされた。この第二の原理を制度化する政治改革として打ち出されたのが普通選挙――二大政党制――政党内閣・議院内閣制という、人民が議会を「監督」し議会が政府を「監督」する「代議政治」の体系である。吉野はこの論文に二年先立つ「山本内閣の倒壊と大隈内閣の成立」(一九一四年五月、本選集第三巻所収)で時流にはるかに先立って普通選挙を要求するにいたっており、政党内閣・議院内閣制についてもすでに主張していた。このような制度改革構想が「本義」論文において初めて、原理論を基礎にして体系化されたのであった。同時に彼は、この論文における政治改革論を主として政治制度の面に限定していることをはっきりとことわった上で、制度が十分に機能するための条件として、其の「運用」を担いうる「国民的教養」の改革の問題に注意を促すことを忘れなかった。また普通選挙の大きな意味の一つは民衆に対する「政治教育」という機能に見出されていたのである。

こうした民衆の政治意識の改革という問題と関連して、吉野は政策決定において民意を基礎とする原理に重要な補足をする。すなわち近代政治においては、多数者は、「形式的関係に於ては」どこまでも「政界の支配者」であるが、「内面に於て」は「少数賢者」の指導を必要とする。すなわち「政治的に見れば、多数の意嚮が国家を支配するのであるけれども、之を精神的に見れば、少数の賢者が国を指導する」。この吉野のいわゆる「政治的民本主義」と「精神的英雄主義」との結合という思想は、彼が長年比較政治学的な実証研究を重ねて来た、英国やドイツ、とりわけT・ルーズヴェルトやウイルソンらアメリカの革新主義の政治指導という現代政治の現実をふまえてのべられている。それは大衆民主政の展開が、大衆の内面に訴える強力なリーダシップを要請するという関連を的確にとらえており、J・S・ミルの『代議政治論』にも通じるものであった。この思想はやがて政治理論としてさらに深められ、吉野特有の代表の理論と結びつくにいたるのである。

三　民本主義の再定義

「本義」論文に堂々たる体系として展開された論争的な民本主義論が、同時代に与えた衝撃は大きく、発表の直後から批判があい次いだ。それらの批判に正面から応じる中で民本主義論を練りなおした総括、民本主義の再定義の企てが、「民本主義の意義を説いて再び憲政有終の美を済すの途を論ず」(以下「再論」と略す)であった。この論文の中で吉野が論及している彼自身の論文と他の学者・評論家の論文の説明をかねて、論争を簡単に概観し、まず民本主義の再定義にいたる過程をとらえよう。一九一六年一月、「本義」論文が発表されると、茅原華山の「デモクラシィを使ひ分けたる吉野博士」(『洪水以後』一九一七年二月、本巻一〇一頁参照)を含む多くの批判があい次ぎ、吉野はそのうち六編に対して「予の憲政論の批評を読む」(一九一六年四月)で反論した。彼はさらに続く批判に対して、民本主義の思想史における位置づけを試みる「国家中心主義個人中心主義 二思潮の対立・衝突・調和」(同年九月、本選集第一巻所収)を書き、さらに翌一七年一〇月には「民本主義と国体問題」(『大学評論』)を発表した。おそらくこれと前後して、美濃部達吉の「帝国政体の基礎原則」(『法学協会雑誌』一九一七年一〇、一一、一二月)、浮田和民の「欧洲戦乱と民主政治の新傾向」(『太陽』同年一一、一二月)、特に大山郁夫の「デモクラシーの政治哲学的意義」(『大学評論』同年七、一〇、一一月)を読んだことが、「再論」を執筆するきっかけになったのだった。吉野はこのような応酬の中で、先ず民本主義を「国家中心主義」にたいする「個人中心主義」だとして、政治思想の歴史におけるその価値の歴史的相対性――意義とともに限界――を明らかにし、さらに民本主義という同じことばが実は自由主義と民主主義という二つの別個の概念を表現しているという両義性を示すにいたったのである。

こうして吉野は、「再論」にいたって、民本主義という論争的概念に大胆な再定義を試みる。「本義」論文では、「法律論」としての人民主権から「政治論」としての民本主義を切り離した上、「政治の目的」と「政策の決定」とをその「二つの内容」としてとらえた。「再論」では両者は、同一の民本主義の「二つの内容」なのではなく、実は同じ民本主義ということばが、「政治の実質的目的」についての思想と、それを最も有効に実現する「政権運用の方法」・「政治の形式的組織」に関する思想という、二つの別個の思想を表現していたのだとして区別する。区別する根拠は前者が「主観的」「相対的」なのに対して、後者は「客観的」「絶対的」だという政治の世界における思想の歴史の理解にあり、区別する理論的効用は、新しい課題としての「科学的政治学」の対象を後者に限定することにあった。

吉野は、「政治の実質的目的」の思想について、「国家中心主義個人中心主義 二思潮の対立・衝突・調和」をうけついで、フランス革命期の自然権的な「個人自由の保障」から功利主義を経て一九世紀後半の「国家主義の思想」＝「共同団体の観念」にいたる政治思想の歴史をたどる。これら全ての思想は、特定の歴史的状況のもとでそれぞれに固有の意味をもつ、しかし逆に言えば、いずれも絶対的な意味をもちえない。「政治の目的に関する最高唯一の真理が、今日まで未だ発見されて居ない結果として、止むなく第二次の真理と認むべきいろ〳〵の主義が今日現に代る〴〵用ひられて居るといふ状況である」。これに対して、「政権運用の方法」は、近代においては、「政治の実質的目的」いかんにかかわらず、それを実効的にするためには、「民意の尊重」＝人民の政治参加以外にはありえず、その意味で「絶対的」である。「客観的政治学」あるいは「科学的政治学」の対象は、後者の意味の民本主義に限定されるのである。吉野は先に引いた浮田和民・美濃部達吉、特に大山郁夫の議論と用語法に拠って、政治思想の発展を第一の意味の民本主義における自然権的「個人自由の保障」から第二の意味における人民の政治参加へ、「シヴィル・リバーテー論」から「ポリチカル・リバーテー論」へ、「自由主義」から「民主主義」への発展としてとらえたのであった。

このような民本主義の再定義にいたるには、いくつかの次元にわたる背景があったように思われる。それは当時の政治状況との関連では、超然内閣の弁護として語られた、吉野のいわゆる「善政主義」――政治の目的は国民のために善政を行うにある――をふりかざして民衆自身の政治参加を封じ込めようとする動きに対する論争として、焦点をしぼる意味をもっていたであろう（たとえば「善政主義と政争無用論を駁す」一九一七年四月、本選集第三巻所収を参照)。また彼の政治思想史のとらえ方に見られる歴史的相対主義も、「政治の実質的目的」についての原理論を相対化することになったであろう。さらにこの歴史的相対主義は、政治的なことがらについての認識における穏かな懐疑論と結びついていた。吉野によれば、こうしたことがらについて「唯一の絶対的真理」が存在する。それを探求するのが「政治哲学」であり、政治指導者は、このような真理を確信することなしにはその任に当たることが出来ない。しかしそれは主観的確信にとどまらざるをえない。――ここには『自由論』に示されたJ・S・ミルの人間の「可謬性」論に通じるものがうかがわれよう。――こういう条件のもとでは、「政治の方針」については、複数の「相対的原則の器械的組合せ」あるいは併存・交代によって決定する以外に方法はない。それを具体化する制度を経験的・実証的に探究するのが「科学的政治学」にほかならず、政治参加=普通選挙=多数決制・二大政党制・議会政治という制度がその答えとして示されたのだった。

「本義」論文では、「政治論」が「憲法の精神」という形で打出されていた。「政治論」がいわば憲法という卵の殻を尻につけて生まれたのである。「再論」では政治学は「政治哲学」と「科学的政治学」とから成るものとされ、そのような政治学が、「法律論」を全く離れて堂々と押し出された。これと結びついた民本主義の再定義によって、一方では、「個人自由の尊重」「自由主義」を絶対視するのではないという防御がされるとともに、他方では、「本義」論文において、民本主義の第二の内容の具体化として示された、民衆の政治参加のための制度改革論が、理論的により深く根拠づけられた。「科学的政治学」は何よりもこの政治参加の制度についての実証的な学問として期待された。しかし、政治改革論と政治学とのこのような発展は、その反面にさまざまな問題を孕んでいた。自然権的な「個人自由の保障」を特定の状況のもとで生れた相対的なものとすることは、先国家的な基本権としての自由の否定を意味しないか。「昔は自由の保障」が、「今日は」政治参加=「ポリチカル・リバーテー」＝「民主主義」が「憲政の本義」だという見方は、市民的自由を抑制した上での民主主義にならないか、といった問題がそれである。「再論」の後一九二二年頃、吉野の政治学においてはこれにかかわる新しい課題として、彼のキリスト教的人間観の上に同時代の人格主義や理想主義の哲学をうけ入れて、独自の自由主義論が形成されてゆくことになるのである。

四　民本主義と社会主義

「再論」における民本主義の再定義はしかし、それから一年余り後に再び見直されるにいたった。それを促したのは、一九一八年末から一九年春にかけて、原敬内閣のもとで高揚した普通選挙運動の後退と、そのあとの政治問題の中心となった米騒動以後の異常な物価高と生活難であり、そのような背景のもとで危惧された社会主義の台頭だった（「労働運動に於ける政治否認説を排す」一九一九年八月、本選集第一〇巻所収参照）。こうした状況は吉野だけでなくデモクラシーの論客全体に彼らの議論の見直しを迫った。一九一九―二〇年はいわば大正デモクラシー論の折返し点となった。吉野は、「民本主義・社会主義・過激主義」を書いて、再び民本主義は「国民生活の実質的整頓」＝「社会的要求」と「政治的形式の整頓」＝「純政治的要求」と「二種の内容を有す」（傍点松沢）として両者を併立させた。さらに彼は、民主主義が「国民全体」の「国民生活の安固充実」を目的として発展して来た歴史をふり返り、現代の民本主義は、「各種の階級を包括する全体の有機的組織中に於ける」プロレタリアートの優越の地位を認めるにいたったという。この現代における民本主義のとらえ方は、「再論」で政治の目的についての新しい原理として示された「共同団体の観念」をうけつぐものだろう。「再論」では、「客観的真理」を認識することが出来ない「相対的」な領域だとして「科学的政治学」の対象からはずされた問題が、復権したといえよう。

他方彼は社会主義の発展と、その「立憲主義」と「革命主義」＝「過激主義」とへの分化を描き出す。吉野によれば、「国民全体」のための「国民生活の安固充実」を目ざす現代の民本主義と、この「立憲主義」的社会主義とは、議会政治を肯定する面で一致する。「民本主義の社会的要求」は「広義の社会政策」を要求し、それは社会主義をも含みうる。こうして吉野は、翌一九二〇年日本社会主義同盟の組織が企てられているのを聞いた時、「自分も或意味に於ては社会主義者だ、若し誘はれたら之に参加すべきであるかどうかを私かに考へて見た」(「日本社会主義者同盟」一九二〇年九月、本選集第一〇巻所収)のだった(なお「社会改造と云ふ上から今日矢張り社会主義の立場を執る」と明言した「社会主義の新旧二派」一九二一年五月をも参照)。彼のとる社会主義は、議会政治をふまえ、プロレタリア独裁を否定する社会民主主義であった。彼は結局社会主義同盟には参加しなかったが、一九二五―二六年には、現実政治には加わらないという禁を自ら破って、社会民主主義右派を中心とする社会民衆党の結成のために力をかすにいたった。

五　選挙権と代表の理論

一九一九年から二〇年にかけて、吉野の政治改革論とデモクラシーの政治理論は、選挙制度の改革と普通選挙の導入が現実政治の日程にのぼるという状況のもとで、さらに深められた。「普通選挙主張の理論的根拠に関する一考察」(以下「普通選挙主張」と略す)がその前提としてたびたび論及する、『普通選挙論』(一九一九年四月刊行)の成立過程と主張がこの過程をよく示している。「二」に見たように「本義」論文は、普通選挙制を民本主義という理論的根拠の上に、政治改革論の体系の中心として初めて打ち出した。彼はそのような普通選挙論の基礎として、すでに一九一五年頃からヨーロッパ各国における選挙権拡張・普通選挙制への運動と選挙制度改革の歴史について、詳しい実証的研究論文を系統的に発表していた。一九一八年の九月頃からは、東大法学部の学生と普通選挙研究会を組織して自主的な研究を重ねていた。一九一九年に入って普通選挙運動が高揚すると、吉野の下の普通選挙研究会を母胎として生まれた新人会も、普通選挙運動の先頭に加わるにいたった。

こうした状況の中で原敬内閣は、第四一議会に選挙法改正案を提出する準備を始めた。しかし、選挙権についての理論的解明ははなはだ貧しかった。美濃部達吉が、一九一九年一月から『国家学会雑誌』に論文「普通選挙論」を連載し始めたのが、吉野のほかにはほとんど唯一の研究だった(それも三月、一〇月と発表されたままで中断した)が、吉野の持説に比べれば、実証研究としても選挙権拡張の主張としてもはなはだ不徹底だった。吉野は、当の普通選挙を要求する運動のがわも、普通選挙の意味を理解しえず、混迷を深めているのを目のあたりにし、またおそらく美濃部の「普通選挙論」を念頭において、一九一九年二月、急いで『中央公論』二月号に「選挙権拡張問題」を発表し(本選集第三巻にその中「第二 選挙権の理論的根拠」を収録)、さらにこれにそれまでに発表したヨーロッパ各国の選挙制度改革についての研究五編と「大学教授の議員兼職問題」(一九一七年四月)とをあわせて『普通選挙論』として刊行した。その後一九二〇年二月に原内閣は、普通選挙は時期尚早という理由で議会を解散、総選挙では政友会が圧勝し、これ以後普選運動は沈滞におちいった。「普通選挙主張」論文は、このような背景のもとで、以前に急いでまとめられた『普通選挙論』を、理論的にさらに深めるために執筆されたのである。

この論文のねらいはさまざまな選挙権拡張論や普通選挙論が、その理論的根拠があいまいなままに交錯する状況の中で、選挙権の権利としての根拠を明らかに示すことにあった。吉野の主張は明快である。参政権は「国民の身分に伴う当然固有の権利」として権利である。そのような権利性は、国体・政体のあり方いかんにかかわらず、国家を「協同的に経営」するために、国民各人が「夫れ〴〵の積極的分担を負ふ」という「近代国家の……社会的性質」にもとづく。この立場に立てば選挙権は、原則として全ての国民に与えられなければならない。したがって「普通選挙は、所謂選挙権拡張の一種ではない」。普通選挙論は有権者数の増加を争うのではなく、国民の身分に伴う権利としての普遍性という原則の確立を求めるのである。この論文はさらにこのような普通選挙の「民主主義の政治学上の体系」(傍点松沢)における位置づけにまで論じ及ぶ。そこには、これまでにたどって来た吉野の民本主義の体系の発展と、彼が民本主義という概念をすて、民主主義という概念を用いるにいたっているさまとが明らかにうかがわれる。参政権の権利性についてのこのような主張は、一八世紀末の自然権としての参政権の主張が廃れ、国家についての「共同団体の観念」が有力になった現在において、参政権の理論的根拠は「国家的経営の積極的責任分担」に求められるとした、「再論」論文の主題の展開であった。

「普通選挙主張」論文の焦点が、選挙権を権利として成り立たせる根拠の問題だったのに対して、その三年後の「選挙理論の二三」は、選挙の上に成立つ代表の本質を明らかにし、それを擁護する論争であった。この論文の書き出しに明らかなように、それは直接には、小野塚喜平次が発表した論文「消極投票」(当選させたくない候補者を指名する投票制度)と、それに対する吉野と蠟山政道とそれぞれの「消極投票に就て」と題する論評をきっかけにして書かれた。前年から加藤友三郎内閣のもとで選挙法改正の作業が進められ、一九二三年の七月からは美濃部達吉や小野塚も加わった臨時法制審議会の検討に付される方向に向かって進んでいた。小野塚の論文もおそらくこうした動きをも背景としていた。この時期、他方では労働運動の中に、代議政治に対する批判と、直接民主政を原則として、選挙についても階級的利益の代理としてとらえる議論が広がっていた。吉野はこのような代理論を批判して代表の制度を擁護するため代表の本質を明らかにしようとしたのである。

吉野に従えば、代理と代表とは「民衆現有の要求」を「代弁」する職能では共通している。しかし、「人性の不断の進歩を信ずる」という人間観に立って、民衆が、「最高の賢良と信頼する仲間」に、彼らの利益を、「代弁」するだけでなく、「民衆を指導し彼等に更により良き何ものを望むべきかを教へる」役割を期待するところに、代理から代表を分つ決定的なちがいがあった。彼がこの前年に発表した一連の文章は、この問題をさらに深めていた。人は適切な条件さえ与えられれば、無限にその「霊能を発展して熄まざるものである」。代表は、そのように人格の向上を目ざす者の目標である、彼にとっての「より良き己れ」にほかならない。代表は「利益志向の部分的代理」ではなくて、全体としての「人格の信任」を基礎とする(以上「板挿みになつて居るデモクラシーの為めに」一九二二年四月)。このような「より良き己れ」観は、代表と代表される者とが、価値や文化を共有することを前提にしていた。その意味で吉野の代表論は、まだ十分に展開されていないが、利益の代表、人格の代表、価値ないし文化の代表といった近代代表理論の諸問題を内包していた。それはまた、「三」の終りでふれた吉野独特の自由主義論とも結びついていた。吉野は、自由が他者からの干渉を排除するだけの「消極的方面」(傍点松沢)にとどまることをきびしく批判する。自由は真の自己を実現する「積極的方面」(同前)にまで発展して初めて完成する。そしてこの自己実現は、自分のあるべき姿を優れた他者の人格のうちにもとめ、これを目ざして自己の「向上発展」につとめ、この人格への全人格的信頼を「団体生活の根基」とすることに発展する。それこそが「本当の自由」であり「近代民主主義的人生観」(「我が国無産政党の辿るべき途」)の上に立つ吉野の自由主義の根底であった。ここには、一九世紀後半英国の理想主義的自由主義の中に顕著にあらわれた、「積極的自由」(I・バーリン)の思想に通じるものが現れていたといえよう(「自由主義の根拠」一九二二年八月、本選集第一二巻所収、「新英雄主義(上)」同年一一月など参照)。おそらくこのような自由主義が、「三」に見たような「民主主義」優位の強調と結びついたのである。

六　政党政治の改革と無産政党の構想

一九二五年三月普通選挙法が成立すると、労働組合・農民組合を母体として無産政党組織の動きが活発化し、その中で「階級的単一政党」を目ざす大山郁夫らマルクス主義の立場をとる左派とこれに反発する右派との路線の対立抗争が深刻化した。その中で、かねて民主主義者であるがゆえに社会主義者であると自らの立場を定めていた吉野は、一九二六年一一月安部磯雄・堀江帰一とともに「民衆を基礎とする堅実なる新政党」の結成を呼びかけ、これをうけて一二月に社会民衆党が組織された。その直後に記された「我が国無産政党の辿るべき途」は、それまでの吉野の既成政党と無産政党とを含む政党に対する見方を総括するとともに、左派路線と対決する論争として発表された。吉野は早くから政治改革の目標として二大政党制・政党政治をとなえたが、現実の政党の「暴状」、とりわけ「地盤」政策と利益ばらまき政治に対しては徹底して批判せざるをえないというディレンマに立たされていた。政友会・憲政会両党によって政党内閣制が確立するにいたって、これら政党の「地盤」政策と利益政治は、「我国政弊の根源」として、吉野の政治改革論の中心的な対象となった。彼は早くから政党の有力な地盤である「地方の公民」に対して政党に加わらないよう訴え続け、そのために既成政党から憎しみを買っていた(「政党の地盤政策を難ず」一九一九年一一月、本選集第三巻所収、『近代政治の根本問題』本巻所収などを参照)。彼は新たに組織される無産政党に対しても同じような態度でのぞんだ。本論文に吉野が引く「無産政党問題に対する吾人の態度」(本選集第一〇巻所収)、「政党運動と政治教育運動」(本文一九〇頁でふれられる論文は、この題で『中央公論』一九二六年三月号に載せられ、『古い政治の新しい観方』には再録されず、「無産政党の辿るべき道」の「追記」として『日本無産政党論』に収められた。本選集第四巻所収)、「既成政党の関心事」(一九二六年一二月)などの諸論文はそのあとを示している。

このような背景で書かれた本論文にいちじるしいのは、吉野が無産政党組織という問題をとりあげるにあたっての「立場」と、この問題を通じて実現しようとする改革の目標である。吉野はここでも、政党に加わる政治家の立場と「政治教育者」のそれとを峻別し、彼自身は「教育的見地」に立っていることを明らかにする。そして「政治教育的見地」からとり組むのは、「一片の法律で以て出来る」制度改革ではなく、政党を通じて民主政支える役割を最大限に発揮しうるように民衆を訓練するという「一朝一夕のことではない」課題であった。しかしながら、そのような目的のために吉野が提案したのは代議士中心の政党であり、職業的政治家ではない一般民衆は、無産階級に属していようとも無産階級の政党にも加わるなと訴えた。それは左派の「階級的大衆政党」という構想と根本から対決するばかりでなく、選挙権の拡大に伴って政党とくに社会民主主義政党が大衆政党化するという、吉野がよく知っている西欧における傾向にも逆行していた。

吉野のこのような政党論は、この論文の「代議制度」の節に展開されている「先覚の士」と民衆との関係を基礎にしているといえよう。それは「再論」における「少数哲人の指導」と多数民衆の「監督」の相互関係という構想が、「選挙理論の二三」の解説の中でのべたように、一九二二年頃から、人格主義や理想主義の哲学を受け入れてはぐくまれた、「近代民主主義的人生観」あるいは「理想主義的人生観」と、その上に築かれた代表の理論をも組み入れて深められたもののように思われる。この論文における政党論は、このように吉野が長年展開して来た代議制の理論の上に、更に政治の「複雑化」と「専門」化、そして「専門政治家」と民衆との分化という現代政治の構造変化という現実にもとづいて形成されていた。その意味で、この文脈における「民衆」は政治の「専門家」に対する政治のアマチュアと読み替えることが出来よう。

民衆＝政治のアマチュアにとっては、現代政治のこのような条件のもとでは、自己の問題を知ることは出来ても、問題解決の政策を立てることは能力の限界をこえる。それには「政治家の専門的才能」をまたねばならない。それにもかかわらず「無産大衆本位」を説き、民衆を「主動者」として大衆政党に組織化することは、その実態として「中央集権的な少数幹部」の「変装的専制」をもたらすであろう。それは事実上、既成政党の「地盤」政策の模倣を意味する。吉野は、このような判断について、西欧最大を誇ったドイツ社会民主党の党組織の官僚制化を分析したR・ミヘルスにも論及していた(「労働農民党に対する希望」一九二六年四月、第一〇巻所収)。このような意味で吉野は、民衆には無産政党に加わらぬことを訴えたのである。

しかし民衆が政党に加わらぬという選択は、政治のアマチュア＝民衆に「好餌を以て大衆を誘ふ少数策士」・「中央集権的な少数幹部」による操作を免れさせるという消極的効果とともに、政党外にとどまることによって「良心の自由」を確保し、政党に属する「専門政治家」の政策に「無遠慮な監督」を行うという、積極的な働きを保障すると期待された。「無遠慮な監督」が具体的にどのような行為を意味するかは明らかではないが、おそらく選挙の都度、政党の指令や拘束を離れて主体的に判断し、あるいは支持しあるいは支持しないという、政党支持の自覚的な流動化、意識的な非党派化が想定されていたのではなかろうか。単一無産政党論を斥けた複数政党の併存と「共同戦線」という構想も、実現すればこれを促したと思われる。吉野の意図がこのようであったとすれば、それは、政治の「複雑化」「専門」化という現代の条件のもとで、政治のアマチュア＝民衆の政治的能力の限界を自覚させ、政党組織へのかかわりを限定させることによって、逆に政治のアマチュアの政治的主体としての可能性を十分に発揮させようとする企てだったといえよう。吉野はこのような民衆を原動力として、既成政党の「地盤」政策と利益政治によって汚染された政治文化を打破する新しい政治文化を創出し、既成政党、政党政治のシステムを改革しようとしたのだった。それでは吉野が理想とする二大政党制に向かって、現存の二大政党の政党政治を改革してゆくために、新しい無産政党はどのような態度をとることが期待されていただろうか。吉野は無産政党が一日も早く有力な大政党になることを期待した。しかし当面は、無産政党に議会政治に対して「消極的協力」の態度をとることを求めた。即ち原則として二大政党のどちらに対しても不信の態度をとって政策協定などを結ばず、是々非々の態度でキャスティング・ボートを握り、それを利用して二大政党に善を競わせることが求められた(「無産党議員に対する国民の期待」一九二八年四月、「無産党の対議会策」一九二八年五月、二編とも本選集第一〇巻所収)。これと併行して吉野は、無産政党を通して民衆の「政治教育」を進めることに力を尽くした。その一つの産物が『近代政治の根本問題』である。

七　未完の政治理論

『近代政治の根本問題』は、社会民衆党の民衆政治教育のためのシリーズの一冊として刊行された。それは、一方では始まったばかりの二大政党政治が早くもあらわにした「多数暴力」や「政権齧《かじ》りつき」の現実を視野に入れ、またこの時期の政治評論と結びついていた。それは他方では、「我が国無産政党の辿るべき途」や、この本の少し前に発表した「現代政治思潮」と密接に関係していた。この小さい本も、概念の混乱や立言の矛盾などが多く、決してとらえ易くないが、それまでの吉野の政治学の総括的な記述として書かれた文章の一つであり、結局その最後となった。「現代政治思潮」における政治概念の定義や政治概念と国家概念との関係についての議論も、この本の初めの政治概念の定義も、吉野の政治学の総括的な記述として、この頃若い世代の政治学者の間に支配的になっていた、政治概念をめぐる論争や政治概念と国家概念との関係への問いを意識していたのではないかと思われる。

吉野の記述のあいまいさや混乱を、彼の他の著作での記述もあわせて補い、同時にこれまでにとり上げたことがらとの重複を避けてこの本の議論の骨格と特徴を整理すれば以下のように言えるだろう。

全編の出発点は、「純粋の政治問題」――本来の意味の政治――の概念規定である。議論ははじめから明晰を欠き説得的とはいえないが、「純粋の政治問題」とは、ある社会の全成員にかかわり、全成員が関心を持つ課題――吉野のキイ・コンセプトを使えば「団体生活」における課題――を解決する「正当な方策や妥当な意見」を追求し、またそれについて合意を形成する方法としてとらえられているようである。それは、それを具体化する制度としての「政治の基礎的制度」=「純政治制度」と、「純政治制度」を機能させる条件としての「派生的制度」=「社会的制度」からなる。

「純政治制度」は多数決と代議制とからなるが、前者は――後にふれるE・バーカーの表現との共通性も考えに入れて――討論による政治と表現した方が問題が明らかになるだろう。多数決には実質的に正しいという保証はなく、その合意は暫定的でしかない。けれどもそれは「正しい意見」を無限に追求する「運動」あるいは「競争」である。その意味の「運動」は、「一人の魂をすらも蔑視しない」。その「運動」は、正しさを確信する少数=敗者にも、多数=勝者にも「教育的効果」をもつ。このような多数決制が、民衆の支持を求めて争う時、それは合理的な政権獲得の方法となり、同時に民衆に対する「教育的効果」を営むにいたる。吉野における多数決は意見が「競争」する無限の「運動」であり、「正しい意見」への接近や政権獲得のための方法として意味をもつだけでなく、「運動」としてのプロセス自体が価値をもつのである。このような多数決論は、吉野に特徴的な人間論と深く結びついていた。

それは一方では、人は適切な条件さえ保障すれば、その「霊能」を無限に発展させる。一時は誤っても最後には正しい意見を支持する。正しい意見を信じる者は、希望に促されて努力する――というJ・S・ミルにおける人間の「完成可能性」の思想に通じるオプティミズムに支えられていた。そのような理想主義的人間観は、書斎の思弁の産物ではなく、日本社会をおおう利益政治と社会主義がもたらす「唯物論」とに対する、ラディカルな批判として打ち出されたものだった。反面そのようなオプティミズムは、「実際政治」においては、客観的真理を発見することが難しく、人間は「ミステークを免れぬ」という、『自由論』におけるミルの人間の「可謬性」に通じる穏やかなペシミズムで、限界を区切られていた。

多数決制度の具体化として展開される代議制についての議論は、吉野のそれまでの代議制論に較べれば簡潔である。それは「団体生活」における「価値の創成」は常に少数の「天才」あるいは「英雄」の働きであるという基本命題から出発する。民衆は自己の人格的代表としての彼らを選出し、彼らを「監督」する。彼らの政策を評価し彼らを「刺激」して「更によりヨキ立場」を求めさせる。

代議制が健全に機能するには、民衆が、自由な良心にもとづいて代表を人格的に信任し、監督することが不可欠の条件である。したがって、「政治の基礎的制度」としての代議制を機能させるために、民衆のそれにふさわしい資質を育くまなければならない。吉野はその「理想主義的人生観」あるいは「近代民主主義的人生観」にもとづいて、人の「精神や霊能」は、その環境さえととのえれば無限に発達すると考える。近代社会においては「霊能」の自由な発展を妨げる資本主義を「改造」することが、代議制の機能のために不可欠の手段となる。この「社会改造」が資本主義の改良にとどまらぬ社会主義を意味することは明らかであろう。

吉野にとって政治とは、「団体生活」における「正しい意見」を追求し合意を形成する活動であり、近代においてはそれは、その方法としての多数決制＝討論による政治と代議制、さらにそれの手段としての社会主義と一体であった。近代における政治は、社会民主主義という具体的な形をとったということも出来よう。この場合吉野は、社会主義を、あくまで自由な意見の「運動」と代議制を可能にするための手段として考えていた。彼は他の文章では、この頃有力になっていた、社会主義がより高い段階として議会制民主主義にとってかわるという、発展段階論的な相対主義をはっきりと斥けていた。このような政治観の特徴は、吉野よりは四年早く生れて同時代を生きた、英国のE・バーカーの政治論とりわけ『政治への考察』Reflexions on Government, 1942を想起させる。バーカーは英国の理想主義政治哲学の伝統をふまえて穏やかな社会民主主義を主張し、この本では、吉野と同じようにファシズムとコミュニズムに対して自由民主政を擁護した。彼にとって自由民主政の核心は討論による政治であり、それは人格の自由が発現するプロセスであった。そしてバーカーの『考察』と比べる時、吉野の政治観のある種の狭さも浮かび上って来る。バーカーは、討論を政治の領域とその外の社会全般との、人間生活のあらゆる局面を貫く運動としてとらえたのだが、吉野の多数決制論と代議制論に描かれた討論は、政治の専門家の間に限られているようである。民衆はいわば彼ら専門家によるパネル・ディスカッションの聴衆であって、討論について判断はするけれども討論には参加しない。この討論の民衆に対する「教育的効果」は、民衆自身の討論の経験を通じる学習を含まないといえよう。吉野は政治指導者について、「私の所謂天才は、凡俗の中に生れ凡俗の魂をその魂として育つた者でなければならぬ」(「現代政治思潮」)とのべたが、民衆の「教育」と「向上」を強調しながら、民衆の中から指導者が育てられるすじ道については、終始ほとんど論じられないのである。

他方吉野の仕事は、彼のもとで育った政治学者の若い世代のそれとも、ほとんど対照的といえるほど違っていた。たとえば吉野と最も近かった蠟山政道の出世作『政治学の任務と対象』(一九二五年)と比較してみよう。若い世代の政治学の新動向を代表するこの力作は、西欧政治学の最新の成果を広く参照し、政治概念と国家概念の定義を中心に綿密な議論を展開する。これに対して吉野の議論は、西欧の学説の動向を離れて自分の観察と思索を通じて、長年ゆっくりと発展して来てい、一見時代遅れである。その概念や体系も未完であいまいさや混乱がつきまとっている。しかし吉野の仕事は、政党政治と議会政治という同時代の課題と正面から取り組んでいた。まだ十分に展開されてはいなかったけれども、討論による決定、代表、政治指導といった問題について、吉野ほどに一貫して考え続けて来た者は、同時代にはまれであった。そして政治についての彼の原理論は、同時代の現実政治を分析し提言する、彼の評論と常に深く結びついていた。これに反して蠟山らの仕事は、日本政治の現実とほとんどかかわるところがなかった。そして一九三〇年代に入ると、一転して総力戦に向う現実政治にのめりこんでゆくのである。

八　むすびにかえて

『近代政治の根本問題』が刊行された後も、日本政治の現実は混迷を深めた。既成二大政党の抗争は、吉野の二大政党政治の理念から離れる一方であった。既成政党政治の頽廃を打破することを期待した無産政党も、彼が支持した社会民衆党を含めて、彼の期待にこたえなかった。そのような「政治専門家」への失望を経験する度に吉野は、民衆の自覚こそが政治改革の力だと繰り返した。しかし吉野の政治学において民衆を教育する責任を負わされていた「政治専門家」がその役割を果たさなくなった時、民衆の自覚は可能だったろうか。彼はやがて、旧中国を「眠れる獅子」と評したたとえにならって、日本の民衆を「眠れる人民」と呼び、彼らをめざめさせることの難しいのを嘆くようになった(「現代政局の展望」一九二九年二月、「最近の政界に於ける上下両院の功罪」同年四月、本選集第四巻所収)。吉野の政治学もかえりみられなくなった。彼のもとで育った新しい世代の政治学者たちも、西欧最新学説の展開を追うのに関心を集中し、吉野の政治学を理解しそれを発展させることには興味を示さなかった。「憲政の本義」論文を書いて活発な論争をひき起こした頃に比べて、晩年の吉野には荒野に叫ぶ孤独な声のおもむきがあった。

吉野没後一二年、戦後民主主義の中で大正デモクラシーの遺産が再認識され、吉野への学問的な問いもようやく始まった。そして五五年体制崩壊後、政党再編のもとでの混迷には、藩閥寡頭制と政友会との政権交替体制が崩壊した後に始った二大政党政治の混乱に通じる面がある。そのような状況のもとで、「政治専門家」と民衆＝政治のアマチュアとの創造的な結びつきと民衆の意識と行動の変革に政治改革を期待し続けた吉野の政治改革論と政治学とを考えることは、時にかなった意味をもつだろう。その仕事はまだ残されたところが多い。吉野の政治改革論と政治学をどこまで理解し、その意味を生かせることが出来るか、それは私たちの学問的な力をためすように思われる。

■岩波オンデマンドブックス■

吉野作造選集 2　デモクラシーと政治改革

1996 年 1 月26日　第 1 刷発行
2016 年 6 月10日　オンデマンド版発行

著　者　吉野作造《よしのさくぞう》

発行者　岡 本　厚

発行所　株式会社　岩波書店
〒 101-8002 東京都千代田区一ツ橋 2-5-5
電話案内　03-5210-4000
http://www.iwanami.co.jp/

印刷／製本・法令印刷

ISBN 978-4-00-730420-0　　Printed in Japan